THÉOPHILE SILVESTRE

—

LES ARTISTES FRANÇAIS

II

ÉCLECTIQUES ET RÉALISTES

BIBLIOTHEQVE DIONYSIENNE

LES ÉDITIONS G CRÈS & C-IE

PARIS

2ᵉ édition.

BIBLIOTHÈQUE DIONYSIENNE

PUBLIÉE SOUS LA DIRECTION
DE M. ÉLIE FAURE

LES ARTISTES FRANÇAIS

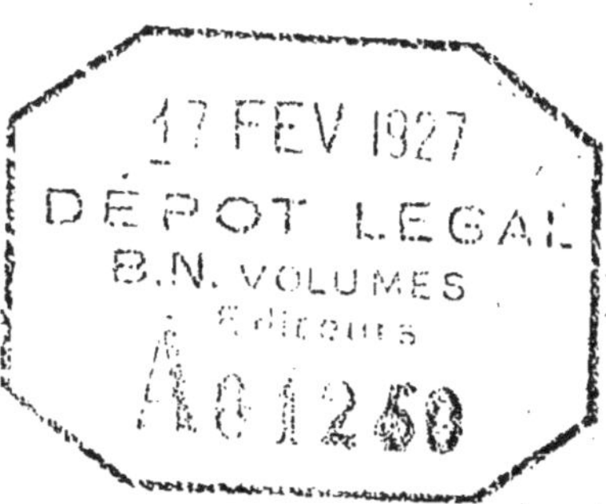

THÉOPHILE SILVESTRE

LES ARTISTES FRANÇAIS

II
ÉCLECTIQUES ET RÉALISTES

BIBLIOTHEQVE DIONYSIENNE
LES ÉDITIONS G CRÈS & C-IE
PARIS

LES ARTISTES FRANÇAIS

LA CRITIQUE D'ART

Si le premier venu des critiques, encyclopédiste à vol d'oiseau, touche à tout avec légèreté, au moins a-t-il pris une idée de son sujet avant que d'aligner sa colonne de politique, de religion, d'histoire ou d'industrie : son impertinence envers le public a des limites. Le critique d'art ne se donne pas ordinairement tant de peine : pleinement satisfait de ses impressions prime-sautières, toute divagation lui semble permise; il se met à parler d'abondance, et de ce qu'il connaît et de ce qu'il ignore, à corriger les tableaux, les statues, les monuments à vue d'œil ou sans les voir, à formuler des théories avec une audace au moins égale à la sécurité du génie.

C'est que tout le monde, en France, l'épicier comme le poète, veut être artiste et connaisseur, ou le paraître. Il faut bien ou mal parler de l'art : c'est la mode, le dandysme du jour. Pas d'estaminet qui n'ait son Winckelmann privé, pas de salon qui ne compte plusieurs Lessing. Aussi n'est-il pas de naïveté, d'étourderie, de contradiction, d'absurdité et de fadaise que ces critiques ne répandent dans les livres, les brochures, les journaux, avec un flux, une incohérence de paroles qui sont les symptômes certains de l'égarement des sens et de l'esprit. Impossible de savoir ce qu'ils veulent;

ils ne le savent pas eux-mêmes. Tout ce que l'on pourrait comprendre de leur verbiage, ce sont des lambeaux de conversation ramassés dans les salons et dans les ateliers.

Parfois ils se font piloter à travers les musées par des peintres et des sculpteurs bien capables de leur souffler sur leur propre mérite et sur celui de leurs confrères des jugements dont on devine l'impartialité. Si on laissait ces faiseurs de comptes rendus livrés à eux-mêmes en présence des tableaux et des statues, comme des écoliers séquestrés au concours, ils n'écriraient pas quatre phrases; ils ne « comprendraient » pas. Mais le journal attend son contingent de lignes. Vite, de l'aplomb et un souffleur ! L'article est fait; l'artiste reçoit des conseils, des blâmes, des éloges tirés à quarante mille exemplaires; le public s'instruit, l'État est averti. Et dire que ces comptes rendus sont pris au sérieux par la majorité des lecteurs ! Nous avons cent fois entendu réciter au « Salon », sur les peintres et les sculpteurs, ces tirades de journal en guise d'impressions spontanées.

D'autres critiques, embourbés dans la routine scolastique, professent l'archaïsme, le radotage du passé. Ils expliquent laborieusement les vieux catéchismes, exhument les vieilles recettes, font la guerre aux libres tempéraments, gourmandent les mauvaises têtes, et donnent Phidias, Raphaël, Titien par fortes doses à l'artiste énervé, pour raviver en lui le sentiment du beau. Potion héroïque, semblable à celle du sauvage, qui mêle à sa boisson la cendre des aïeux.

Des écrivains moins désintéressés s'attachent à la glorification exclusive des célébrités qui dominent l'école ou l'opinion publique. Critiques serviles, en quête de protecteurs, tremblant à chaque ligne de casser leur pot-au-feu; car il est des réputations usurpées qui prennent les moyens de se faire craindre. Elles s'environnent de coteries agissantes, qui bataillent ou quémandent autour d'elles. Ces despotes d'académie tiennent salon, c'est-à-dire boutique à réclames, officine d'injures contre les confrères dissidents et contre l'écrivain qui refuse de prendre le mot d'ordre.

La plus modeste famille des critiques d'art compile, commente, réimprime les bouquins oubliés, fait de nouveaux livres avec les anciens, en un mot travaille dans le vieux. Ce qui intéresse le plus ces réhabiliteurs littéraires, ce n'est ni la pensée, ni la physionomie, ni l'influence sociale d'un maître, ce sont le lieu de sa naissance, le jour de son baptême, la date de sa mort, le prix de ses tableaux à toutes les ventes, la qualité, la forme des ustensiles dont il se servait. Ils fouillent les archives des municipalités, des sacristies et tressaillent en découvrant, flambeaux de l'histoire ! des certificats, des actes de mariage et de décès, des testaments et des quittances de ménage. Cela nous fait connaître les rapports de l'artiste avec un échevin, un notaire, une gouvernante ou un fournisseur. J'ai vu un de ces érudits consacrer là plus de trois mois à copier les livres de compte de Joseph Vernet, et s'apprêtant à les imprimer. L'intéressant volume !

Voilà les vues et la portée de ces historiens de l'art, qui commencent par paperasser dans les greniers du Louvre et vont mourir à l'Institut.

L'esthétique des journaux est tombée plus bas encore, s'il est possible que le « premier Paris ». Aussi l'artiste, loué ou blâmé à faux, professe-t-il pour l'écrivain un légitime mépris. Il faut entendre, dans l'intimité, le peintre, le sculpteur, railler ou bafouer le critique, qui lui prête à tout instant des intentions, des idées, des qualités ou des fautes. L'artiste et l'écrivain semblent pourtant faire bon ménage. Mais, pure dissimulation ! L'artiste aime mieux, d'ailleurs, subir l'iniquité que le silence. Ce qu'il lui faut quand même, c'est faire parler de lui.

Autre antipathie naturelle entre l'artiste et l'écrivain.

Il y a deux hommes dans l'artiste : l'homme doué d'une intelligence générale plus ou moins élevée et l'homme spécial, l'ouvrier peintre ou sculpteur. L'artiste et l'écrivain se placent à deux points de vue tout à fait opposés : le premier, particulièrement attaché à l'exécution matérielle, à l'effet extérieur, veut avant tout frapper les yeux; le second, assez ignorant des procédés matériels, des moyens techniques, cherche surtout dans les œuvres du peintre le sentiment, la signification : « Si vous ne comprenez pas mes combinaisons spéciales, mes tours de force de métier, semble lui dire l'artiste, pourquoi dissertez-vous à tort et à travers sur mes travaux? Vous n'y voyez rien; vous n'y sauriez rien voir; ceci est pour vous le pot à l'encre; je peins pour peindre, pour plaire et pour vendre; je fais de l'art pour l'art, et l'art est un agencement ingénieux de formes, de couleurs, et non pas un sermon. Si vous n'avez pas d'idées, vous, n'écrivez pas! car il faut, pour écrire, au moins une idée bonne ou mauvaise; mais pour peindre... on ne peint pas un tableau avec des idées ! »

Ainsi l'artiste, en général, rapporte trop aux yeux, aux sens, pas assez à l'intelligence, à la moralité du spectateur. C'est pourquoi ses ouvrages n'ont guère d'intérêt absolu que pour lui-même et pour ses confrères, praticiens spéciaux et bornés comme lui. Ce sont de simples jeux de patience, des exercices d'artisan qui tourne l'ivoire, taille l'ébène ou tisse la tapisserie des ameublements.

L'exécution, toute dominante qu'elle est, se liant à l'idée, à l'impression, ne peut être prise en elle-même que pour le moyen de l'art, et non pas pour le but. Ce n'est pas l'agencement des mots et la coupe du rythme, mais plutôt le sentiment, l'intelligence des choses élevées qui font l'écrivain et le poète. Si l'art n'était qu'une dextérité de main, un jeu plastique, le danseur, le clown, le maître d'armes auraient autant de droits à notre admiration que les artistes les plus illustres. Une égale puissance d'idée, de sentiment, de moralité et d'exécution, voilà tout le secret des maîtres. Leurs tableaux, leurs statues n'étaient pas pour eux des objets de luxe, des jeux d'imitation, des tours de singe, mais l'expression naïve et forte de la pensée. Ils ne voyaient dans la plastique que le moyen le plus frappant de faire passer de nos yeux à notre esprit les émotions dont ils étaient eux-mêmes agités. Ce qui nous frappe le plus en eux, ce n'est point certes l'habileté, c'est la passion. Et cela est si vrai, que les scènes des peintres primitifs, qui fourmillent d'infirmités de pratique, nous exaltent et nous font rêver. Ils ignoraient sans doute bien des procédés, dont la découverte devait porter si haut les maîtres des époques les plus parfaites, mais ils avaient supérieurement en eux-mêmes tout ce qu'il faut à tout artiste et à tout homme sous peine d'infériorité et d'abjection : le caractère.

II

ÉCLECTIQUES ET RÉALISTES

INGRES [1]

Lorsque les artistes français firent, en 1846, une Exposition au profit des pauvres dans les galeries Bonne-Nouvelle, à Paris, M. Ingres, prié d'y prendre part, refusa tout d'abord de s'exposer à de malencontreux voisinages, à d'injurieuses rivalités : « Je me rendis enfin, dit-il, aux supplications du baron Taylor, mais à la condition expresse de séparer mes tableaux de tous les autres par des tentures, sinon par des murailles. Je ne les ai pas faits pour l'aveugle cohue qui se presse dans les musées comme dans les bazars; va pour les jeunes gens qui ont besoin de se faire connaître ! Je n'ai exposé avec plaisir qu'un seul de mes ouvrages, le *Vœu de Louis XIII*. Il occupait en 1824, dans le salon carré du Louvre, la place des *Noces de Cana*, de Véronèse. En me comparant à certains peintres modernes, qui sentent l'épilepsie, à l'auteur du *Massacre de Scio*, par exemple, j'étais fier d'avoir respecté la forme humaine au lieu de disloquer les personnages, de les faire marcher sur la tête et de changer en Iroquois la sainte Vierge et ses bons anges; je me roidissais avec violence dans mes principes, qui sont la vérité, pour arrêter les Barbares, comme, avant moi, David avait

---

(1) Voir Amaury-Duval : *L'atelier d'Ingres* (Crès et Cie, éd.), dans cette même *Bibliothèque dionysienne*.

dompté les émeutiers de l'Art qui tenaient la campagne depuis la mort du Poussin. David (1) restaura l'école française par l'heureux despotisme de son caractère; mais, après lui, la révolte releva la tête : Gérard, abjurant sa mission d'artiste, devint un courtisan à la mode, ouvrit la porte aux *novateurs*, — oh ! ce Gérard ! — et dans un certain banquet d'Auteuil, où figurait aussi M. Thiers, la mort de la Peinture fut jurée. Un autre individu, nommé Gros (2), leur tenait la main; l'anarchie triompha. Mon *Vœu de Louis XIII* enleva les suffrages, mais le gouvernement flattait en même temps mes adversaires... Ah ! je ne peux voir personne; ne parlons plus; tout va au diable, au puits de l'abîme; on a tué la Peinture, la mère des arts est morte !... »

Ainsi me parlait cet artiste au cœur énergique; puis il montra le poing à Rubens, qu'il appelle le Génie du Mal, bafoua Rembrandt, Corrége et tous leurs héritiers, dans les siècles des siècles. Amen. J'entends encore ces fulminations apostoliques. Pour lui, l'art est un sacerdoce. Infaillible, il ne discute pas. Un grand homme vit en simple mortel; M. Ingres fait le Pape, le Vice-Dieu. Aussi l'avons-nous vu transformer en chapelle le salon réservé à lui seul au *Palais de l'Exposition universelle de 1855* : le Saint-Père, dans ces deux tableaux qui représentent l'intérieur de la *Sixtine*, c'est le peintre lui-même; l'humble religieux qui lui baise les pieds, c'est vous, c'est moi, c'est l'univers entier.

Tous les artistes de l'Europe invités à ce vaste et libéral concours riaient de voir les ouvrages de l'académicien français exposés comme des reliques sur un autel priviligié. C'est ainsi qu'il triomphe sans lutte et fait de son vivant sa propre apothéose ! Que l'artiste modeste jette la première pierre à ce glorieux !

Cet homme rare veut être le premier, le seul des maîtres

(1) Voir *Appendice III*.

(2) Voir aux *Appendices* de l'*Atelier d'Ingres* d'AMAURY-DUVAL ce qu'on peut retenir ou écarter de ces assertions.

ou n'être pas. Osez honorer Raphaël : il feint devant vous l'enthousiasme; mais il se sent volé. L'éloge de Jésus-Christ le rendrait jaloux. C'est donc une grande imprudence à moi de parler de ce flatueux personnage; on m'a conseillé de lui en demander pardon d'avance, et je le fais ici très-humblement, bien que cela n'entre pas dans mon rôle.

M. Ingres est un robuste vieillard boulot et enflé, d'une vulgarité qui contraste avec l'élégante affectation de ses ouvrages et ses prétentions olympiennes; vous diriez, en le voyant passer, d'un curé espagnol habillé en bourgeois : teint brun, bilieux, œil noir, vif, méfiant, colère; front étroit et fuyant : chevelure courte, drue, jadis très-noire et toujours huileuse, divisée par une raie qui passe au milieu de ce crâne pointu; grandes oreilles, veines battant les tempes, nez saillant, un peu recourbé et rendu court par la grande distance qui le sépare de la bouche; joues coriaces, débordantes; menton et pommettes très-ressentis, mâchoire de roc, lèvre épaisse et boudeuse.

Ce violent magot va tout d'une pièce, descend un escalier par bonds sans tenir la rampe, s'élance en fiacre tête baissée, cognant des épaules le montant de la portière. Les soins qu'il a de sa personne et ses allures renversantes le font paraître d'un quart de siècle moins âgé qu'il ne l'est en effet. Impossible à moi de rester sérieux en présence de cette majesté qui porte au front en triple diadème le bonnet de coton, le rameau de laurier et l'auréole. Il ne rit guère, lui, de peur de perdre son prestige; mais il se montre d'une aimable familiarité avec sa cuisinière et son portier.

Le voilà carrément assis dans un fauteuil, immobile comme un dieu d'Égypte sculpté dans le granit, les mains largement étendues sur les genoux parallèles, le buste roide, la tête altière. Après un moment de silence, il vous dévisage sans vous pénétrer, entame la conversation sur le ton du génie bourru, chagrin, fatigué; vous questionne coup sur coup pour vous étourdir, voile ses paroles comme une Sibylle, trouve obscur tout ce qu'on lui dit, murmure, gesticule, lève les yeux au ciel, soupire et laisse retomber tristement sa tête sur son sein. Contrarié, il fait la moue, et, s'emportant par degrés, montre le poing, trépigne, tempête, enfin s'offre en sacrifice. Toujours à cheval sur le sentiment, il emporte les questions comme une *faible femme*, et finit par avoir raison à force d'avoir tort.

Il n'a pas d'esprit. Les mots bizarres et les injures lui viennent d'abondance. Comme il se fait un devoir de tout ignorer hormis le dessin, il met la simplicité d'un tailleur de pierre à copier les inscriptions grecques et latines qu'on lit dans ses tableaux : « J'ai connu, dit-il, Homère et Virgile par Bitaubé et l'abbé Delille; je n'aime que les auteurs anciens; pourtant mon livre favori, c'est l'admirable *Gil Blas* que je relis tous les ans. » *Similia similibus.*

Notre artiste serait un assez fin tacticien dans la pratique de la vie, sous ses apparences de rudesse; mais l'ardeur du tempérament l'entraîne : ses écarts ont lassé ses plus indulgents amis. Un rien l'endiable et lui fait perdre toute notion du juste et de l'injuste. Les froides médiocrités qui vivent à l'ombre de son influence préviennent ordinairement les suites de ses transports : « Il faut toujours lui pardonner, disent-ils; c'est un génie, un cœur d'or et un enfant gâté. »

Ingres (Jean-Auguste-Dominique) est né à Montauban, septembre 1771. « J'ai été, dit-il, élevé dans le crayon rouge; mon père, musicien et peintre, me destinait à la peinture, et m'enseignait la musique comme un passe-temps. Cet excellent homme, après m'avoir remis un grand portefeuille qui contenait trois ou quatre cents estampes d'après Raphaël, Titien, Corrége, Rubens, Teniers, Watteau et Boucher, — il y avait de tout, — me donna pour maître M. Roques, élève de Vien, à Toulouse. Je jouai sur le théâtre de cette ville un *concerto* de Viotti, en 1793, à la mort de Louis XVI. Mes progrès en peinture furent rapides : une copie de la *Vierge à la chaise*, rapportée de Florence par

mon maître, fit tomber le voile de mes yeux; Raphaël m'était
révélé; je fondis en larmes. Cette impression a déterminé
ma vocation et rempli ma vie; Ingres est aujourd'hui ce que
le petit Ingres était à douze ans. »

Quelques années se passent. Le néophyte vient à Paris;
David le rudoie assez bien et lui enseigne quelque chose.
Antiochus renvoyant à Scipion son fils fait prisonnier sur mer
lui vaut au concours le second prix et le sauve de la conscrip-
tion militaire. En 1801, le premier prix, *Achille recevant dans
sa tente les députés d'Agamemnon*, le fait pensionnaire de
l'École française à Rome. Ce tableau, imitation étique de
David, conservé dans la galerie de l'École des Beaux-Arts,
faisait dire au sculpteur anglais Flaxman : « Je n'ai rien vu
de si beau à Paris ! » Le mot est vrai; M. Ingres l'affirme.
Le désordre du Directoire avait épuisé les ressources de la
France : notre école de Rome était privée de budget. Le
pensionnaire sans bourse, forcé de rester cinq années à Paris,
y vécut misérablement de dessins et d'illustrations de livres,
employant le plus de temps possible à copier les antiques
du Louvre, les estampes de la Bibliothèque impériale et le
modèle vivant dans l'atelier Suisse, successivement fréquenté
par nos peintres célèbres depuis David jusqu'à Courbet.

Il faisait entre temps des portraits et quelques compositions familières : une des plus intéressantes représente le
salon F*** : le père, la mère de famille, un visiteur et une
jeune fille, pas belle, mais distraite comme Rosine par des
pensées d'amour, la main gauche errante sur les touches
d'un clavecin; voilà les personnages (1). « On faisait, dit
l'auteur, beaucoup de musique dans cette maison : j'y passais ordinairement mes soirées; j'y jouais du violon; la demoiselle m'accompagnait; j'avais pour elle une inclination qui
fut partagée. Comme j'allais partir pour l'Italie, les parents

---

(1) La famille Stamaty. Ce dessin fait actuellement partie de la *Collection
Bonnat* (N. de l'E.).

décidèrent de remettre le mariage à l'époque de mon retour mais un beau soir, le soir des adieux, la jeune personne contraria mes idées en peinture et me tint tête; cela m'avertit, je la laissai de côté. Le mariage m'attendait tout de bon à Rome; une dame française, fort enjouée, me parlait souvent d'une parente qui faisait à Guéret un petit commerce de lingerie, et elle lui écrivit : « Viens chercher un mari à Rome ! » Elle y vint; je la vis pour la première fois auprès du tombeau de Néron (1). Cette femme, le modèle du dévouement, a été la consolation de ma vie; j'ai eu le malheur de la perdre en 1849. Je me suis remarié deux ans après. »

De 1806 à 1820, M. Ingres perd pour ainsi dire à Rome sa qualité de Français et devient citoyen d'un peuple de statues. Indifférent aux destinées de son pays, il est tout entier à ses tableaux : l'*Odalisque* et l'*Arétin*, au moment même où le canon de la Russie tonne sur les hauteurs de Montmartre. Nous le revoyons, pendant les journées de juin 1848, terminer tranquillement la *Vénus Anadyomène* au son du tocsin de la guerre civile, quand le sang des victimes coule en ruisseaux dans les rues de Paris. Heureux homme !

La misère le jugulait à Florence. Il tint bon (1820-1824). « J'ai toujours vu mon étoile, dit-il, mais je n'ai eu du pain que dans la vieillesse, ne voulant pas imiter l'exemple des artistes de nos jours, qui n'aiment que l'argent, le vin de Champagne et le travail facile. » Il revient en France avec le *Vœu de Louis XIII*, élaboré trois ans et demi pour arrêter la révolution des coloristes, venger les traditions de l'Académie, et qu'il appelle son coup d'État.

L'école davidienne, placée dans les circonstances tout à fait différentes de celles qui avaient animé David, se desséchait faute de pensée, comme un arbre déraciné que la sève abandonne. Le public, ignorant les procédés de l'art et les

---

(1) Voir l'*Atelier d'Ingres* d'AMAURY-DUVAL

conventions du style, mais avide d'impressions et d'idées, ne comprenait plus la portée de ces personnages antiques, peints d'après les statues. C'était pourtant ce même public qui avait saisi dans l'archaïsme de David le caractère de la Révolution française : l'inflexibilité de la loi dans *Brutus immolant ses enfants*, le patriotisme armé pour la défense du foyer dans les *Horaces*, la Vertu immolée par la Tyrannie dans la *Mort de Socrate*.

David exprimait ces idées avec une énergie qu'il n'eût trouvée ni en lui-même ni dans les types vivants, et que, sur la fin de sa vie, ne lui offrait même plus l'évocation des anciens. L'enthousiasme de la Révolution étant tombé, adieu l'émulation pour l'héroïsme grec et romain. David ne léguait donc à son école que l'exemple de sa jalouse autorité. Il avait supprimé l'Académie en 1793 pour la reconstruire à son profit et n'y laisser entrer que ses imitateurs. Le vieux Greuze, Taunay, Demarne, vivotaient à grand'peine; Prud'hon, qui se recommandait à David par l'amour de l'antique et qui le blessait par l'imitation du Corrége, fut sauvé de la misère par l'impératrice Joséphine, et Gros, qui, dans une admiration aveugle, sacrifiait comme des erreurs ses pages modernes si frappantes au peintre des *Sabines*, restait sans force et sans action. David proscrit, ses élèves Regnault, Girodet, Gérard, Guérin, Lethière, ses adorateurs, héritant son despotisme sans le compenser par ses hautes qualités, mirent à la mode la haine de la vie moderne, du mouvement, de la couleur et des effets les plus séduisants.

L'atelier de Guérin couvait deux novateurs : Géricault et Delacroix; l'éclectisme allait sortir de l'atelier de Gros avec M. Paul Delaroche.

Géricault avait exhibé le *Radeau de la Méduse*. L'artiste n'a pas comme David une conviction politique; le but qu'il veut atteindre, c'est une réforme de certains procédés pittoresques, réforme tempérée par le respect des lois classiques. Les personnages, aux attitudes plus conventionnelles que vraies, sont encore disposés d'une façon académique dans la *Méduse*, et la *Course de chevaux libres avec des hommes nus* a tout l'aspect d'un bas-relief; mais, à l'opposé de la peinture davidienne, Géricault développe le sentiment du paysage, anime, agrandit la forme dans la lumière. Il a le mouvement, la solidité, la tournure, et son dessin saillant reste infiniment supérieur à sa couleur bitumineuse et louche.

Delacroix, personnalité plus frappante par la hauteur, la liberté, la distinction de l'intelligence, le nerf et la poésie du tempérament, allait l'emporter en quelques points sur Géricault. Doué d'un coup d'œil vif, d'une main prompte, il arrête dans ses tableaux la vie au passage; donne à ses figures un relief débordant et leur prête des mouvements, des gestes pathétiques, qui, s'emportant à force d'énergie au delà des limites de la nature, concourent, par ce désordre même, à produire d'illusion dans l'âme du spectateur et à l'entraîner dans le monde des rêves. L'auteur du *Massacre de Scio* n'a pas non plus la moindre conviction politique : toute son ambition est d'exprimer les agitations de la vie, les combats de la passion humaine, les tendances poétiques de tous les siècles. Aussi préoccupé, du reste, des charmes extérieurs de l'Art que de la pensée et de l'invention, il a posé le principe de la liberté dans cette querelle dite des classiques et des romantiques, maintenant oubliée.

Les héritiers de David, appelés dessinateurs, tout occupés de moyens usés d'imitation, prêchaient en peinture le culte de la forme statuaire et faisaient prévaloir le Beau de l'unique combinaison des lignes du dessin. Il n'y avait pour eux ni caractère, ni style, hors de l'imitation des types nus ou drapés pris à la sculpture grecque, aux fresques, aux vases d'Herculanum et de Pompéi, aux ouvrages de Raphaël; — comme si le style pouvait être une convention et non l'expression libre du sentiment; comme si Rembrandt, par exemple, n'avait pas montré plus de cachet et d'élévation dans le moindre de ses griffonnages, que l'Académie n'en a fait voir en un demi-siècle dans ses plus vastes machines ! Ils ajoutaient que les effets de la lumière, de la couleur, réduisent la noblesse de la forme humaine à une sorte de naturel agréable aux yeux, mais contraire à l'imagination.

Les coloristes, surnommés aussi réalistes, soutenaient que la beauté, résultat expressif de l'agitation physique et des affections de l'âme, au lieu d'être emprisonnée par des lignes, nous est sensible par sa mobilité — vue à travers le prestige de la lumière, — prestige sans lequel il ne saurait y avoir après tout ni peintre ni spectateur; — qu'il est impossible de rendre le mouvement, le relief, autrement que par la combinaison juste et savante des tons de la couleur; — que la statuaire antique elle-même doit plutôt sa grande tournure à la saillie, à la largeur de ses plans qu'à la précision de ses contours; — que, d'ailleurs, l'imitation de types invariablement imposés est une violation de la nature variée à l'infini suivant les temps, les lieux, les races; et que s'abstenir de procédés inventés par les coloristes vénitiens, espagnols et flamands, c'est renoncer au bénéfice des découvertes et ramener l'art à la simplicité nue qu'il avait au berceau.

Les écrivains à perruque, les tragiques de l'Empire, défendaient les dessinateurs classiques; les jeunes littérateurs prenaient parti pour les coloristes romantiques : on se jetait à la tête le Parthénon et Notre-Dame, Shakspeare et Racine, les pourpoints de velours et les feutres à plumes, les draperies grecques et les casques romains. C'étaient des tempêtes dans des verres d'eau. Le plus souvent on cassait les verres.

M. Ingres avait donné des gages aux romantiques : *Françoise de Rimini*, l'*Entrée de Charles V dans Paris*, véritables enluminures du moyen âge, la *Chapelle Sixtine*, sèche imitation du Titien, *Philippe V et le maréchal de Berwick*, échantillon de costumes à la Louis XIV. L'Académie, démêlant une tactique, M. Ingres fut décoré de la croix de la Légion d'honneur en 1824, et nommé membre de l'Institut en 1825.

Écrivains et artistes s'étaient portés au *Salon* de 1827. Le tableau capital de M. Ingres était l'*Apothéose d'Homère*; celui de M. Eugène Delacroix, la *Mort de Sardanapale*. M. Eugène Devéria présentait au concours la *Naissance de Henri IV* (1). Moment décisif. Qui avait raison? Chacun disait MOI, d'avance; qui enlèverait la majorité? Grande incertitude. En France, la question littéraire domine toutes les autres questions. Il ne s'agissait pas seulement de savoir si la *Mort de Sardanapale*, la *Naissance de Henri IV*, méritaient ou non de l'emporter sur l'*Apothéose d'Homère*; mais bien si la jeune littérature devait être au-dessus ou au-dessous de la vieille. Les écrivains nouveaux triomphèrent, Victor Hugo à leur tête, et, par un esprit de contradiction tout particulier à notre siècle, les artistes romantiques furent battus par les classiques dont M. Ingres resta le chef.

Quel était, quel est encore son programme? La négation de toute idée dans l'art et la restauration la plus exagérée des moyens pratiques de son maître David. Ainsi le fanatique rejette l'esprit de la religion, pour n'en observer que la lettre. David avait mis la forme au service de la pensée, M. Ingres, ne croyant qu'à la forme, fait de la peinture une voluptueuse et stérile contemplation de la matière brute, professe une indifférence complète pour les destinées de l'homme, pour les secrets de la création, et poursuit au moyen de lignes droites et de lignes courbes, l'absolu plastique, qui est à ses yeux le principe et la fin de toutes choses. Après avoir créé ses prototypes de beauté il ne devait pas même s'apercevoir qu'il avait oublié de leur donner une âme. A quelles aberrations n'a-t-il pas entraîné l'école française!

Ce n'est pas trop exgier de l'artiste que de lui demander sinon quelque moralité, du moins quelque signification. C'est seulement par là que les ouvrages des maîtres ont échappé à l'indifférence et à l'oubli. Un peintre n'est pas

---

(1) Voir *Appendice III*.

sans doute astreint à un programme utilitaire; personne ne le condamne à mettre en tableaux les anecdotes de la *Morale en action*, ni à ressasser les faits historiques popularisés par la *Lanterne magique* et le *Diorama;* rien ne l'oblige enfin à tirer du temps présent des pamphlets ou des allégories; mais à qui parlera-t-il et que pourra-t-il dire sans idée, sans passion, sans but? Le spectateur ne mettra pas le prix qu'il met lui-même à des procédés purement manuels. L'étude en est longue et difficile; mais l'exécution même parfaite n'est pas l'art tout entier. La poésie, réduite à l'agencement et à la sonorité des mots, n'est plus la poésie, c'est un vain bruit qui frappe l'air.

M. Ingres ouvrit une école et débita ses recettes à la jeunesse. Il avait tout ce qu'il faut à un pédagogue : fanatisme dans la tradition, amour de l'autorité, dureté de tête, sécheresse de cœur, abondance de paroles et de comparaisons vulgaires. Mais ni lui ni personne n'enseigne aujourd'hui la peinture ou la sculpture. L'élève des fortes écoles du xvi⁰ siècle devenait au moins un habile praticien en participant aux ouvrages de son maître. Les élèves de nos académiciens ne font sous leur direction que de maigres dessins pour s'exercer à concourir les uns contre les autres avec une égale ignorance. Ce qu'ils apprennent le mieux, c'est le respect et la crainte du professeur dont l'influence officielle leur vaudra des travaux et du pain, peut-être à la longue un siège à l'Institut, s'ils portent bien le joug. Léonard de Vinci, Michel-Ange, Rubens, superbes tempéraments, admirables intelligences, joignaient à l'amour de l'art celui de toutes les sciences; M. Ingres est tout simplement un instituteur routinier qui sait et enseigne son métier comme un maître d'armes connaît et professe le sien.

Voici l'abrégé de son enseignement :

« David, dit-il, est le restaurateur de l'art français et un grand maître. Les *Horaces* et l'*Enlèvement des Sabines* sont des chefs-d'œuvre. C'est David qui m'a enseigné à faire tenir une figure sur ses pieds, à poser une tête sur des épaules. Je me suis attaché comme lui à l'étude des peintures d'Herculanum et de Pompéi, et, quoique je sois au fond toujours resté fidèle à ses excellents principes, je crois avoir ouvert une voie nouvelle en ajoutant à l'amour qu'il avait pour l'antique le goût du modèle vivant, l'étude des maîtres d'Italie et en particulier celle du divin Raphaël. Si je pouvais croire aux êtres surnaturels, je penserais qu'un esprit céleste descendait en lui. On ne sent pas le travail dans ses ouvrages; ils paraissent inspirés. Ce qu'il y a de plus admirable, c'est le lien qui unit les figures d'un groupe, relie les groupes entre eux et les fait ressembler aux diverses grappes d'un raisin harmonieusement attachées à la tige principale. Raphaël est, sans aucun doute, l'héritier direct de Zeuxis et d'Apelle; il a été doué du sentiment suprême de l'élégance; mais les Grecs, si bien servis par le climat et les mœurs de leur beau pays, qui leur permettaient d'étudier toujours la beauté à nu au milieu de l'éclat des fêtes et des cérémonies publiques, étaient encore probablement supérieurs à Raphaël.

****

« Ah ! la *forme*, la *forme*: c'est tout. Elle est dans un simple billet d'invitation à dîner, si difficile à écrire, disait un diplomate. D'où vient la beauté des premiers versets de la *Genèse*? De l'agencement des mots. La forme a des lois rigoureuses qu'il n'est pas plus possible d'enfreindre en peinture qu'en littérature. L'écrivain ne peut violer les lois de la grammaire s'il veut avoir du style.

****

« L'art consiste avant tout à prendre la nature pour modèle, à la copier avec scrupule, en choisissant toutefois ses côtés élevés. La laideur est un accident et non pas un des traits de la nature.

***

« La plupart des peintres modernes s'intitulent peintres
d'histoire : il faut détruire cette prétention. Le peintre
d'histoire est celui qui représente les faits héroïques, et
ces hauts faits ne se trouvent compris que dans l'histoire
des Grecs et des Romains; c'est seulement en les représentant que l'artiste peut montrer son exécution dans le nu
et dans les draperies; toute autre époque ne fournit que
des *tableaux de genre*, le costume cachant le corps des personnages. C'est à la faveur du costume que les peintres dits
romantiques font si facilement leurs tableaux sans avoir
appris les premiers éléments de la structure humaine.

***

« Les jeunes élèves doivent d'abord dessiner quelque
temps les têtes tirées des *Loges* de Raphaël; puis des figures
en ronde bosse d'après l'antique, de préférence les bustes
de Jupiter et de Minerve; passer au dessin du modèle vivant;
copier ensuite au Louvre des tableaux ou des fragments
de tableaux choisis; s'exercer enfin à peindre d'après le
modèle vivant. Je trouve que dans tous les ateliers les jeunes
gens font trop tôt des compositions. J'exerce mes élèves
au concours en leur donnant à colorier de mémoire une
gravure des *Loges*.

***

« Les élèves partageront leur temps entre l'étude de la
nature et celle des maîtres, s'attachant spécialement à
Phidias, aux bas-reliefs du Parthénon, à la sculpture antique
en général; aux peintres des écoles romaine et florentine,
aux gravures de Marc-Antoine.

***

« Ne vous attachez pas à parfaire isolément, successivement la tête d'un personnage, le torse, les bras, etc. Vous
manqueriez infailliblement l'harmonie de l'ensemble; établissez, au contraire, les rapports de proportion qui existent
entre les diverses parties, recherchez la vérité du mouvement;
craignez, en le caractérisant, bien plus la froideur que l'exagération et servez chaud ! »

***

« Ne dessinez jamais sans avoir la Nature sous les yeux;
il ne faut pas faire une main, un doigt, de mémoire, de peur
de tomber dans la manière, le relâchement ou la banalité.
Il faut, pour avoir le dernier mot de la Nature, la res-
pecter, l'adorer. »

« Établissez bien la variété et l'opposition des lignes;
c'est le seul moyen de saisir la tournure. Insistez sur les
traits dominants du modèle, exprimez-les fortement, poussez-
les, s'il le faut, jusqu'à la caricature, je dis caricature afin
de mieux faire sentir l'importance d'un principe si vrai. »

« Les lignes se brisent très-fréquemment dans la figure
humaine pour se relier, s'entre-croiser, comme qui dirait
les osiers dont l'enlacement forme un panier. »

***

« Le peintre doit fort peu s'attacher à la musculature
et beaucoup à l'ostéologie qui lui donnera particulièrement

les longueurs et le rapport de ces longueurs entre elles :
« Vous finiriez, disait David à ses éleves, par me mettre des
« rotules jusqu'au nez de vos personnages. Êtes-vous des
« peintres ou des chirurgiens? »

***

« Un élève enclin à la *manière* suivra quelque temps un
maître naïf, Holbein, par exemple, ou le Giotto. L'élève
d'un tempérament débile doit *manger* deux ou trois mois
du Michel-Ange; mais avec précaution; il faut aussi s'enhar-
dir avec les grands exécutants : Léonard de Vinci, entre
autres; et toujours revenir à Raphaël.

***

« Si vous aimez la couleur, que ce soit celle du Titien et
non pas celle de Rubens; allons à Venise, fuyons Anvers !

***

« Ébauchez vos tableaux avec un soin infini et par légers
frottis. Vos préparations doivent toujours être agréables
à la vue : l'artiste, surpris dans son travail peu avancé, doit
pouvoir le montrer avec avantage au visiteur.

***

« Si vous êtes pressé d'exécuter votre tableau, il faut;
aussitôt après avoir établi le modelé, attaquer toute l'intensité du ton de la couleur; si, au contraire, vous avez du
temps de reste, commencez par faire une esquisse douce et
blonde que vous pousserez par degrés jusqu'au ton définitif;
faites avancer en même temps tous les détails de la forme
avec la plus grande sollicitude.

**

« Empâtez partout également. Je ne vois, dans la nature, ni touches prononcées, ni rehauts de couleur.

**

« Les miens soutiennent que je suis aussi fort pour la couleur que pour le dessin. Je fais aussi bien que le premier venu des tons rouges, verts, bruns, olivâtres, et je les dispose dans une juste relation; mais ce qui me préoccupe le plus, c'est la forme. »

**

Et il ajoute une foule d'axiomes dans le goût de celui-ci : « *Le nombril est l'œil du torse.* »

Ce catéchisme (1), plein d'excellentes choses que M. Ingres n'applique pas toujours lui-même, n'est certes pas tout entier de lui : les meilleures recettes qu'il contient, prises à divers maîtres italiens, sont d'ailleurs à la peinture ce que la *Grammaire* et le *Dictionnaire des rimes* sont à l'éloquence et à la poésie. La forme, toujours la forme; jamais la pensée; mais, comme sans la pensée tout est condamné à mourir, M. Ingres ne pouvait éviter dans ses ouvrages de méconnaître la forme elle-même et tous ses attributs : le relief, l'action, la lumière, l'étendue, et justifier cette prédiction de Michelet, qui semble faite exprès pour lui : « Celui qui se contentera de peindre la forme ne saura même pas la voir. »

Ainsi, quand il accuse en lignes inflexibles le contour des objets naturellement ondoyant ou fondu dans l'atmosphère,

---

(1) Voir l'*Atelier d'Ingres,* d'AMAURY-DUVAL, dans cette même *Bibl. dionysienne* (Crès et Cie).

il pétrifie les objets; lorsqu'il s'attache à rendre l'espace plutôt par la mathématique des lignes que par ce prestige de la couleur, il détruit toute vraisemblance.

« Les tableaux de M. Ingres, disait M. Théophile Thoré, dans son *Salon de 1846*, ont plus de rapport qu'on ne pense avec les peintures primitives des peuples orientaux, qui sont une espèce de sculpture coloriée. Chez les Indiens, les Chinois, les Égyptiens, les Étrusques, par où commencent les arts? Par le bas-relief, sur lequel on applique de la couleur; puis on supprime le relief, et il ne reste que le galbe extérieur, le trait, la ligne. Appliquez la couleur dans l'intérieur de ce dessin élémentaire, voilà la peinture; mais l'air et l'espace n'y sont point. »

« Une école de peinture, dit M. Guizot (*Salon de 1810*), s'est formée d'après les statues. Les maîtres enseignent à peindre à leurs élèves en leur donnant pour modèles des plâtres; comment ne seraient-ils pas des coloristes froids et gris?... Le soin que l'école actuelle donne aux formes prouve clairement qu'elle méconnaît le domaine de la peinture et qu'elle suit trop exclusivement les traces des statuaires. »

M. Ingres dessine les êtres vivants, comme un géomètre décrirait les corps solides. Et que ne fait-il pas pour établir le modelé dans ses dessins linéaires préétablis ! Tantôt il en relâche, tantôt il en resserre les parties, comme le tortionnaire étirait ou raccourcissait les membres de la victime dans le lit de Procuste; parfois il abandonne de guerre lasse ce modelé maudit et perfectionne le contour. Cela s'appelle rejeter l'épée pour combattre avec le fourreau.

Il est rare que sa couleur n'altère pas son dessin. La fausseté des tons, luttant contre la justesse des lignes, les personnages avancent ou reculent contrairement au naturel et le spectateur est forcé de déserter une invraisemblable représentation. En vain les divers plans ont été marqués; en vain les figures ont-elles été mises en perspective linéaire : cet absurde coloris vient tout bouleverser, faire le vide dans le plein, le plein dans le vide, détruire les distances, supprimer l'atmosphère, empiler, aplatir comme en un jeu de cartes les personnages les uns contre les autres.

Cette bizarrerie de M. Ingres voulant exprimer par la seule combinaison des lignes la physionomie de la nature, l'aspect de la vie, s'est exaltée comme un amour malheureux, comme une religion persécutée. Il n'a cherché la couleur du Titien qu'en un moment d'insuccès et de défaillance ; mais il s'est remis de plus belle à glorifier les vices de son système au préjudice de qualités essentielles qu'il n'a pas, à proscrire les maîtres vénitiens, espagnols, hollandais et flamands, à élever, dans le dédain absolu de la couleur et de l'effet, quelques fanatiques qui ont tenté de faire reculer la peinture jusqu'à la fresque du XIVe siècle. Voyez leurs figures de brique et leurs fonds d'or !

Raphaël, toujours invoqué, n'a jamais affecté, lui, cette aversion de la couleur, bien qu'il n'en ait pas le génie ; il exerce même un certain charme par son harmonie brune. Le Poussin, qui n'a pas non plus le don de la couleur, ne fait rien contre elle ; Le Sueur, ordinairement si pâle, s'élève à toute l'énergie de l'effet dans la *Mort de saint Bruno ;* David, le rigide linéiste, réunit dans le protrait de *Marat* toutes les beautés de la peinture, et dans celui du pape Pie VII, qui exprime si bien l'âme mélancolique et flottante du personnage, il ne montre pas ce ton gris et froid de ronde bosse en plâtre si déplaisamment répandu par M. Ingres sur le visage de Chérubini.

Fausser la couleur et nier l'effet, c'est supprimer la peinture elle-même ; prétendre que les grands coloristes sont de mauvais dessinateurs, c'est une extravagance. Enlevez par couches la couleur du Tintoret jusqu'à la trame de la toile, et vous trouverez dessous les plus belles lignes, les plus beaux mouvements.

Mais M. Ingres parle de la couleur comme le renard de La Fontaine parlait des raisins.

L'excellence du dessin de M. Ingres n'est d'ailleurs soutenue que par sa confrérie. La perfection ne consiste pas en tours de force de crayon, intéressants pour les gens du métier; il est même certain que l'œuvre de l'académicien, jugé à ce point de vue, fourmille de fautes que rien ne rachète : *Angélique* attachée au rocher, et *Paolo*, l'amant transi, qui donne à *Francesca* son premier baiser de Jocrisse, ont le cou démonté sans rien perdre de leur froideur niaise; les licteurs du *Martyre de saint Symphorien* sont écorchés de pied en cap, sans paraître plus miraculeux; la mère du saint est, à son plan, trois fois trop grande : le nombril de l'*Odalisque* couchée est un trou fait à son flanc; la cuisse, la jambe et le pied de la suivante, qui joue d'un instrument, échappent à la description; il faut les voir ! L'incommensurable maréchal de Berwick, agenouillé devant le roi, touchera le plafond, s'il se relève; le bras droit de Mme Devauçay est un boyau soufflé; la main droite de Mme Leblanc est empaillée; les doigts de la princesse de Broglie sont brisés; le nez de Mme Moitessier n'est pas; Alexandre a le bras et l'épaule estropiés dans l'*Apothéose d'Homère*. Si les personnages de M. Ingres pouvaient se plaindre, il sortirait de ses tableaux tous les cris, tous les gémissements qui s'élèvent des champs de bataille. J'oubliais ce Jupiter cornu qui vient, en un accès de fureur érotique, surprendre Antiope endormie : l'infortunée ne pourra s'enfuir sur ses genoux broyés. Il me semble pédant d'éplucher des détails; mais il faut en finir avec des fanatiques qui ne pardonneraient pas à un homme de génie de peindre un cheveu de travers, et qui nous imposent l'infaillibilité du dessin de leur maître comme un article de foi.

En 1834 parut le *Martyre de saint Symphorien*, résumé de toutes les recettes de l'Académie, qui devait fermer la bouche aux contradicteurs : l'opinion fit bonne et roide justice de cet aigre pastiche des Florentins. « Les ateliers Hersent, Gros et Lethière, dit M. Ingres, soulevaient ciel et terre; l'Institut repoussait des concours mes meilleurs élèves et leur disait de moi : Méfiez-vous de cet homme ! Dégoûté de la France, voulant m'expatrier pour avoir la paix, j'obtins la direction de l'École de Rome en remplacement de M. Horace Vernet. » Exil doré !

Trop malheureux pour continuer à peindre, il se mit à jardiner à la villa Médicis, à rechercher, pendant trois ans, antiquailles et tessons, à faire aux petits enfants des chariots de carton et des cocottes de papier, à élever des chats, à déclamer contre l'ineptie du public et contre la malhonnêteté des écrivains. Parfois, il interrompait ses leçons par des scènes larmoyantes ou furieuses, suivies d'abattements sinistres et de tendres retours, — tragi-bouffonneries qui mettaient pour des riens l'école sens dessus dessous et stupéfiaient les étudiants. Les moins naïfs d'entre eux ont fait de ces excentricités jouées la fable des ateliers de Paris, où le nom de M. Ingres est encore rarement prononcé sans provoquer des pantomimes et des charges de rire aux larmes. Rien ne diminua pourtant son influence : « Les meilleurs élèves, dit-il, envoyés de Paris à Rome, bien prévenus contre mes conseils, se donnaient tous à moi; au bout de huit jours, je les avais fanatisés. »

L'exaspération de l'auteur du *Martyre de saint Symphorien* venait aussi de ses querelles contre les académiciens ses collègues; il avait tous les jours à défendre ses propres intérêts et la cause des écoliers venus d'un atelier rival dans son atelier. Il faisait éclat sur éclat, jetait sa démission, enfonçait jusqu'aux yeux sa tête dans son chapeau, rentrait chez lui, trottant de fureur, et « puis, dit-il, une demi-douzaine de ces gens-là (les académiciens) me suppliaient de ne pas les abandonner ».

Comptant sur les honneurs de la pairie, il revint en France en 1841, aussitôt après avoir installé M. Schnetz, son successeur à Rome. Afin de célébrer dignement sa rentrée dans Paris, les amis lui avaient préparé un banquet, rue Montesquieu, salle des Lutteurs, l'assurant que la France avait mal fait et *ne le ferait plus*. M. Ingres, apaisé par la fumée des encensoirs, voulait bien pardonner à la France; mais l'Institut s'ennuya bientôt sans querelles. M. Ingres avançait-il une proposition, on la trouvait parfaite. Au dépouillement du scrutin, il ne sortait de l'urne qu'une boule, celle que M. Ingres y avait lui-même déposée. Et les immortels de rire dans leur collet, et lui de tempêter, de faire jouer le télégraphe de ses bras, de ne voir que lumières en cherchant sa canne et son chapeau pour s'enfuir chez lui et s'y jeter en sanglotant dans les bras de sa femme qui s'écriait : « Consolez-vous de ces misérables perfidies, correspondez dorénavant avec le Ministre seul ou avec le Roi; ne préparez plus tous les jours des brouillons de lettres pour donner votre démission; restez académicien et n'allez plus à l'Académie. »

Il faisait encore, de 1850 à 1851, les fonctions de recteur à l'École des Beaux-Arts, rue Bonaparte : « J'y enseignais, dit-il, à voir et à copier la nature, à l'aide des anciens et de Raphaël : la salle était toujours pleine; je parlais éloquemment; mes auditeurs m'ont regretté. »

Les bouffons solennels arrivent à tout. Celui-ci ne pouvait manquer de rêver la dictature : « Voulez-vous, dit-il, sauver en France la peinture, la sculpture, l'architecture et la musique? Donnez la direction absolue des Beaux-Arts à un peintre. Un peintre les comprend en général mieux que tout autre artiste, mieux que l'homme du monde et surtout mieux que l'écrivain. » Supposez le fait accompli, et voyez M. Ingres gourmandant les architectes et les sculpteurs du Louvre, corrigeant Rossini, Meyerbeer et Rachel; voyez le cortège des ingristes ramper à ses pieds, l'homme de talent étouffé dès le premier succès, le pinceau de Delacroix mis sous le séquestre pour cause d'utilité et de moralité publiques; Decamps, Corot, Rousseau, Troyon, Rosa Bonheur, Meissonier, réduits à faire des tableaux pour l'exportation, à peindre des enseignes ou des paysages pour les boîtes de Spa et les pendules de Genève.

La dictature est le rêve d'une âme généreuse qui veut faire le bien, empêcher le mal et tout ce qui lui déplaît. Il est si naturel de se préférer ! Pensez-vous que Raphaël, qui n'avait certes pas lieu d'être un envieux, eût vu d'un bon œil le Corrége, toléré Rubens ou Rembrandt et que Ribera protégeât beaucoup les arts, lorsqu'il aiguisait son poignard pour tuer le Dominiquin et les autres peintres illustres qui venaient à Naples ?

M. Ingres a fini par dominer, à force de brouilleries, de réconciliations, de démissions données et réitérées, de pleurs, de prêches, d'ambassades, de hautes protections et d'amitiés patientes. On est pour ainsi dire contraint à l'admirer par ordre. Pour moi, je ne reconnais à personne le droit de m'imposer le culte d'un pareil fétiche. Je ne peux voir en lui que le pauvre contrefacteur des anciens que je révère. Et quel homme ! Il n'a cessé de nier les intelligences mille fois supérieures à la sienne et de considérer tout écrivain comme un parleur envieux ou servile ; il a passé vingt ans à murmurer contre les *Salons*, sans y produire un seul tableau ; inventé et mis en pratique un système d'exposition *à gloire forcée*, tantôt chez le duc d'Orléans, tantôt dans la galerie d'un ami ou dans son propre atelier. Les dévots l'y venaient admirer en silence, et les profanes, introduits sur lettres d'invitation, devaient laisser leur libre arbitre à la porte. Dire son opinion, c'eût été violer chez lui les plus simples lois de la politesse et de l'hospitalité.

Et ses élèves, donc ? « Il n'est pas possible, me disait l'un deux avec une affligeante bonne foi, de comparer notre maître à un autre homme qu'à Napoléon Ier. Il a dans la physionomie, dans le geste, quelque chose de lui ; et nous l'avons vu, simple et grand comme Molière, corriger plusieurs fois sur les conseils de sa servante le bras droit de la Muse qui protège Chérubini ! »

M. Ingres, qui connaît à merveille le prestige de la couronne d'épines, a toujours présenté sa vie comme un long martyre : le moyen est bon; mais notre siècle, surmené par les faiseurs de sentiment, commence à voir clair et à s'endurcir. Conservons notre sympathie à d'autres infortunes. La jeunesse de l'artiste a été livrée à de dures épreuves, cela est vrai, cela l'honore; mais ses attitudes de saule pleureur sont de pures réclames depuis trente-cinq ans. Accablé de riches commandes, étourdi de folles louanges, pourquoi ces complaintes, ces airs de crucifié? Toutes ses croix, il les porte à la boutonnière. Les gouvernements qui se sont succédé lui ont pardonné l'impertinence, l'ingratitude et la palinodie. Sa ville natale l'a mis au-dessus des quatre fils Aymon et de Lefranc de Pompignan, ses plus chères gloires : « J'y ai reçu, dit-il, les témoignages de la plus vive admiration : Montauban a déjà donné mon nom à une de ses rues, et m'a réservé une des salles de son hôtel de ville, celle-là même où mon père me présenta tout enfant à l'évêque (1). J'ai donné à mon pays les objets d'art que je possède, pour qu'il en fasse après ma mort un petit musée, où l'on viendra parler de moi et de mes ouvrages. »

« *Ingres, né en Gascogne, mort à Paris. Avorton de David,* » dira le voyageur. Et que dirait-il de plus de ces quarante tableaux qui, à l'Exposition universelle, formaient les trois quarts de l'œuvre complet du peintre, depuis le commencement du siècle jusqu'à ce jour. Comparez cette stérilité à l'abondance des grands maîtres ! Dans ces toiles déployées comme les drapeaux de l'art français, je ne trouve ni l'invention, ni l'apparente réalité qui, en douant les personnages d'intelligence, de mouvement et de passion, nous montrent, ainsi que le théâtre, le monde dans un miroir magique et nous rendent solidaires de ses affections et de ses destinées. L'art n'existe qu'à la condition d'être humain, et M. Ingres

---

(1) Sujet de tableau : *Ingres présenté au temple.*

a passé sa vie, tantôt à répéter les mêmes formes, comme pour détruire la variété de la nature; tantôt à combiner insidieusement les types les plus célèbres de la tradition avec le modèle vivant. Quel amalgame de traits naturels et de traits factices ! Et comme il pille sans scrupule les statues, les bas-reliefs, les pierres gravées, les camées antiques, les fresques, les vases, les ustensiles d'Herculanum et de Pompéi, les peintures, les estampes, les mosaïques et les tombeaux de l'Italie ! Je le vois d'ici s'agiter dans un cercle de gravures, cercle de Popilius dont il ne peut sortir, tourner, retourner, prendre par-ci par-là une attitude, une tête, un bras, une main, une figure, un groupe; placer un personnage, un autre, un autre encore; remplacer le premier, le second, le troisième, le quatrième, ainsi de suite, comme le joueur d'échecs manœuvre le *roi*, la *dame*, le *cavalier*, la *tour* ou le *fou*. La composition terminée, M. Ingres s'écrie : « C'est sublime ! » Moi, je pense à certain maître de cérémonies qui, après avoir rangé par ordre de préséance les personnages d'une auguste assemblée, me dirait tout infatué de lui-même : « La belle invention que je viens de faire là ! »

L'hésitation, les tâtonnements, les reprises de M. Ingres, ont fait dire qu'il a consacré une centaine de séances au portrait du duc d'Orléans, peint avec tant d'amour et soustrait au public avec tant d'ingratitude et de ruse dès l'avènement du second Empire. L'artiste ajoute, retranche, efface, rétablit toujours quelque chose dans ses ouvrages, quelquefois dix ans après les avoir produits; exemple : la muse attachée à Chérubini et une rangée de personnages cousue à la *Chapelle Sixtine*. Corriger sans cesse et recorriger est excellent pour les hommes d'un naturel ardent, prime-sautier. Il leur reste toujours assez de feu; mais M. Ingres qui enfourche un Pegase marchant au pas, l'oreille basse, perd à tant de remaniements le peu de chaleur qu'il possède. Parfois il semble moins stérile.

Quelques heures lui ont suffi pour ajouter les bras d'un

modèle au portrait inachevé de Mme d'Haussonville, et pour rétablir dans ses peintures au château de Dampierre les morceaux préférés par les visiteurs et qu'il avait précisément effacés parce qu'on les vantait.

« J'ai arrêté, dit-il, la disposition de l'*Apothéose d'Homère* en un jour; préparé trois ans et demi et exécuté en neuf mois le *Vœu de Louis XIII*. Je me disais : Fuyons l'éclat, le fracas des sujets, et tirons un chef-d'œuvre de celui-ci, qui est simple comme une image de deux sous; le *Martyre de saint Symphorien* est celui de mes tableaux auquel j'ai le plus travaillé et sur lequel je compte entre tous aux yeux de la postérité. » La *Stratonice* a coûté quatre ans; l'*Age d'or* et l'*Age de fer* ne seront jamais finis.

La manière de M. Ingres exclut naturellement l'imagination, la verve, l'originalité. L'idéal n'est ni dans les réminiscences, ni dans le plagiat, ni dans l'entêtement, vertu de l'âne. La composition pyramidale, le fini, la douceur matérielle du pinceau, tout cela n'a rien de commun avec le génie. Ce pourchas du joli et le soin donné aux inutilités dans la *Stratonice* tiennent à la fois des miniatures italiennes, des vignettes de modes et des poupées de cire. Le fini n'a jamais, à ce point, tourmenté les grands maîtres : Véronèse, après avoir exprimé ses principales idées, laissait des morceaux ébauchés; Rembrandt, qui poussait la même habitude plus loin encore, répondit un jour à quelqu'un : « Je cesse de peindre quand j'ai cessé de penser. »

M. Ingres n'est pas de cette admirable famille : « Chez lui, a dit M. Laurent-Jan (1) qui le connaît très-bien, l'obstination et le calcul remplacent le sentiment; l'inspiration lui arrive toujours comme la preuve à la fin de la *règle de trois*. Une volonté de fer, doublée et chevillée d'une patience de moine, voilà les deux qualités qui ont fait de lui un grand artiste, comme elles en eussent fait, au choix, un grand méde-

---

(1) Voir *Appendice III*.

cin ou un grand banquier. La nature ne l'avait doué d'aucune faculté spéciale : mais sur cette volonté vivace, on pouvait *greffer* de l'horlogerie, des mathématiques, de l'archéologie, de la jurisprudence ou de la musique. »

S'assimiler par pièces, à sa façon, les chefs-d'œuvre qui ne sont précisément frappants que par leur ensemble, leur inviolable unité, c'est ne mettre en relief que leurs défauts; associer les beautés classiques aux formes des filles et des porteurs d'eau, pris à cinq francs par jour pour modèles de héros et de saintes, c'est faire des monstres : les parties copiées d'après nature paraissent vivantes, les autres mortes. La moitié du tableau est grossière, l'autre moitié fade. Si le peintre s'était borné, faute de mieux, à traduire la nature, il eût pu lui donner quelques traits de son propre tempérament et produire quelque effet sur le public; mais il a fui le naturel et l'idéalité.

Un beau jour, entraîné par l'amour de l'exactitude, il copie, corrige et recopie les ailes coupées d'un pigeon blanc pour les donner à la Victoire qui couronne Homère (1); vous savez aussi qu'il ne manque guère de suivre grain par grain l'épiderme des figures; de peindre un à un les cheveux, les poils qui ombragent les phalanges des doigts; de tisser fil par fil l'étoffe d'une robe; de polir les nervures d'un meuble; d'exagérer les mesquineries de Gérard Dov et de Miéris sans rappeler leurs qualités; de lutter enfin contre l'orfèvre et le lapidaire pour la ciselure de l'or et la coupe des pierres précieuses.

Holbein, incomparable en ce genre, s'empare avant tout de la physionomie du modèle. Chez lui, les moindres accessoires sont animés comme par émanation de la vie même des personnages. Un livre ouvert et un crayon ajoutent à l'expression méditative d'Érasme. M. Ingres, à l'opposé d'Holbein, détruit le caractère d'un portrait par les détails qui l'envi-

______

(1) Ce pigeon pattu appartenait à M. Marcotte.

ronnent. Il charge de bijoux et de fanfreluches des femmes dont les coiffures valent mieux que les têtes et dont les bracelets font oublier les bras. Il a saisi avec bonheur le caractère de M. Bertin; mais ce personnage est assis dans son fauteuil comme sur une chaise percée. Le *Premier Consul*, habillé de papier rouge, rappelle le Marlborough de la complainte. Le visage de Mme Devauçay est d'une langueur malsaine : son châle de cachemire est un modèle de dessin industriel. L'auteur trouve ce portrait serré comme un Léonard de Vinci, doux comme un Raphaël et animé d'un je ne sais quoi qui n'appartient qu'à Ingres. L'attitude de Mme d'Haussonville, empruntée d'une statue antique, est à peu près la même que celle de *Stratonice*.

Tout le monde est roide, contraint et endimanché dans l'œuvre de M. Ingres : les apôtres, dans le tableau *Saint Pierre recevant les clefs*, sont drapés de zinc colorié. M. Molé est tourmenté par son paletot, Chérubini par son carrick; les femmes de l'antiquité souffrent dans leurs tuniques, les femmes modernes dans leurs corsages, les figures nues dans leur peau.

L'illustre maître a la plus grande répugnance pour le costume moderne ! Les broderies l'ont consolé de l'habit du Premier Consul et du frac de M. de Pastoret. Dans le portrait de M. le duc d'Orléans, il est curieux de le voir compenser la sécheresse de l'uniforme militaire par deux colonnes torses, richement ornées de pampres et placées à droite et à gauche du prince. Le spectateur s'attache à ces colonnes et le prince ne compte plus. L'artiste se résigne au costume des femmes; mais il aimerait mieux les représenter en statues. « Que je souffre à peindre ce singe habillé », disait-il un jour en faisant le portrait de Mme R***.

M. Ingres est un archéologue qui rend à merveille sinon l'homme, du moins les lieux, les armes, l'ameublement; mais, après deux années d'étude et de cartophagie, le premier venu saura retracer les détails du luxe asiatique au temps de *Stratonice*, les remparts, les faisceaux du *Martyre de saint Symphorien*, les cariatides du don *Pedro de Tolède*, les costumes du temps de Charles V et du siècle de Louis XIV, le temple d'Homère, l'intérieur des palais ; les ustensiles et les vases sacrés du tableau de *Jeanne Darc ;* tout cela est dans les recueils : le génie ne s'y trouve pas.

M. Ingres est le représentant absolu de ce pédantisme pseudo-grec et pseudo-romain qui veut faire entrer de force dans un moule appelé le *style* tous nos sentiments, toutes nos pensées. Il n'y aurait plus ni bons ni mauvais artistes, ni faibles ni puissants tempéraments, l'excellence du moule tenant lieu de tout. Les chefs-d'œuvre, ces fleurs rares de l'Humanité, seraient-ils rejetés pour d'affreux bouquets artificiels ?

C'est aussi pour laisser à ces figures toute leur majesté que M. Ingres supprime le paysage : il nous a simplement offert deux poignées de feuillage, un ciel grand comme la main pris au Titien ; un gazon de quatre pouces imité du Giorgion dans l'esquisse *Jupiter et Antiope ;* un palmier postiche dans le tableau de *Saint Pierre ;* un rocher en forme de pain de sucre et couleur de cuir au pied duquel une mer fouettée comme une crème laisse voir un dragon de liège colorié, frappé par la lance du libérateur d'*Angélique*. Il peint en bleu cru et plat de porte cochère la mer émue par la naissance de *Vénus Anadyomène* et secouant comme une toison tout son peuple fougueux. Il n'a d'autres animaux à nous montrer dans son œuvre que cinq ou six chevaux de bois et un épagneul en faïence. Quelques fleurs sèchent dans le boudoir de Mme d'Haussonville et dans l'oratoire de *Françoise de Rimini*. Ah ! sortons de ce musée funèbre où les personnages sont collés aux lambris et alignés comme des têtes de coupables sur les étagères d'un cabinet phrénologique, il n'y a ni air, ni soleil, ni sources, ni ombrages, ni hommes, ni dieux dans ce microcosme impossible de l'élève révolté de David. On y languit, on y étouffe ; on voudrait pleurer. Revenons chez les vivants.

J'ai trop insisté; dix lignes suffisaient à l'histoire de ce peintre célèbre qui a sacrifié les émotions, les facultés humaines, à une certaine calligraphie; mais, comme il ne craint pas, du fond de son atelier bourgeois, peuplé de divinités de plâtre, de railler la France de Poussin, de Le Sueur et de Claude Lorrain en s'offrant à son admiration comme un puissant génie, je lui devais toute la vérité. Je laisse à de plus habiles que moi le soin de le porter aux nues. Les confréries de réclame mutuelle n'ont pas d'action sur l'avenir. Les fanatiques qui préparaient l'apothéose de M. Ingres feront manquer son enterrement, car la France mystifiée par leurs hyperboles et leurs dithyrambes ne perdra pas l'occasion de réagir contre un faux grand homme qui veut forcer la porte de l'immortalité. M. Ingres n'a rien de commun avec nous : c'est un peintre chinois égaré en plein dix-neuvième siècle dans les ruines d'Athènes.

HORACE VERNET

« Ah ! vous venez me faire poser à mon tour pour m'imprimer tout vif ? me disait un jour Horace Vernet : eh bien ! je vous livre ma tête. Je n'ai pas un seul bouton à ma veste et je vais toujours sans masque ; montrez-moi donc tel que je suis. »

Et pour bien faire connaître à l'artiste mes procédés, qui, j'en conviens, ne sont pas de nature à plaire aux hommes sans conviction et aux célébrités surfaites, je lus à M. Vernet quelques lignes qui servent encore d'*Introduction* à ces *Études d'après nature.*

« Vous voulez donc me confesser, reprit-il gaiement après un moment d'hésitation ; la chose me paraît commode. Savez-vous au reste que vous n'avez pas trop bien arrangé ce pauvre Ingres, et qu'il ne sera pas content..., un homme si hargneux ! Son portrait est bien. Hum ! hum ! quelle mine refrognée ! Comme il dit : — C'est moi qui suis Ingres, c'est moi qui commande ; tout le monde doit plier devant moi ! — C'est bon, c'est bon, *va-t'en voir s'ils viennent, Jean !* impose à d'autres qu'à Vernet !... Et Delacroix ! Oh ! c'est bien lui : il n'est pas beau, mais il est distingué, plein de vie et fièrement redressé pour nous faire entendre : « J'ai de l'esprit ! » De l'esprit, parbleu, de l'esprit ! et nous aussi nous en avons ! Il veut être de l'Institut, et pourquoi n'en serait-il pas ? Je lui donnerai ma voix; mais à la condition expresse qu'il n'aura jamais d'élèves à l'école des Beaux-Arts, car, enfin, on ne peut pas introduire ce choléra-morbus dans l'enseignement.

« C'est pourtant assez ennuyeux d'avoir à se déshabiller devant le public, une bête qui ne demande qu'à rire; vos procédés d'historien me semblent un peu trop sans façon. Après tout, ma farce est jouée; ma réputation me garantit de la critique, comme une toile cirée me préserverait de la pluie. Allez, faites, écrivez librement; je n'ai rien de la susceptibilité de Ingres, ce vieil enfant gâté, qui se croit toujours permis de pisser sur le rôti !

— Oui, certes, répondis-je, M. Ingres crie à l'assassin pour un mot de contradiction et appelle la gendarmerie au secours de son talent.

— Oh! oh! vous ne connaissez peut-être pas encore sa dernière prouesse, l'image qu'il vient de dessiner sur le brevet des lauréats de l'Exposition universelle? La voici : sur ce tréteau, soutenu par ces deux plates colonnes à boules et décoré de ce rideau de foire, la France, quelle France! distribue des couronnes à *ceci*, qui vous représente la Peinture armée de son appuie-main, et à *cela*, qui signifie l'Industrie avec un marteau de forgeron sur l'épaule. Voyons, sont-ce là deux figures? Est-il, grand Dieu, possible de faire mauvais à ce point et de s'en montrer fier? Vous connaissez à présent le nouveau chef-d'œuvre de ce noble artiste que l'on nous imposait, hier encore, comme le Pontife du Beau. Et moi donc, suis-je l'apôtre du laid? Je n'ai pas lieu, croyez-le bien, de me montrer jaloux de récompenses données à qui que ce soit; j'en ai été, Dieu merci, assez accablé pour mon compte. Je puis me chamarrer à volonté de croix et de cordons, à droite, à gauche, par devant et par derrière... Charles ! dit le peintre à son valet de chambre, apportez-moi le coffret qui contient mes décorations ! »

Et l'artiste versa sur une table cet amas reluisant d'insignes honorifiques de tous les pays, comme un banquier qui veut recompter un trésor.

« Voilà encore, ajouta-t-il, un tas de parchemins enrubannés et scellés, qui me confèrent une foule de privilèges que j'oublie; il y en a, je crois, qui me permettent d'instituer des notaires.

— Sur toile?

— Non, de vrais notaires.

— Vous avez tous les honneurs!

— Oui, reprit Horace Vernet; je suis né et j'ai vécu sous une heureuse étoile. Marié à vingt ans avec cent écus pour toute fortune, j'ai commencé à faire des dessins, des tableaux à vingt francs chacun, et j'ai fini par gagner des millions, qui ont passé de mes mains je ne sais où. J'en dirais trop. Singulière vie que la mienne! J'ai immensément travaillé, j'ai fort bien vécu, *j'ai longtemps parcouru le monde*, comme dit la chanson; j'ai vu beaucoup de choses, trop de choses pour ma tête, qui n'est pas forte. Enfin, j'ai tout de même joué mon rôle; il faut songer à fermer boutique. Je sais ce qui manque à mes ouvrages, quant à l'idée et quant à l'exécution. Que voulez-vous? Il faut m'avaler comme je suis. Je n'ai qu'un robinet; mais il a bien coulé, et quiconque, après moi, s'avisera de l'ouvrir n'en verra sortir rien de bon... N'oublions pas, au reste, le jeune homme qui doit faire mon portrait et qui nous attend dans l'atelier. »

Horace Vernet, habillé d'une veste courte, espèce de corset, et d'un pantalon à la hussarde, les reins ceints d'une courroie, à la façon d'un professeur de gymnastique, se coiffa du képi à grenade et à galons d'argent, endossa son manteau militaire, orné de boutons à coq gaulois, et me mena vivement dans son atelier de l'Institut.

Un tableau fraîchement terminé, la *Bataille de l'Alma*, ou plutôt un épisode adroitement choisi de cette bataille, attendait sur un chevalet les compliments de tout Paris. Le prince Napoléon Bonaparte à cheval, en tête de son état-

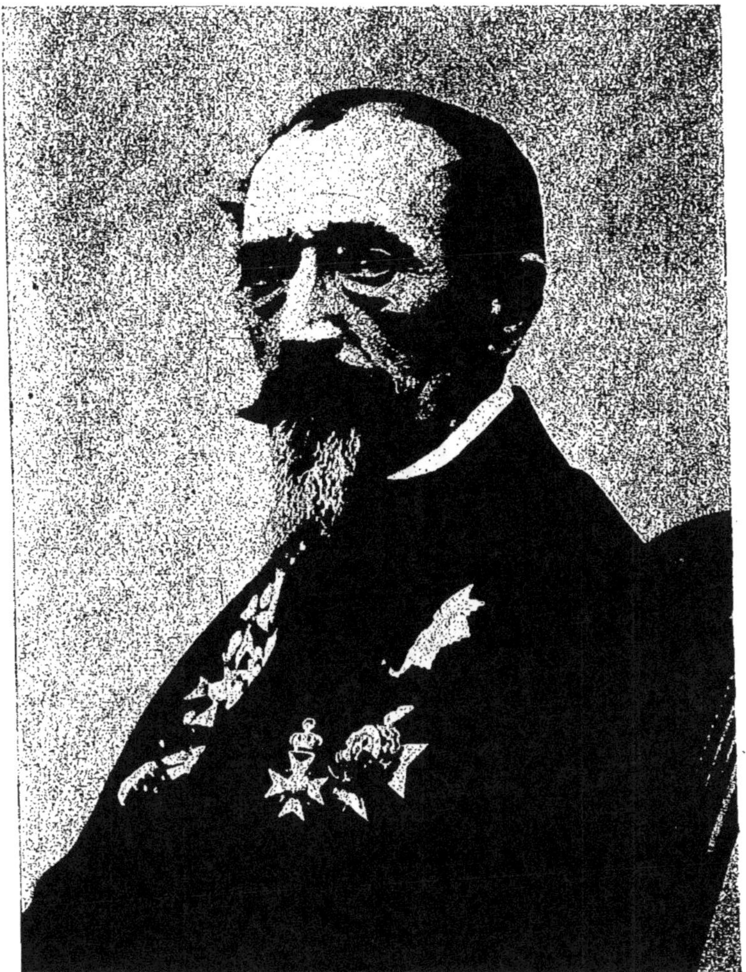

HORACE VERNET

Cl. Nadar.

majar, fait avancer une batterie sur le bord de la rivière.
Sur l'autre bord, à une très-grande distance, l'armée alliée
charge les Russes en déroute sur le flanc des mamelons boisés
et sur les plateaux pierreux. A l'horizon, chargé par intervalles de tourbillons de fumée, la vue s'arrête aux montagnes
et s'étend sur la mer couverte de voiles. L'action finit :
un zouave et un chasseur écossais reviennent triomphants,
bras dessus bras dessous. Un boulet ennemi, parti de loin,
casse en ricochant la jambe d'un intendant militaire et porte
du pulvérin au prince, qui semble répéter le mot de je ne sais
plus quel guerrier : *Le boulet qui m'emportera n'est pas encore
fondu.* Il n'y a qu'un héros d'oublié dans cette *Bataille de
l'Alma*, c'est le maréchal de Saint-Arnaud.

Le lecteur voudrait trouver ici la description de l'atelier
d'Horace Vernet, mais on n'y voit plus aujourd'hui comme
au temps de la Restauration cette réunion de tapageurs et
de bravaches qui rendit le peintre si célèbre et si désagréable
aux habitants de la rue de la Tour-des-Dames, privés de
repos et de sommeil par son voisinage. Sa maison résumait
toutes les scènes du café Lemblin, du Salon de la Victoire,
— où l'on *mangeait pékins* et Cosaques, — du Champ-de-
Mars, du Cirque Olympique, du Jardin des Plantes et de
la barrière du Combat. Fantassins, cavaliers, artilleurs de
l'armée et de la garde nationale, officiers en demi-solde et
en retraite, grognards revenus de la colonie d'Aigleville,
maîtres de danse, d'escrime, de boxe et de bâton; professeurs
de tambour, de clairon et de cor de chasse; modèles des
deux sexes, acrobates, palefreniers, piqueurs, chevaux,
singes, chèvres et bouledogues s'agitaient ensemble dans
ce laboratoire décoré de trophées d'armes, de drapeaux, de
costumes et de harnois.

Le tumulte des assauts, les éclats de la discussion, le
chorus des chants patriotiques, les cris des animaux, les
fanfares, les roulements, ne dérangeaient pas une minute
les improvisations de l'artiste joyeux et tout à fait incapable

de recueillement. Le poids des années, les règlements d'Académie, la pompe des honneurs, n'ont pas ennobli ou discipliné ses allures. La gravité, la réflexion lui vont comme le silence et la solennité conviennent à la pie et à l'écureuil. Rien ne l'empêchera d'être un jeune homme, un tout jeune homme, presque un enfant, jusqu'à l'âge de cent ans, s'il les vit, et j'espère qu'il les vivra. Mais son atelier, si visité, si bruyant autrefois, est à peu près abandonné. Inconstances de la mode! revirements de la popularité! Naguère on y rencontrait encore des officiers venant prier pour leur avancement, des bourgeois de Versailles, le peintre Alaux de l'Académie, Schopin, un autre peintre pour l'exportation, et des gardes nationaux, saluant de la main droite tournée à la hauteur de l'œil, comme de vrais militaires, Horace Vernet à son chevalet et lui disant :

— Mon *colonel*, me permettez-vous de voir la *Bataille de l'Alma?* (En s'entendant toujours appeler colonel, le peintre croit l'être.)

— Certainement.

— C'est superbe, c'est admirable, mon *colonel*! Oh! oh! ces quatre chevaux tirent joliment le fourgon! Et ce petit rond de fumée qui reste suspendu comme un anneau devant la gueule du canon?

— Ça, c'est une observation très-exacte que j'ai faite sur l'artillerie; cet anneau de fumée paraît ainsi quand la pièce a fait feu.

— Oh! l'Écossais à jupon rayé, qui a l'air d'une cantinière?

— Celui-là, je le vois encore à Varna avec ce zouave en goguette, qui s'écriait : Vive la reine d'Angleterre, elle a pensé à tout!

— Magnifique tableau, mon cher maître! magnifique tableau! s'écriait à son tour le graveur Jazet.

— Tout est prêt dans la cour pour le portrait de M. Vernet, dit en entrant un portraitiste en photographie.

— Tout de suite, répondit l'illustre peintre en tirant de sa poche pour la mettre à son cou la croix de commandeur de la Légion d'honneur.

Le temps était clair et glacé : la bise tourmentait sa poitrine.

— Couvrez-vous, monsieur Vernet, couvrez-vous; pas d'imprudence !

— Me couvrir ? allons donc ! reprit-il avec un mouvement d'humeur, moi ? un soldat ! je ne sens pas le froid : je resterais ici tout nu jusqu'à demain sans bouger d'une ligne. Voyez si je tremble, si je sourcille seulement.

Et il garda devant l'objectif une attitude héroïque.

Le portrait fut manqué.

Le lendemain, jour de l'élection du successeur de M. David d'Angers à l'Institut, je vins prendre M. Horace Vernet, pour essayer au boulevard des Italiens un nouveau portrait :

— Si vous mettiez toutes vos décorations ? hasardai-je.

— Sans doute ! — dit le glorieux maître. — ... Charles ! accrochez les plaques à mon habit, et suspendez les croix à mon cou !

— Monsieur veut-il mettre aussi les croix russes ? (Nous étions alors en guerre avec la Russie.)

— Oui, toutes ! Mais couvrez-moi de ma pelisse; les gamins me poursuivraient, et Mangin, le marchand de crayons, serait jaloux, s'il me voyait du haut de sa voiture.

— Vous avez donné beaucoup d'éloges au sculpteur Barye, me disait chemin faisant Horace Vernet; c'est un homme d'un grand talent. Je lui donnerais volontiers ma voix à l'Institut; mais il ne pose pas sa candidature.

— Il ne l'a pas encore posée; sans doute ne le fera-t-il jamais. Les sollicitations exigées par les membres de l'Académie ne sont-elles pas humiliantes ?... Pardonnez-moi, monsieur, de vous donner tant de peine; nous avons cinq ou six étages à monter ici; daignez vous appuyer sur mon bras.

— Ah çà ! me prenez-vous donc pour un vieillard traînant les quilles ? me répondit l'artiste qui sautilla comme un geai d'une marche à l'autre de l'interminable escalier. Je ne suis pas essoufflé !... — fit-il ensuite, le teint pourpre, la bouche contractée et les narines sifflantes, — j'ai mes jarrets... et ma poitrine de vingt-cinq ans... encore... et je ménage sagement... tout le reste... Depuis le jour où il a eu soixante ans, Horace Vernet, le coq gaulois, n'a plus chanté ! Bstt, bstt !

Le portrait fut lestement enlevé. C'est le plus chamarré de ma collection.

Le portrait d'Horace Vernet est si connu ! Il a été peint sur toile, taillé en marbre, coulé en bronze, modelé en plâtre ; lithographié, photographié, gravé ; repoussé en cuivre et en carton ; cuit en porcelaine ; tourné en tabatière, en pommeau de canne, en sifflet et en tête de pipe. Chacun, d'ailleurs, a vu l'homme en Europe, en Asie ou en Afrique, croquant au vol chaque pays, flairant à peine les mœurs et reparaissant, après quelques mois d'absence, comme un acteur, sous divers costumes.

Son petit corps, qui semble fragile comme un cristal de Bohême, ne souffre pas plus d'accidents à pied, à cheval, à dos d'âne ou de dromadaire, en carrosse, en traîneau ou en navire, que s'il était porté en litière. Les fatigues, les intempéries, les fléaux, qui terrassent les hercules, l'ont toujours épargné. Pendant que le choléra décime nos troupes dans les marais de la Dobrutcha, lui n'a pas une pointe de colique, et la vermine, qui dévore les bachi-bouzoucks, fuit ses membres, secs comme le tissu de l'aloès, élastiques comme des lanières de caoutchouc. Si rien n'altère son corps, rien n'agite son esprit. Les magiques changements de soleil et de rivage, l'étonnante variété des tempéraments, des caractères et des lois, la pénétrante série des formes, des couleurs, des mélodies, des parfums exotiques, beautés qui s'amassent en trésors de poésie et de savoir dans une intelligence attentive et délicate, ont passé sur ses yeux comme les reflets du feu passent sur un vitrage. Il n'est resté dans sa mémoire qu'une bigarrure des objets extérieurs. On dirait qu'il a vu seulement par la fenêtre d'un wagon le monde se dérouler, valser autour de lui et disparaître dans une lumière poudroyante. La caricature du *Charivari*, qui le représentait un jour passant à triple galop de cheval devant une toile pour la peindre, est un faible portrait de cet artiste dont les idées et les pratiques sont légères comme la plume, fuyantes comme l'air.

Le caractère d'Horace Vernet comporte, on le voit, plus de détails que de grands traits, bien qu'il ne soit pas certes sans cachet et sans excentricité; mais l'homme vous déroute à toute heure par quelque travestissement. Il faut le tourner et l'examiner comme on regarderait un bouchon de carafe taillé en facettes, le faire souvent changer de place, exciter sa volubilité de paroles et sa pantomime, comique dans les circonstances les plus sérieuses.

Dans le silence et dans l'inaction, qui sont peut-être pour lui les deux principaux états de la douleur, — mais il ne souffre guère ! — une sorte d'impassibilité est sur son visage alors pareil à celui d'un officier vieilli sous le harnois dans un escadron de hussards ou de chasseurs. L'œil gros, rond, à fleur de tête et d'un gris sombre, semble voir de tous les côtés à la fois. Des *ron ron* sourds se perdent dans ses grandes moustaches cirées, retroussées à la redoutable, et formant une ancre tordue avec *l'impériale* plantée sur un menton saillant. Nez long, fin, busqué; pommettes fortes, joues plates, ridées et tannées par l'âge, le labeur, le plaisir et les cosmétiques; front qui prouve l'obstination dans les petites choses; occiput de bon enfant; crâne sans volume, comme chez les oiseaux et chez les femmes sensuelles, à demi recouvert d'un duvet qui ne veut pas blanchir.

Voilà le Vernet pris au repos, et pour ainsi dire avec sa *tête d'uniforme*. Mais voici le Vernet animé, pétulant, le

Vernet gaulois : les quiproquos, les coq-à-l'âne, les bons mots des cabotins du *Palais-Royal*, les calembours hérités de son père Carle Vernet, les charges d'atelier, les aventures d'hôtellerie, de boudoir et de coulisses, les farces jouées sur le strapontin des omnibus ; il vous accommode tout cela au sel de Paul de Kock, son rival en popularité. Voilà bientôt un demi-siècle qu'il est passé bel esprit du *Caveau*, maître loustic et *maître à brimer*. Quand il est en verve et qu'on lui donne la réplique, son visage s'épanouit, ses petites mains de bonne maman coquette, chargées de bagues, s'agitent significatives pour compléter l'effet d'une anecdote. Et il étouffe à propos son rire pour redoubler le vôtre. Il conterait devant un concile la cruauté d'une Judith dont il manqua d'être l'Holopherne ; la façon dont il fit entrer des poignées de blé dans le corps d'une jeune femme arabe ; l'agonie orageuse d'une princesse morte en mer d'une indigestion de rhum et de cornichons ; le pari engagé sur l'authenticité du nez de M. d'Argout, sous lequel le crayon de Daumier abrite par un jour de pluie une famille entière ; et mille autres choses aimables, bouffonnes, *rigolo*, pour employer une de ses expressions de troupier.

Viennent, pour retourner *du plaisant au sévère*, ses souvenirs de 1814 ; ses coups d'épée (dans l'eau) contre les royalistes et les officiers alliés ; ses dessins d'*Incroyables* et de *Merveilleuses*, ses caricatures d'Anglais en tournée ; ses rébus ; ses exploits de chasse et d'équitation ; ses saillies au café de Foy, où l'on montre encore la *célèbre hirondelle de Carle* peinte sur le plafond ; son amitié et ses deux querelles avec Géricault ; ses premiers services rendus à Charlet, expulsé comme bonapartiste de l'administration des pompes funèbres ; ses voyages ; ses notes prises sur les champs de bataille de la République et de l'Empire ; ses campagnes d'Afrique (il dit : *mes campagnes*) ; ses ordres du jour de colonel de la garde nationale de Versailles, dignes de l'impression, et qu'il préfère à ses tableaux ; ses rapports inquiétants pour l'Institut; ses familiarités avec les souverains, ses missions diplomatiques; ses actions d'éclat pendant les journées de Février et de Juin 1848; sa dernière expédition en Crimée...

> Avançons,
> Écoutons
> Ce vieux militaire :
> Il parle de ses hauts faits...
> Ça doit plaire à des Français !

— Je vous le disais, s'écrie-t-il, j'ai vu trop de choses; mais je n'avais pas la tête assez forte !

— Il paraît que vous avez souvent vu le feu?

— Souvent... Charles ! faites voir à monsieur mon pantalon criblé de balles pendant les journées de Juin !

Le valet de chambre apporta, non pas un pantalon, mais une petite loque de drap trouée, relique des combats livrés à l'*anarchie*.

« Et que de fois aussi je l'ai échappé belle en Afrique ! Au reste, ce n'est pas comme peintre que j'ai obtenu la croix d'honneur des mains de Napoléon en 1814, c'est comme soldat en face de l'ennemi (1). Je ne me suis pas seulement dévoué à la glorification des armées françaises; je leur ai encore rendu en personne quelques services. Demandez à Ingres et aux autres peintres s'ils ont payé de leur corps à ma façon ! Tel ou tel malheur ne fût peut-être pas arrivé pendant les guerres d'Afrique si le colonel, le général, le maréchal eussent écouté mes avis. Aussi, les officiers de terre et de mer me connaissent et me rendent justice. Comment donc s'appelle l'amiral qui, pour faciliter l'exécution de mon tableau la *Prise de Lisbonne*, fit faire en 1840 un branle-bas de combat à bord de son vaisseau?... Ah ! l'amiral Lalande, un charmant homme. Deux pauvres canonniers perdirent la vie

---

(1) Souvenir à vérifier.

dans cet exercice... Et le commandant qui tirait des salves en mon honneur... Charles ! son nom ?

— M. Montagnac.

— Un brave. »

M. Horace Vernet est l'homme le plus sensible de la terre aux hommages ; il n'en sera jamais rassasié ; il boit les louanges, les yeux fermés, comme des élixirs, et personne mieux que lui ne peut dire après le peintre anglais North-cote : « J'avale tout ce qui est doux ! » Ses façons, qui mettent tout le monde à l'aise, lui ont fait beaucoup d'amis, des amis comme lui, passagers et volages, car il n'est trempé ni pour l'amour ni pour la haine. Aucune passion glorieuse ou funeste n'a jamais pris racine en cet homme inconstant, qui change de goûts et de relations comme de chemises. Ce sceptique illettré, causeur, touche-à-tout, voyageant pour son métier de ville en ville, à la Gaudissart, s'instruit à sa manière en traversant les grandes routes, les ateliers, les casernes, les rues, les salons, les Académies, et mêle les bouffonneries de Grassot aux espiègleries de Cabrion. On ne l'accusera jamais d'être un idéologue et de trop creuser la vie ; il pour-rait écrire sans concision toute sa philosophie sur le plus petit ongle de ses doigts.

Il se pique d'être au fait des hommes et des choses de notre siècle et de placer partout un mot. Son idéal d'homme intelligent et comme il faut est de ne jamais rester à court. Avide de popularité et de faveurs officielles, il joue en même temps au soldat, au littérateur, au diplomate, au galant chevalier, au courtisan, oubliant tout à fait, par moments, qu'il est peintre. Il eût sauvé, pense-t-il, les débris d'une armée en déroute aussi bien que Ney ; battu Abd-el-Kader en vrai Bugeaud ; il croit écrire ses mémoires avec moins de style peut-être, mais avec plus d'esprit que Chateaubriand. C'est lui qui donnait les meilleurs conseils à Louis-Philippe, et qui seul fut capable de faire entendre à l'empereur Nicolas des paroles de conciliation. Sans lui, M. Thiers était écharpé par le peuple en furie, le 24 février 1848; sans lui, la société française succombait aux journées de Juin. Ajoutons à ces facultés de l'homme de guerre, de l'homme d'État, de l'homme de lettres, les vertus du dandy, et comptons à voix basse les grandes dames tombées dans ses bras.

Le succès, les ovations ont depuis longtemps gâté M. Horace Vernet : il ne doute de rien et n'épargne à personne ni les caprices ni les bourrasques de son esprit naturellement frondeur et accoutumé à l'impunité. Il veut absolument, à tort ou à raison, dire et faire ce qui lui plaît, ni plus ni moins que M. Ingres, mais, au lieu de bouder et de se lamenter à la façon de son confrère, il prend des allures guerrières : s'il est sûr d'avance d'être le plus fort, il querelle, il s'emporte, menace. Sonnez, trompettes !

Mais il arrange toujours à temps ses brouilleries avec les puissants, par d'aimables repentirs, de vives gentillesses et de généreuses résignations. De nouvelles et riches commandes lui arrivent, et il les exécute en raillant ou en maugréant, pour prouver encore son indépendance. Voilà de bons moyens pour jouir à la fois des honneurs de la fierté, des abus de l'indiscipline, des joies de la coquetterie et des bénéfices de la caisse. Un jour qu'il refusait de peindre à Versailles un fait historique au gré du roi Louis-Philippe, M. C... lui dit, après de longues instances : « Enfin, monsieur Horace, le roi vous paye; que ne faites-vous simplement ce qu'il vous demande? » Et l'artiste envoya le roi se promener. Puis, il s'en alla lui-même, tout dépité, faire un tour en Russie, pour revenir après à Neuilly verser des torrents de larmes dans le sein du roi son bienfaiteur.

Ses velléités d'opposition le jettent à tout moment dans des passes difficiles. Il lui faut, pour en sortir, beaucoup de souplesse, et il n'en manque pas. Pris en flagrant délit de langue, il s'empresse de retirer ce qu'il aurait avancé de trop, quelquefois tout ce qu'il a dit. Mais il ne convient pas de

ses torts avec un simple particulier, avec vous par exemple :
vainement lui a-t-on montré les choses; aveugle, sourd et
muet par amour-propre, il n'a rien vu, rien entendu, rien
soufflé. Redoublez vos témoignages, qui sont sans réplique,
il se récrie, saute à pieds joints de sa position dans la vôtre;
il est victime, vous êtes coupable. Il est si confiant qu'on
l'a trompé; si généreux, qu'on abuse toujours de son cœur;
si pressé de travaux qu'il n'a pas eu le temps de réfléchir.
Vous lui résistez, profanation ! vous prenez en patience ses
écarts, il est certain de vous faire peur; et pour le coup il
ne parle de rien moins que de réveiller son épée *Lisette*,
endormie dans le fourreau, pour vous demander raison,
c'est-à-dire ce qui lui manque. Au fond, il n'est pas méchant;
mais il se montre susceptible, tempétueux, processif, entêté
et toujours prêt à mettre la plume à la main pour donner
une leçon (*donner une leçon* est son terme favori) aux journalistes, ses bêtes noires. Ai-je le droit de le discuter ? *Hippocrate dit oui, Galien dit non.*

Il a les allures, l'aplomb de l'homme heureux, la réplique
facile, imprudente. Le roi Louis-Philippe lui parlait un jour
de le faire pair de France : « Nous avons, dans ma famille
d'artistes, répondit Horace Vernet, rendu des services à notre
pays; mais nous n'avons jamais eu la sotte manie de la politique. Si David, au lieu de politiquer et faire couper la tête
au roi Louis XVI par son vote de conventionnel, fût resté
tranquille dans son atelier, il eût évité de mourir lui-même
en exil. » Le roi, fils du régicide Égalité, tourna brusquement
les talons.

Horace Vernet a le goût du verbiage, des paperasses et
de la tenue de livres : il inscrit sur son agenda, jour par
jour, depuis l'année 1810, tout ce qu'il reçoit, tout ce qu'il
donne, tout ce qu'il vend : la *Smala*, la *Prise de Rome*, les
bouteilles vides et les vieux chapeaux. Ses lettres sont d'un
français à la fois bizarre, cru, animé et bouffon. D'ortho-
graphe point, à la façon des nobles d'autrefois; mais à la

rigueur un grand peintre pourrait s'en passer. En attendant que les *Mémoires* d'Horace Vernet voient le jour, des parents soignent sa popularité et donnent quelques détails aux journaux français et aux journaux étrangers. On n'est jamais trahi que par les siens.

Voici une notice adressée à l'*Art-Journal* de Londres, par un proche parent de M. Horace Vernet, un autre lui-même. Les plaisants pourraient appeler cet article un autopanégyrique en français de cuisine.

« Trois générations de la famille Vernet ont rendu ce nom célèbre dans les annales de l'École française. Cette famille est originaire d'Avignon, où naquit Joseph Vernet, le grand-père du personnage qui fait l'objet de cette notice et le premier des trois grands hommes qui, chacun à son époque, se sont si bien identifiés avec les progrès de l'art. Le père de Joseph Vernet était peintre de paysages, et il existe encore, dit-on, dans le département de Vaucluse, de remarquables échantillons de son talent. La peinture de marine fut la partie de l'art dans laquelle excellait Joseph Vernet et où il surpassa tous les artistes français de son temps. Son fils, Carle Vernet, se fit une réputation très-étendue par ses tableaux d'histoire et de batailles. Ce dernier est le père du Vernet de notre époque, plus fameux encore que ses devanciers.

« Jean-Émile-Horace Vernet est né à Paris le 30 juin 1789, au Louvre, où son père et son grand-père occupaient des appartements.

« A cette époque, l'éducation en France était fort négligée, et il (Horace) fut presque entièrement abandonné à ses penchants naturels, qui, à défaut de l'instruction à la portée des enfants de son âge, dirigèrent son attention tout entière vers l'art. Il montra donc de très-bonne heure un goût particulier pour le dessin; les crayons et les pinceaux furent ses premiers joujoux, et l'étude de l'anatomie et de la perspective vint lui apprendre à s'en servir. Son père lui donna ses premières leçons de dessin, et il travailla ensuite quelque temps dans l'atelier de M. Vincent, peintre en renommée sous le Consulat.

« Dans l'exercice de sa profession ce fut, étant enfant, qu'Horace Verdet reçut son premier argent : adolescent, son talent suffisait déjà à son indépendance. A l'âge de onze ans, il fit, pour Mme de Périgord, un dessin de tulipe qu'elle lui paya vingt-quatre sols, et à l'âge de treize ans, il avait des commandes en assez grande quantité pour se suffire à lui-même. Une de ses premières œuvres fut la vignette qui, suivant le goût de ce temps, ornait les lettres d'invitation pour les parties de chasse impériales ; et tel en était le mérite, qu'un graveur d'une grande réputation, Duplessis-Berthaut, n'hésita pas à la déclarer digne de son propre burin.

« Les commandes abondent rapidement chez le jeune Vernet : dessins à six francs, tableaux à vingt francs. Il travaillait principalement pour le *Journal des Modes*, dont il devint le dessinateur en titre ; et c'est peut-être de ses travaux dans ce genre que lui vient ce talent de caricature, dont il amuse, même encore, ses amis intimes, souvent à leurs propres dépens.

« Carle Vernet, qui avait gagné le prix en 1782, désirait que son fils obtînt la même distinction ; mais Horace échoua dans le concours, comme il avait déjà échoué dans les précédentes occasions de mériter les palmes académiques. Le goût pour l'histoire classique et la mythologie régnait alors en France dans toute sa vigueur, et, parmi les artistes français, Horace Vernet fut un des premiers à voir que les Grecs et les Romains avaient fait leur temps et à comprendre qu'il était un de ceux qui assistaient à une grande crise dans l'art, ainsi que dans l'histoire, et que cette époque toute spéciale devait s'approprier les grands hommes qui se signaleraient dans la tourmente de ces temps.

« Entraîné par un goût naturel pour la vie militaire, et ayant servi quelque temps dans les rangs de l'armée française (1), il était admirateur enthousiaste de Napoléon. Il n'est donc pas surprenant qu'il se soit de bonne heure consacré à célébrer les exploits des armées françaises et de leur chef adoré ; et, quoique son talent soit universel, c'est encore dans ce genre de composition qu'il est le plus fortement prononcé.

« Pour le détourner d'un penchant très-décidé pour la carrière des armes, son père l'engagea à se marier de bonne heure. Ainsi, à vingt ans, il eut à supporter à lui seul les charges d'un ménage ; car sa famille n'était riche que de gloire. De là ses habitudes d'un travail assidu, secondé par sa merveilleuse facilité d'exécution à laquelle il doit la réputation d'être l'artiste le plus productif qui ait jamais existé. Ses œuvres, jusqu'à ce jour, se composent de plus de douze cents dessins, près de cent portraits, tous de grands personnages, et au moins trois cents tableaux dont plusieurs sont de grande dimension et très-compliqués.

« Il exposa pour la première fois en 1809, et depuis cette époque il travaille sans relâche à l'exécution d'une série d'ouvrages assez connus pour se passer de description. Quelques-uns des sujets les plus populaires sont : l'*Entrée de l'armée française à Breslau* ; la *Barrière de Clichy* ; les *Batailles de Jemmapes, Valmy, Eylau, Montmirail, Hanau, Fontenoy, Iéna, Wagram, Friedland ;* le *Chien du Régiment ;* le *Trompette blessé ; Joseph Vernet attaché au mât d'un vaisseau, esquissant une tempête ; Mazeppa ;* la *Confession d'un brigand ; Judith et Holopherne ; Raphaël au Vatican*, etc., etc.

« L'exécution à Versailles des compositions de la *Salle de Constantine* est d'Horace Vernet, et il a été récemment chargé par le roi de reproduire la *Prise de la Smala* d'Abd-el-Kader, tableau qui occupera une surface de soixante-six pieds de long sur seize de hauteur.

« En 1814, il fut décoré de la Légion d'honneur pour la

---

(1) En peinture?

part active qu'il avait prise à la défense de Paris (1), et en 1825, il fut promu au grade d'officier du même ordre par Charles X; en 1842, il fut nommé commandeur par Louis-Philippe, et il est le seul peintre de l'École française qui ait obtenu cette distinction. En 1826, il fut élu membre de l'Institut, classe des Beaux-Arts, et prit place à côté de son père, qui, longtemps avant lui, était membre de l'ancienne Académie de peinture.

« En août 1828, Horace Vernet fut nommé directeur de l'Académie française à Rome, et il conserva ces fonctions jusqu'au 1er janvier 1835. A aucune autre époque cette école n'a été dirigée d'une manière aussi remarquable, et jamais les travaux des élèves pensionnaires n'ont été aussi satisfaisants, sous tous les rapports, que sous la direction de ce peintre distingué, dont l'activité extraordinaire et le singulier talent d'exécution exerçaient la plus salutaire influence même sur les moins laborieux. Les salons de l'Académie devinrent à ce moment le rendez-vous des voyageurs de distinction de toutes les nations qui venaient visiter la ville éternelle. Nos compatriotes ont conservé le souvenir de la manière dont les honneurs de la Villa Médicis étaient faits par Mme Vernet et sa charmante fille.

« Durant son séjour à Rome, M. Horace Vernet envoya en cadeau à Charles X un admirable portrait du pape (2), qui est compté parmi les meilleures productions de son auteur, et qui figure aujourd'hui au musée de Versailles.

« Le roi, charmé de cet acte d'un gracieux hommage, fit demander par le secrétaire d'ambassade à Rome ce qu'il pourrait faire de plus flatteur à l'artiste pour lui témoigner sa reconnaissance, et entre autres choses, si le titre de baron pourrait lui être agréable. La commission délicate de le

---

(1) Voyez-vous ça?

(2) M. Horace Vernet en faisant au roi ce CADEAU ne lui aurait en effet demandé que cent mille francs. Une bagatelle !

sonder à ce sujet fut confiée à un de ses amis intimes auquel il répondit :

« Pour un peintre, le nom de Vernet me semble parfaite-
« ment bien, sans titre honorifique; ce nom est de lui-même
« sorti de la foule, et le titre de baron l'y confondrait de
« nouveau; mais si Sa Majesté, comme vous me l'assurez,
« est disposée à m'accorder ce qui me ferait le plus grand
« plaisir, dites-lui que je la prie d'accorder la distinction
« de la Légion d'honneur à M. Dumont, sculpteur, l'un de
« nos pensionnaires, qui vient d'exécuter un groupe du plus
« grand mérite. »

« Horace Vernet ne fut pas fait baron, et M. Dumont ne fut pas décoré dans cette circonstance, quoique depuis il ait eu également cet honneur et ait été également créé membre de l'Institut.

« Quand la révolution de 1830 éclata, tout le personnel de la Légation française à Rome se retira à Naples, où l'ambassadeur était déjà depuis quelque temps, et ainsi le directeur de l'Académie resta à Rome, seul fonctionnaire français. C'est dans cette situation des affaires que M. Horace Vernet fut nommé le représentant diplomatique de France près le saint-siège, — distinction exceptionnelle pour un artiste, — avec pleins pouvoirs pour traiter avec le gouvernement du pape, et au milieu de circonstances d'une grave difficulté. Il s'acquitta cependant de ses fonctions avec tant de jugement et de fermeté, qu'il obtint l'entière approbation du gouvernement français, dont l'expression lui fut transmise par une lettre de M. Guizot, alors ministre de l'Intérieur (1).

« La manière dont ce grand artiste se repose des travaux de sa profession est en voyageant, et pendant ces périodes de diversion il a visité bien des pays éloignés, tels que l'Égypte, la Syrie, l'Algérie, sans parler de ses voyages dans

----

(1) « Le beau billet qu'a La Châtre ! »

tous les États de l'Europe, de ses présentations à presque tous les souverains de son temps.

« Ce peintre célèbre possède un assemblage de qualités dont bien peu d'hommes sont doués, ou que tout au moins ils savent aussi bien faire valoir. Sa conversation est vive, légère, agréable, remplie d'anecdotes, et, sous l'apparence de l'inattention, cache un esprit d'observation très-profond et très-pénétrant. Sa mémoire retient avec une singulière facilité les faits, les formes et les localités au point de pouvoir décrire, après un espace de plusieurs années, un endroit qu'il n'a vu qu'une fois; et il a si bien adapté cette prodigieuse force de mémoire aux besoins de sa profession, qu'il peut faire le portrait d'une personne avec laquelle il aurait eu une heure de conversation. Sa lecture se réduit presque entièrement à la Bible : ce livre lui a inspiré le désir de visiter l'Orient; et, à propos de ses voyages en Terre sainte, après des recherches et des observations très-exactes et très-minutieuses, il dit être convaincu que les mœurs et le costume des Arabes de nos jours ont bien peu varié de ce qu'ils étaient du temps des patriarches (1).

« Quant au long catalogue de ses œuvres, on peut s'en rendre compte en pensant à son imagination si fertile, à sa facilité à créer des sujets, à sa rapidité d'exécution, à son incessante activité et à l'état toujours parfait de sa santé. Bien que ses œuvres soient si nombreuses et d'un caractère si varié, on ne peut les accuser d'imitation; il est suffisamment prouvé que toutes sont l'expression de la nature prise sur le fait, ou sont le fruit de l'active imagination de l'artiste, et le caractère le plus saillant de ses ouvrages est qu'aucun d'eux n'en répète un autre. L'observation et l'étude de la nature ont toujours été ses deux principes par excellence.

---

(1) *Opinion sur certains rapports qui existent entre les costumes des anciens Hébreux et celui des Arabes modernes;* Mémoire lu à l'Académie en 1847 par Horace Vernet, de l'Institut. Brochure in-8° de 24 pages. Paris, imprimerie de Bonaventure et Ducessois, 1856.

« Comme professeur de l'école des Beaux-Arts, son enseignement a toujours été considéré par les élèves comme
rendant plus de service que celui des onze autres professeurs.
Ce ne sont pas les classes seules de cette admirable institu-
tion qui ont profité des instructions de M. Horace Vernet;
elles n'ont pas été restreintes à ses seuls compatriotes,
car il reçoit dans son propre atelier, et avec la plus grande
bonté et affabilité, les élèves de tous les pays, auxquels il
donne largement ses meilleurs avis, ses précieux conseils.
Quant à la quantité et à la rémunération de son travail, il
n'en fait jamais un objet de spéculation, car le tableau fait
pour un ami ou destiné à un simple cadeau est aussi soigné
que celui qui doit être payé par un prince.

« Comme tous les hommes d'un génie supérieur, M. Vernet a ses admirateurs passionnés et ses détracteurs acharnés;
mais la sanction du temps et l'opinion publique ont infiniment plus de poids qu'un tel mélange de louange et de cen-
sure. Trente années de succès et une popularité (1) toujours
croissante ont placé Horace Vernet au premier rang parmi
les artistes, position que lui a décernée la majorité de ses
compatriotes et que le reste de l'Europe s'est empressé de
confirmer.

« Les œuvres d'aucun artiste ne sont plus généralement
connues ni plus éminemment populaires que celles de M. Horace Vernet, parce qu'il prend ses sujets dans les incidents
de la vie ordinaire et les traduit d'une manière qui va droit
au cœur. Horace Vernet a été le premier à rompre complé-
tement avec les formes tristement classiques de l'École
française, et à montrer à ses collègues comment on peut faire
vibrer la corde des affections sociales. »

M. Horace Vernet vit maintenant en garçon, dans le
pavillon de l'Institut qui fait face à la bibliothèque Maza-

---

(1) La Popularité, cette grande impudique
    Qui tient dans ses bras l'univers; etc.   AUGUSTE BARBIER.

rine. Son appartement est un petit musée éclairé par la belle lumière des quais de la Seine. Un choix de croquis et de dessins de l'artiste, à la mine de plomb, à la plume, au lavis, décore l'antichambre. C'est une série d'études rapides, faites d'après les types de tous pays, une collection d'armes, d'ustensiles, de costumes et d'équipements. Les tableaux de famille, les cadeaux de grands personnages et les souvenirs d'amis ornent le salon : on y remarque surtout les portraits de Joseph Vernet par Van Loo; de Virginia Parker, sa femme, par un habile peintre dont j'oublie le nom; de Carle Vernet enfant par Lépicié; de Carle homme mûr par Robert Lefèvre; de Mlle Louise Vernet par M. Horace, son père; des deux petits-fils de l'artiste par M. Paul Delaroche. Des chevaux, des paysages, notamment une marine de Joseph Vernet, sont mêlés aux portraits. Un grand vase, imitation de Sèvres, donné à M. Horace Vernet en 1843 par l'empereur de Russie, s'élève sur un piédestal dans un coin. Mais l'objet qui mérite entre tous l'admiration du visiteur, c'est le portrait d'une belle femme à chevelure bouffante et poudrée, fait par Reynolds et offert par la maréchale Gérard. Riche peinture, vivante image de la fraîcheur, de la santé, de l'esprit et de la joie !

Dans la chambre à coucher de l'artiste : autre portrait doux et limpide de Carle Vernet écolier par Lépicié; Moreau jeune, aïeul maternel d'Horace, peint par Gounod, père du musicien; buste en marbre de Mlle Vernet, devenue Mme Delaroche; bague, ciseau et main moulée du sculpteur danois Thorwaldsen; précieux dessins de Moreau jeune, représentant les fêtes données à la cour de Louis XVI par la ville de Paris; petit portrait d'Horace Vernet, travaillant en lunettes à son chevalet, par le peintre russe Wasili Timm.

Au chevet du lit de l'artiste est placé le christ d'ivoire que lui offrit la Congrégation de la *Doctrine chrétienne*, en échange du portrait de frère Philippe son supérieur.

Les armes, les pipes, au nombre desquelles on voit le

narguilhé de Kléber, donné par Soliman-Pacha, brillent sur les murs d'un cabinet tendu de papier sombre. Les oripeaux et les reliques de voyage sont relégués dans l'atelier.

L'artiste n'est pas encore bien guéri de son humeur vagabonde. Aujourd'hui, vous le voyez à Paris, donnant les dernières touches à un tableau; dans la nuit, vous apprenez qu'il est parti pour Hyères, où il possède un des plus beaux sites du monde, ou pour l'Algérie, dont il est un des colons concessionnaires. A Paris, il aime beaucoup la société. Le matin, après avoir exercé deux heures la patience de son scribe et farfouillé ses paperasses, il raconte à tout venant des anecdotes du temps passé et fait mille commentaires sur le temps présent avec une ardeur qui lui fait oublier les plus pressants besoins de la vie. Son déjeuner est refroidi quand il se décide à l'avaler au plus vite en parlant encore.

L'esprit de suite lui est impossible; tout raisonnement l'impatiente. Il faut le laisser battre la campagne en toute liberté. Quand j'eus compris ce caractère dont les diverses impressions sortent au hasard comme les numéros d'un loto, je dus renoncer à mettre dans mes questions un ordre qui le gênait. Je n'obtenais guère de lui, malgré sa bonne volonté, que des oui, des non, des peut-être et quelques détails insignifiants.

« J'ai eu l'honneur de vous prévenir, me dit-il un jour, que je n'ai pas la tête assez forte pour tirer des réflexions de tout ce que j'ai vu et des raisons de tout ce que je fais. Je ne suis ni un savantasse, ni un embrouille-tout, comme ce Chenavard, qui s'avisait dernièrement de discuter avec moi chez le prince Napoléon; ce Chenavard, qui essayait de décourager mes élèves à l'école de Rome, parce qu'il ne faisait rien lui-même. Au fait, commençons par quelques souvenirs de famille :

« Joseph Vernet, mon aïeul paternel, était l'aîné de vingt-deux enfants. Après avoir reçu quelques leçons de son père Antoine, il fut chargé de décorer la chapelle d'un château des environs d'Avignon. A la fin de sa première journée de travail, comme il venait de faire sa toilette et de mettre son épée, un valet du château vint lui dire : « A quelle heure monsieur veut-il se mettre à table ?

« — Je suivrai les usages de la maison.

« — On a disposé pour monsieur une table à part. »

« Joseph Vernet, blessé dans sa dignité, prit son bagage et partit pour Rome. Il y séjourna vingt-deux ans et y prit pour femme Virginia Parker, fille d'un officier des galères du pape. Joseph Vernet, appelé par le roi Louis XV pour peindre les ports de France, essuya une tempête, et vous savez qu'il se fit attacher au mât de la felouque pour étudier les violents effets du ciel et de la mer. Un de mes tableaux, qui représente cette scène, fut exposé en 1822.

« Joseph Vernet était un homme de haute taille, cinq pieds dix pouces; d'un teint très-brun, doué d'une grande énergie de volonté et d'une force d'athlète. Sa femme accoucha à Bordeaux, pendant que son mari y peignait le port, de Carle, mon père, qui avait déjà un frère aîné Livius Aloysius Vernet, baptisé à Rome en l'église *Santa Maria del Popolo*. Joseph, caractère rond, ne voulant pas avoir affaire aux gens du monde, à la naissance de son fils Carle, lui donna pour parrain un commissionnaire des rues, âgé de douze ans, un Savoyard des environs de Chamouny qui, à partir de cette époque, a vécu soixante ans dans notre famille, m'a tenu sur ses genoux, nous a tous tutoyés, et est mort à la maison comme un de nos parents.

« Joseph Vernet fut lié à la plupart des hommes célèbres du XVIIIe siècle. Cochin, l'abbé Lebanc, Taillasson, Grimm et Diderot ont vanté ses ouvrages. Pergolèse, son plus intime ami, avait composé le premier verset du *Stabat* sur le clavecin de mon grand-père. Les Cosaques firent, en 1815, *une fricassée* de cet instrument que ma famille conservait comme une relique. Joseph Vernet avait l'humeur fière : un jour qu'il amenait sa fille dans les galeries du Louvre pour lui montrer ses tableaux, les gardiens lui dirent : « Vous ne pouvez entrer maintenant au Musée, Sa Majesté s'y promène. » — « Eh bien, qu'on apporte ici mes tableaux ! » dit impérieusement Joseph. Et on lui obéit sur-le-champ. Les artistes étaient respectés en ce temps-là ! Joseph Vernet refusa le grand cordon de l'ordre de Saint-Michel parce qu'on l'offrait aussi à un fabricant de soie de Lyon. Il n'entendait pas être mis au rang des industriels. Quand plus tard le roi voulut l'anoblir, l'artiste lui répondit : « *Sire, les hommes n'ont déjà que trop d'occasions de devenir sots; il ne faut pas leur en fournir de nouvelles.* »

« Mon aïeul maternel, Jean-Michel Moreau, dit Moreau jeune, était fils d'un perruquier de Paris. Il suivit en Russie M. Lelorain, son maître, appelé à Saint-Pétersbourg pour y fonder l'Académie des Beaux-Arts, et séjourna six ans dans cette ville. D'abord élève à Paris du graveur Le Bas, il devint l'habile dessinateur que vous savez. Moreau orna les plus beaux livres de son siècle, fut l'ami de Voltaire et le zélateur de Jean-Jacques Rousseau. Excellent homme, mais violent comme la poudre. Voyez ses charmants dessins. Supprimer la queue d'un chien des compositions de Moreau, c'est pour ainsi dire enlever la ponctuation aux plus belles phrases de Bossuet.

« Mon père Carle, dont vous connaissez aussi le talent, les bons mots et les calembours (1), n'avait ni l'énergie de Joseph ni celle de Moreau. Il était pris d'accès de dévotion, qui par moment l'accablaient. Homme facile, aimable et très-aimé d'ailleurs. Ma mère était Fanny Moreau, morte

---

(1) Carle Vernet se retardait sur un tableau demandé par le duc de Berry, qui lui dit un jour avec impatience : « *Mais, mon cher Carle, voilà huit jours que vous êtes après la même cheminée ! — C'est vrai, Monseigneur, c'est qu'elle fumait, j'ai été obligé de la raccommoder.* »

Un autre jour que les ouvriers de Lemot scellaient sur son socle la statue équestre de Henri IV, l'artiste dit au prince : « *Monseigneur, Lemot fait en ce moment ce que personne n'a fait avant lui; il scelle un cheval, le cavalier étant dessus.* »

en 1822, quinze ans avant mon père. Ma bonne tante, la femme de Chalgrin (1), — l'architecte a travaillé à l'Arc de l'Étoile, à Saint-Philippe-du-Roule, à la plus petite des deux tours de Saint-Sulpice et au grand escalier du Luxembourg, — mourut sur l'échafaud de 1793.

« Un cousin de mon père Carle, le sculpteur Boizot, professeur à l'école des Beaux-Arts, est l'auteur d'un buste en marbre de mon grand-père Joseph que l'on voit au Musée du Louvre. Callet, neveu de Joseph, issu d'une Vernet, a peint un plafond dans la galerie d'Apollon. Il fut appelé à Gênes pour y décorer un palais. Une de mes tantes, femme d'un sculpteur de fort médiocre réputation, avait donné asile dans sa maison de la rue Servandoni à Condorcet proscrit, qui, pour ne pas la compromettre, s'enfuit de chez elle et s'empoisonna, comme chacun sait, à Fontenay-aux-Roses. Ma sœur Camille a épousé un peintre. Ma fille, dernier rejeton des Vernet, encore un peintre (2). De cette famille d'artistes, je reste pour la bonne bouche.

« De mes ouvrages, que vous dirai-je ? Vous les savez par cœur. Je n'ai ni parti pris ni système ; je rends le plus exactement possible ce que je vois, sans chercher midi à quatorze heures, et je me conforme aux événements. Voilà tout. Comme professeur à l'école des Beaux-Arts, voici mes opinions : de trop fréquents concours y développent la vanité au détriment de l'émulation et du talent. Les récompenses multipliées n'ont plus de valeur. Quand l'élève a reçu une médaille, il déserte l'école, se croit un personnage déjà digne de l'attention et des commandes de l'État. Et quelle disproportion entre le temps donné à l'étude et le temps appliqué aux concours ! L'élève de l'école des Beaux-Arts a

---

(1) *Voilà madame Chalgrin qui nous quitte,* dit un jour Voltaire au marquis de Bièvre ; *nous allons être bien malheureux, car sans elle* (L), *il ne reste que chagrin.*

(2) Paul Delaroche (N. de l'E.).

dans l'année 336 heures de leçons et 512 heures de concours.

« L'Institut devrait lutter aussi contre les peintres qui font école hors de son sein. Autrefois, sans doute, Vien, David, Regnault, Gros, Guérin, Girodet ont fait de bons élèves. De nos jours, Delaroche et deux ou trois autres maîtres ont défendu la tradition; mais que de gens d'une autre espèce leur ont fait concurrence! De l'atelier de ces derniers sortent les apôtres de l'ignorance, les propagateurs de goûts dissolus, les blasphémateurs des chefs-d'œuvre de l'antiquité, les entrepreneurs de succès de coterie, qui ne pouvant s'élever voudraient tout rabaisser. Leur phalange est nombreuse : ils se faufilent partout; les concours officiels commencent à en être infectés, et, chose inouïe, ils finissent par y obtenir des récompenses. Voilà la plaie, voilà les vendeurs qu'il faut chasser du temple! J'ai vainement proposé plusieurs fois de remédier à cet état de choses; j'ai demandé la création d'un cours de peinture, professé par *qui de droit*. Les élèves n'y seraient admis qu'après avoir obtenu des succès marquants dans les études générales de l'école des Beaux-Arts. »

Un cours de peinture, professé par *qui de droit*, lisez par Horace Vernet, c'est bon. Mais, quelle boutade! Ne dirait-on pas une bulle fulminée par M. Ingres contre M. Delacroix et contre tous les artistes célèbres de nos jours qui ne sont pas encore passés sous les fourches caudines de l'Institut! M. Horace Vernet, un académicien qui fait la pluie et le beau temps dans les concours, à tous les jurys et dans les salons, qui peut admettre, repousser à son gré élèves, exposants, candidats, a-t-il besoin de crier contre les coteries et de fouetter les vendeurs du temple? M. Vernet, se posant aussi en défenseur des chefs-d'œuvre de l'antiquité, quand personne n'ignore, quand il convient lui-même que ses ouvrages ont précisément fait de lui un des plus heureux réfractaires de la tradition! Écouteriez-vous un acteur du Palais-Royal, chantant les lamentations de Jérémie et les psaumes de

David à la fin d'une pièce bouffonne pour convertir le public, pour corriger les vaudevillistes ?

« Ma vie, mes impressions de voyage, reprit Horace Vernet, il me serait difficile de vous les raconter par ordre. Mes idées se culbutent dans ma tête comme la foule à la porte d'un théâtre ; vous en saisirez ce que vous pourrez au passage... J'ai pourtant un moyen de vous renseigner : pendant mes tournées lointaines, et dans les circonstances les plus marquantes de ma carrière, j'ai écrit sur toute espèce de sujets bon nombre de lettres. Cette correspondance vous coûterait à dépouiller beaucoup de temps et de peine ; mais puisque vous ne boudez pas devant le travail, je vais faire prendre ces lettres chez maître Yver, mon notaire, et nous découvrirons ensemble le *pot aux roses*. Ma vie est écrite avec plus de suite dans le carton que voilà ; mais c'est un de mes amis qui le premier doit la lire, si je décampe avant lui de ce monde. »

La correspondance en dépôt chez maître Yver fut apportée à M. Horace Vernet ; mais comme l'artiste venait de se décider spontanément à partir pour Hyères, au lieu de le mettre sous mes yeux ou dans mes mains, — comme il a voulu le soutenir quand plus tard on s'est moqué de lui, — il en confia le dépouillement à un sien parent, ancien journaliste, son conseiller intime, et qui ne sera pas son héritier. Ce monsieur m'en apporta avec beaucoup de zèle les premiers fragments par lui triés, transcrits par le scribe ordinaire de M. Horace Vernet et marqués de points de suspension, qui représentent les passages supprimés des confidences de l'illustre artiste. D'autres fragments également expurgés me furent encore remis. M. Horace Vernet, revenu d'Hyères, revit, certifia et signa de sa main ces extraits, déjà choisis selon ses vœux et pour servir dans ce livre de pièces justificatives à l'histoire de sa vie. *L'Illustration* et *la Presse* ont reproduit, à peu de jours d'intervalle, non pas ce manuscrit abrégé, mais de simples lambeaux assez amusants,

On s'attendait naturellement à les retrouver ici. On m'a retiré le droit de les y mettre. J'en ai fait l'objet d'un *Mémoire* (1) spécial.

Parlons de l'œuvre de M. Horace Vernet : il a traité, de la plus petite à la plus vaste dimension, tous les genres connus, avec une vivacité de coup d'œil et une agilité de main inouïes : jamais artiste, ni dans le présent ni dans le passé, sauf peut-être Rubens, n'a donné l'exemple d'une pareille faconde. Encore Rubens fut-il aidé par sept ou huit disciples robustes.

Mais la quantité n'est pas la qualité, et Dieu me préserve d'établir entre l'artiste français et le peintre flamand un rapprochement sacrilège. Le génie de Rubens s'épanche en splendeurs immortelles; la verve d'Horace Vernet flue en vulgarités éphémères; le maître d'Anvers répand triomphalement l'éloquence de l'art; le faiseur de Paris en répète intarissablement le caquetage : l'un est le lion, l'autre est le singe.

Chez M. H. Vernet, comme chez certains journalistes, la promptitude, la prolixité ont tué à la fois l'idée et l'expression, et je puis dire, sans crainte d'être démenti par les hommes de sentiment et par les connaisseurs, pour qui l'engouement public n'a pas force de loi, que les plus importants tableaux du célèbre auteur de la *Smala* sont des ouvrages mort-nés.

Suivons-le pas à pas, depuis les bureaux du *Journal de Modes*, dont il fut le dessinateur en titre, jusqu'aux galeries du Luxembourg et de Versailles.

Artiste amusant et futile, il rendit à merveille le costume et les manières des favoris de la mode qui faisaient la roue, durant le premier Empire, dans les salons, à Longchamps et sur les boulevards de Paris :

Voici les *Incroyables*, dignes héritiers de la *Jeunesse dorée* : chevelure à l'enfant, à la François Ier, à la Charles XII;

---

(1) Voir *Appendice IV*.

chapeau à la Robinson, en barque et à claque; habit bleu de ciel, couleur crottin, vert d'eau, vert saule, gris tourterelle; culotte de peau, de tricot, de casimir; jabot en chicorée; faux col en guillotine; cravatte en oreilles de lièvre; bas à mailles coulées; escarpins à rubans; bottes à revers; lorgnon à la boutonnière, charivari de breloques.

Voilà les *Merveilleuses* ! Quelle variété capricante de toilettes ! coiffure à l'anglaise, à la chinoise, en diadème; chapeau de lévantine, shako empanaché, cornette en chapska, toque asiatique; robe à épaulettes, à gigots ou à la Ninon; spencer anglais; écharpe écossaise, pelisse à fourrures; pardessus chinois; canezou de velours; witzchoura de satin; robe en rubans bouillonnants; broches, colliers, bracelets, rivières de diamants.

Ces divinités volages, si bien appelées du nom de *Merveilleuses*, changent d'atours comme de passions et brillent par la simplicité, la bizarrerie ou le faste, aux champs, à la ville, à la cour, au boudoir, au théâtre ou à l'église. Que sont-elles devenues ces fleurs animées, ces reines de Paris, qui éblouissaient tous les yeux, subjuguaient tous les cœurs, inspiraient des vers aux poëtes, des folies aux diplomates, des caprices aux souverains? Fées, muses ou courtisanes, elles ont toutes suivi dans la nuit de l'oubli la superbe Tallien et la subtile Récamier.

Dans ses croquis d'Anglais, de Prussiens, de Russes, de dandys, de jockeys et dans ses caricatures, Horace Vernet, sans égaler son père Carle, prend un tour délié et piquant : ces étrangers étiques ou obèses se promènent dans les rues de Paris avec une joie mêlée d'étonnement et de dignité. Voyez ce goddam fait en forme de bouteille : le cou, c'est le goulot; le chapeau, c'est le bouchon. Mylord Puff, gros réjoui, enveloppé dans son carrick à collets innombrables, conduit à la promenade l'énorme mistress Pelisse écrasée de fourrures, et dont la tête de veau est écrasée de panaches, etc.

Voulez-vous une charge d'Horace Vernet? Pour représenter un homme de six pieds, il lui met trois bottes à chaque jambe; c'est ça!

Vous faut-il un rébus? Le comte de Chambord, couronne en tête et couvert du manteau fleurdelisé, aiguise un fémur sur une meule de rémouleur. Cela veut dire : Henri V et Guizot *(aiguise os)!!!*

Inutile de s'arrêter à ses croquis lithographiés : on les trouve à tous les étalages d'imagerie en plein vent, fixés à des ficelles par des chevillettes de bois. Il y en a de vifs, de très-bien troussés; d'autres qui sont routiniers, détestables. Bons et mauvais ont été imités, non par Charlet, homme d'originalité et de caractère, ni par Géricault, artiste plein de vigueur et de solidité, ni même par Raffet, qui ne manque pas de mérite; mais par Bellangé, Julien, Victor Adam et bon nombre d'autres crayonneurs populaciers.

Les grands maîtres montrent par un choix presque invariable de sujets une certaine monotonie qu'il ne faut pas hésiter à traiter de sublime; car elle nous prouve la constante noblesse de leurs préoccupations. Les peintres qui ont préféré les scènes de la vie familière ne s'écartent guère non plus de leurs motifs de prédilection.

M. Horace Vernet, lui, voltige d'un sujet à l'autre, barbote dans le ruisseau ou grimpe sur le Parnasse. Quel goût dans la série de ses compositions! *Judith et Holopherne, — Lancier plumant un poulet, — Abraham et Agar, — Dragon fourrageur, — La Madeleine au désert, — Réconciliation de pochards, — Le Christ au roseau, — Bal champêtre de tourlourous, — Les Adieux de Fontainebleau, — La Fornarina, — Invalide à jambe de bois, — La Belle Édith au col de cygne, — Portrait du pape Grégoire XVI, — Hussard lutinant la fille de l'auberge de la* Grâce-de-Dieu, *— Intronisation de Léon X, — Soldats jouant à la drogue, — Raphaël et Michel-Ange au Vatican, — Le Rendez-vous de Jean-Jean,* qui s'effraye en chemin des affiches du docteur Albert, —

Louis XIV et La Vallière et une multitude d'autres choses de même acabit, entremêlées de sièges, de batailles, de revues, de bivouacs, de corps de garde et de cuisines.

Les huit planches, gravées par Ruotte, coloriées par Le Vachez, qui représentent les amours de Louis XIV et de La Vallière, méritent une mention. Des légendes écrites les accompagnent. Voici :

« A peine Mme de Thénières et Mlle de La Vallière sont-elles arrivées au couvent de Chaillot, que tout à coup la grille du couvent tourne sur ses gonds avec fracas. Un groupe de religieuses s'avance en tumulte, s'ouvre, se disperse et découvre aux yeux de Mlle de La Vallière le Roi qui s'élance vers elle. Elle veut fuir, elle se précipite dans le cimetière, où les religieuses viennent de rendre les derniers devoirs à l'une de leurs compagnes, et va tomber au pied de la grande croix de fer placée au milieu d'une touffe d'herbes, auprès de la fontaine. Le Roi vole auprès d'elle, lui reproche sa fuite et veut l'entraîner. Elle se débat, passe son bras autour de la croix et s'y attache fortement. Dans ce moment ses longs cheveux se dénouent et tombent sur ses épaules. Sa violente émotion donnait à son teint un éclat surnaturel; son attitude et l'expression de sa physionomie avaient quelque chose de sublime; jamais elle ne parut si belle aux yeux de Louis. Ce monarque si fier, si majestueux, était suppliant à ses pieds, les yeux baignés de larmes. La Vallière pâlit; ses bras s'amollirent et se détachèrent de la croix. Le roi, saisissant ce moment, la soulève et l'entraîne. »
(!!!). . . . .

Telle est la variété, telle est la délicatesse des motifs qui s'agitent dans la tête de M. Horace Vernet. Voyons sa manière de les disposer et de les peindre :

Le geste des personnages est vif, mais petit. Les bataillons qui montent à l'assaut de Constantine, le tambour qui bat la charge, le général de Lamoricière, le carré Changarnier en avant de Somah, le chirurgien qui panse les blessés d'Isly, les artilleurs qui poussent à la roue des batteries de l'Alma, voilà des morceaux pleins de verve.

Les compositions de M. Vernet sont toujours nettes, faciles; mais elles comprennent une infinité d'épisodes qui, se contrariant les uns les autres, attirent le regard de tous les côtés à la fois et fatiguent l'attention. Il faut être placé à cent soixante pas de la *Smala* pour la voir d'ensemble, autrement dit pour ne plus la voir du tout. Mais il reste encore un moyen de la parcourir en trois stations, comme on lirait le *Moniteur* en trois colonnes. Un vrai maître s'appliquerait d'abord à établir l'effet de son œuvre en sacrifiant les détails.

Rien à retrancher de la composition des grands artistes : coupez le bord des toiles de Raphaël, de Titien, sans toucher les figures; le sujet est dénaturé; supprimez dix pieds, quinze pieds de la *Smala* et remplacez le cadre : la *Smala* n'aura guère changé. M. Gustave Planche fut un jour conduit au Louvre par le baron Gérard, qui lui dit, devant la *Bataille d'Austerlitz :* « Que pensez-vous de mon tableau à présent? — Il n'y a rien de plus, rien de moins, répondit le critique. — Comment ! je viens d'y ajouter six pouces de ciel et neuf pouces de terrain. » Le roi Louis-Philippe fit enlever, mutilation déplorable, quelques doigts de la *Bataille de Taillebourg,* d'Eugène Delacroix. Il eût pu rogner sans inconvénient presque tous les tableaux de M. Horace Vernet.

« Celui qui voit abrège », dit Montesquieu; M. Vernet ne semble voir les choses que pour les allonger. Les vétilles pullulent dans son œuvre. Les reflets qui arrivent de toutes parts éclairent également une épingle, un bouton, une mouche et un escadron. Il y a dans cette manière de tout jeter aux yeux, sans rien réserver à l'esprit du spectateur, une extrême importunité.

La logique entraîne, entraîne l'artiste : après avoir compromis l'effet général de la scène, il porte les détails dans chacun des groupes, dans chacune des figures. Il se met à coudre un à un les boutons aux tuniques des soldats, sans oublier le numéro matricule du régiment, à tordre le filigrane des épaulettes, à aiguiser l'ardillon des courroies, à planter les clous aux fourgons. Ostade, Wouwermans, Teniers, en peignant des foules sur un panneau de deux pieds carrés, savent faire d'intelligents sacrifices; Van der Meulen, malgré son exactitude tout officielle, ne cherche jamais ainsi la petite bête. M. Horace Vernet ne nous fait pas grâce d'un fétu. Il était par nature destiné aux tableautins : la toute petite peinture de *la Barrière de Clichy* n'est-elle pas son chef-d'œuvre? Mais il voulait quand même attaquer les grandes machines pour primer les peintres de genre, étonner le public, enlever les hautes commandes et succéder à David, à Gros et à Gérard. Malgré l'étendue du cadre, M. Horace Vernet est resté un peintre nain, un Meissonier délayé. La dimension du sujet n'est pas grand'chose : il n'y a pas une idée dans l'immense *Smala*, et la tête d'Érasme, qui tient à peine la place de deux effigies de médaille dans le tableau d'Holbein, comprend un monde de pensées. Des pensées, des passions, en faut-il demander à M. Horace Vernet, un sceptique de naissance? On ne trouve même pas l'empreinte du patriotisme dans l'œuvre de ce peintre, qui a tué quarante ans d'un pinceau impassible Français, Russes, Polonais, Autrichiens, Espagnols, Kabyles, et flatté tous les régimes avec une égale complaisance. Tenons-nous-en aux procédés de ce praticien :

Il est à la fois dépourvu de caractère dans le dessin, d'unité dans la composition, de magie dans le clair-obscur, de concentration dans l'effet et d'harmonie dans la couleur. Depuis quelques années surtout, il nous montre une amère crudité, et c'est, je crois, sur la recette d'un marchand du faubourg Saint-Germain qu'il s'est mis à chanter sa dernière gamme charivarique :

BLEU CRU, ROUGE CRU, VERT CRU, JAUNE CRU,
VIOLET CRU, BLANC CRU

L'aigre consonnance de ces mots donnera peut-être l'idée de l'assortiment de ses tons.

Toutes ces erreurs sont chez lui des traditions de famille. Dessin étique, touche sèche et coupante, coloris dissonant, va-et-vient de reflets, qui, chassant les ombres, font perdre la consistance aux objets et la profondeur à l'espace : voilà des vices communs à Joseph, à Carle et à Horace Vernet. Joseph et Horace surtout jettent à poignées leurs personnages sur le champ du tableau, comme des semeurs d'ivraie. Un méchant peintre, devenu critique et bureaucrate, a dit avec raison de Joseph Vernet et de Loutherbourg, tant loués par l'enthousiaste Diderot : « Leurs roches se brisent avec une régularité que ne présente pas la nature; elles ont la transparence de l'agate ou de la topaze, selon que l'ombre les brunit, ou que la lumière les dore; leurs arbres sont maigres et comptés; leurs vagues ont la couleur et la solidité du silex; elles feraient feu sous le briquet (1). »

Pourtant les tableaux des trois Vernet amusent le public, qui aime à voir la peinture de très-près, c'est-à-dire à longueur de nez; à y compter et à y comprendre beaucoup de choses, sans réflexion et sans effort : il parcourt ces toiles par petits morceaux, comme il lirait une chronique par alinéas. De ces trois peintres, qui me font mal aux yeux, Joseph Vernet est le plus fort, Carle le plus spirituel, Horace le plus prolixe. Ils ont tous trois abaissé l'art au niveau des rues, et la foule, qui se reconnaît elle-même dans ces trivialités, applaudit. Cet engouement du vulgaire pour les trois Vernet est leur condamnation. *Odi vulgus.* L'amour de la popularité, qui préoccupe si vivement M. Horace Vernet, est la plus grossière et la plus funeste des passions. Raphaël, Léonard de Vinci, Véronèse ne faisaient pas ainsi la cour à la multitude ! Pour eux, le triomphe du beau et du grand était tout; les applaudissements et l'argent n'étaient rien. Le

---

(1) *Revue des Deux Mondes*, 1836.

peuple de Florence, également frappé du génie et du caractère de Michel-Ange, l'appela le *divin;* le public réserve chez nous de plates ovations à qui le flatte, l'amuse ou le corrompt. Si Titien, Corrége, Rembrandt revenaient parmi nous, les Ingres, les Dubufe, les Winterhalter primeraient ces grands hommes. Géricault, dont on déplore la mort prématurée, n'avait rien à attendre du roi Louis-Philippe, qui ne trouvait pas dans ses ouvrages cette précision, ce léché qui le charmaient dans les travaux de M. Horace Vernet, un peintre sans émotion, sans poésie, sans caractère; qui comprend le paysage en officier de l'état-major, l'histoire en sténographe, la splendeur en tapissier.

M. Vernet n'est donc pas, tant s'en faut, le peintre épique des armées; il rapetisse au contraire depuis quarante ans la physionomie du soldat, il rabaisse son caractère et le tourne au plaisant et à ce plaisant qui répugne. Des guerriers de Masséna, de Ney et de Jourdan, il a fait le *loustic* de cabaret, le trimeur des compagnies de discipline, le bouffon de la chambrée, le troubadour de la permission de dix heures, le hussard fourrageur, le marmiton de bivouac. On le voit tour à tour avec dégoût guetter, sabre dégainé, le poulet qui allonge le cou sur le seuil de la volière, retenir par la queue le cochon volé qui veut s'enfuir, faire un civet du chat de son logeur, mettre des rats à la soupe, ou recevoir dans le dos la fourche de fer du fermier, père de famille, dont le drôle escalade nuitamment la maison. David et Gros furent les peintres du forum et du champ de bataille. M. Horace Vernet est le Raphaël des cantines.

Qui a vu un tableau de celui-là les connaît tous. Inutile d'y chercher une seule des vertus qui donnent aux maîtres l'immortalité : hauteur de la pensée, profondeur du savoir, charme, énergie ou noblesse de l'exécution. M. Horace Vernet, c'est le daguerréotype incarné, la vivante usine d'images populaires, telles qu'il les faut à la cohue des dimanches dont les yeux voraces, inassouvis par les funambules et les foires de barrière, veulent se réjouir encore à la *Smala d'Abd-el-Kader* et à la *Prise de Rome*. M. Horace Vernet a reçu et recevra quelque temps encore les faveurs du suffrage universel; mais l'Avenir lui sera dur. Malheur aux artistes qui n'auront travaillé que pour amuser la plèbe contemporaine ! De leur vivant ils reçoivent toute leur récompense. Le succès leur arrive éclatant, sans mesure. Qu'ils demeurent ensevelis dans cette gloire, plus banale peut-être que la fosse commune !

COROT

La première fois qu'il me reçut dans son atelier avec sa cordialité joyeuse, la face enluminée, le bonnet de coton rayé à mèche multicolore et la blouse bleue, il me fit l'effet d'un roi d'Yvetot : je ne pouvais retrouver du premier coup dans l'artiste le caractère de ses ouvrages ; je venais de voir quelques tableaux où il s'est beaucoup préoccupé des maîtres, au lieu de s'abandonner franchement à son originalité. Sous cette impression, je le cherchais loin de lui-même ; puis les journaux l'avaient tellement défiguré en lui prêtant des airs de Théocrite et de Virgile que j'étais tout surpris de le trouver si Français. Je voudrais avoir une plume assez fine pour le rendre tel que je le comprends, tel qu'il est, et le faire aimer comme je l'aime.

Corot (Jean-Baptiste-Camille) est né à Paris le 29 juillet 1796. Son père était un employé, sa mère une marchande de modes. Après avoir passé quelques années au collège de Rouen, il fut placé chez M. Delalain, marchand de draps de la rue Saint-Honoré. Le commerce l'ennuyait ; il allait à la dérobée dessiner le modèle vivant dans l'atelier de Suisse sans oser dire un mot à son père de sa vocation pour les arts. Le prud'homme n'aurait vu là qu'une prédestination à l'hôpital. Le marchand de draps intervint favorablement et l'on permit au jeune dessinateur d'entrer dans l'atelier de Michallon : « J'ai fait, dit-il, mon premier paysage d'après nature à

Arcueil, sous l'œil de ce peintre, qui me donna pour unique conseil de rendre avec le plus grand scrupule tout ce que je verrais devant moi. La leçon m'a servi; j'ai toujours eu depuis l'amour de l'exactitude. » L'exactitude n'est pourtant pas le fort de Michallon dont les paysages *historiques* sont presque aussi faux qu'ennuyeux. Michallon était un de ces professeurs qui prêchent le respect dû à la vérité tout en la défigurant dans leurs ouvrages pédants. Ainsi les paysagistes académiques émondent les arbres, arrachent les mousses de la forêt de Fontainebleau, trouvant dans la nature vierge des vulgarités incompatibles avec le *grand style*. Du style! que voulez-vous dire? Il y en a partout, sauf chez vous. Ruysdaël a trouvé le style dans un petit buisson.

Pendant que Corot fréquentait l'atelier de M. Bertin (1), un peintre qui ébauchait bien et qui finissait mal ses tableaux, commençaient à briller MM. Aligny, Lapito et Delaberge, hélas! bien oubliés. Le premier rêve des campagnes héroïques; le second veut embellir la terre, le ciel et l'eau. Pour Delaberge, c'était autre chose : il n'avait pas la maladie du *style*; il avait celle du *fini*. Partant de ce principe que rien n'est indifférent dans la création, depuis le gramen jusqu'au cèdre, depuis le moucheron jusqu'à l'homme; que tous les êtres sont solidaires et même équivalents dans leur diversité, Delaberge en était venu à chercher pour ainsi dire les détails au microscope, oubliant, à force de minutie, les rapports généraux de forme et couleur qui existent entre les parties d'un paysage. J'examinais un des tableaux de Delaberge dans la galerie aujourd'hui dispersée de Mme la duchesse d'Orléans : le *Médecin de campagne :* on y voit une maison dont la toiture inclinée est faite de petits carrés de bois superposés; quand le peintre s'appliquait à chacun de ces carrés, tous les autres (il y en a des milliers) disparaissaient pour lui; il perdait de vue

---

(1) Jean-Victor Bertin (1775-1842) le fondateur du « paysage historique », et non Edouard Bertin (1797-1871) (N. de l'E.).

la réciprocité de leurs valeurs de ton, réciprocité qui n'est encore autre chose que l'harmonie. Que peut, au reste, le peintre le plus clairvoyant et le plus sûr en présence de tant d'objets mobiles, les feuilles des arbres, par exemple?

Delaberge aimait le difficile, l'impossible : il ne savait jamais assez la chimie des couleurs; et, pour éprouver ses panneaux il les jetait de sa fenêtre sur le pavé; la fracture lui indiquait l'endroit faible par lequel un chef-d'œuvre n'aurait pas manqué de périr avant cinquante ans. Et il faisait ferrer le panneau à outrance. Avec sa manie de compter les choses imperceptibles, il allait peindre des crépuscules en Savoie, pays où ils sont si fugitifs, et, dans un grand tableau dont l'effet à rendre ne lui permettait pas plus d'un quart d'heure de travail par jour d'après nature, il nichait des chardonnerets que le spectateur ne pouvait ni soupçonner ni voir. Delaberge était néanmoins un remarquable artiste : il avait de l'audace, de la vigueur, de la ténacité; le ton de ses peintures est sombre, mais transparent et d'une franchise qui va jusqu'à la violence. Avec un tel amour des détails, Delaberge ne pouvait résumer la Nature; il la prenait aux cheveux au lieu de l'embrasser. Le peintre anglais Constable a commencé dans le paysage moderne cette révolution que devaient poursuivre Corot, Paul Huet, Jules Dupré, Théodore Rousseau, Diaz, Troyon et Daubigny. Ajoutons quelques peintres qu'on a l'habitude d'appeler peintres d'histoires et qui ont aussi régénéré le paysage : Géricault, Delacroix, Decamps et Jeanron.

Cependant M. Corot père donnait fort peu d'argent à son fils, espérant le ramener par les privations et le découragement dans le chemin du comptoir. Ici commence la lutte opiniâtre de notre artiste contre l'obscurité. « C'est merveille pour moi, dit-il, de m'entendre appeler à cette heure un homme éminent! Quel dommage que l'on n'ait pas dit cela plus tôt à mon père, qui en voulait tant à ma peinture et qui n'y trouvait rien de bon parce que je ne la vendais pas! »

En 1826, Corot alla demeurer à Rome, non pas pour y recevoir l'éducation officielle, mais pour y jouir du beau temps et y travailler presque toute l'année en plein air, chose impossible sous le ciel variable de Paris. « J'avais passé, dit-il, deux hivers chez M. Bertin, apprenant si peu de chose qu'à peine arrivé à Rome je ne pouvais me tirer du moindre dessin. Deux hommes s'arrêtaient à causer ensemble : je commençais à les croquer par une partie, par la tête, par exemple ; ils se séparaient, et je n'avais que des morceaux de tête sur mon papier ; des enfants étaient assis sur les marches d'une église : je commençais encore : la mère les appelait ; mon livre se serait ainsi rempli de bouts de nez, de fronts, de mèches de cheveux ; je pris la résolution de ne plus rentrer chez moi sans un travail fait d'ensemble, et j'essayai pour la première fois du dessin par masses, dessin rapide, le seul possible. Je me mis donc à circonscrire en un clin d'œil le premier groupe venu : s'il restait peu de temps en place, j'en avais au moins pris le caractère, la désinvolture générale ; s'il y restait long-temps, je pouvais ajouter les détails. J'ai fait beaucoup de ces exercices, et il m'arrive même d'arrêter à la minute en quelques traits les ballets et les décors de l'Opéra sur un bout de papier, au fond de mon chapeau. »

Il aime beaucoup les figures animant le paysage : il veut être en compagnie dans les bois, dans les vallées, au bord des rivières, voir bêtes et gens courir la campagne où il ne pourrait vivre absolument seul. Claude Lorrain disait aux amateurs : « Je vous donne mes figures par-dessus le marché ; » il les a pourtant très-bien peintes. Corot ne les fait bien que dans une certaine dimension et quand il peut s'aider de quelques croquis enlevés d'après le modèle vivant ; les plus petites, exécutées de pratique, ont quelque chose de la roideur naïve des bonshommes de pain d'épice et des joujoux de Nurem-berg. Dans l'*Effet du matin* (vente de la galerie de Mme la du-chesse d'Orléans), qui serait un chef-d'œuvre s'il ne rappelait trop directement Claude Lorrain, les vaches qui vont boire ont les lignes de l'encolure et du dos droites et sèches : on dirait des caricatures de vaches tirées d'un bas-relief antique. Le peintre prête à ses figurines tout ce qui lui passe par l'esprit : « Voyez-vous, me disait-il, cette bergère adossée au tronc de l'arbre ? elle se retourne vivement, elle entend un rat remuer dans l'herbe. » Et je ne voyais rien de cela. Dans la *Vue de La Rochelle*, une dame de Lilliput se promène le long de l'avenue, et les marins, gros comme des mouches, grimpent aux cordages des navires. Dans ses crépuscules, les pies se disputent sur les branches et l'on en voit voler une d'une importance démesurée dans un de ses plus jolis dessins à la plume. Il ne faudrait pas pour cela voir dans Corot un talent oiseux et mesquin ; mais il a ses petites fantaisies ; la Nature poursuit ce grand enfant de ses moindres images et de ses plus légers caprices. « Après mes excursions, dit-il, j'invite la Nature à venir passer quelques jours chez moi ; c'est alors que commence ma folie : le pinceau à la main, je cherche des noisettes dans les bois de mon atelier ; j'y entends chanter les oiseaux, les arbres frissonner sous le vent, j'y vois couler ruisseaux et rivières chargés des mille reflets du ciel et de la terre ; le soleil se couche et se lève chez moi. »

Les *études* peintes par Corot, avant son séjour en Italie, n'ont pas grand caractère, puisqu'il ne savait faire alors que des arbres à *feuilles de persil*, des moulins, des chalets et des torrents dans le goût de Watelet, des Bidault, des Rémond et des Jolivard ; mais l'Italie le frappa beaucoup par de vigoureux contrastes de lumière et d'ombre, par l'effet grandiose des masses détachées sur le ciel. La longue observation d'un pays si franchement éclairé devait lui rendre pour l'avenir le travail facile, même dans les contrées d'un aspect indécis. Si peu accentuée que paraisse la nature en quelques lieux, l'harmonie des formes et des couleurs reste néanmoins déterminée, et il est d'autant plus facile de la saisir que l'on a d'abord mieux connu tous les accords de ton dans un pays éclatant.

Après avoir cessé de dessiner en détail les ramuscules et les feuilles des arbres, ce qui ne manque jamais de leur donner une roideur métallique — tandis qu'ils vivent, par l'action de la séve et de l'air, dans un mouvement plus ou moins sensible, mais continuel — l'artiste devait faire pareil progrès dans la couleur. En transportant par ordre sur la toile les masses colorées telles qu'il les avait observées, il arrivait à établir avec justesse l'ensemble d'un paysage, absolument comme s'il eût eu à juxtaposer les diverses pièces d'une mosaïque ; c'est ainsi qu'il a peint tous ses sites d'Italie : *Volterre*, les *Terrains volcaniques des environs de Marino, Florence vue du jardin du Grand-Duc, Rome prise du Campo-Vaccino, le Colisée*. Le climat italien a retrempé le talent de Corot, qui fût peut-être tombé dans la mollesse ; d'un autre côté, sa nature fine, liante, toute française, l'a préservé de la sécheresse ultramontaine. De l'Italie, il est passé par le Limousin, l'Auvergne, le Dauphiné, le Morvan, la Bretagne, avant de s'attacher pour toujours à la nature du Nord ou plutôt des vallées de la Seine, nature triste et pâle, propice aux méditations de l'égoïste et du sage.

Vingt ans passés loin de l'Italie ont bien changé le style de l'artiste. Je préfère ses peupliers fins et légers comme des plumes, ses ciels gris et doux de Ville-d'Avray (1), ses vertes prairies de la Normandie, ses rivages tranquilles de Villeneuve-Saint-Georges, aux rochers de Subiaco, aux ravins de Volterre, aux déchirements de Marino. Il parvenait à rendre ces accidents d'un caractère opposé à son humeur, parce qu'il était doué de cette faculté d'assimilation que l'homme intelligent et attentif emporte en tout pays. « Je me suis laissé *encotonner*, dit-il, par le ciel cotonneux de Paris. » Ajoutons qu'il voit les choses assez émoussées et que les paysages de l'Italie sont affaiblis par son pinceau.

Il n'y a guère plus de dix ans que Corot est bien connu en

____

(1) Voir *Appendice V*.

France ; sa renommée semble destinée à vivre et à grandir sans exciter de vives passions. Assurément, son mérite sera toujours supérieur à sa réputation. Ce n'est pas de son pinceau que l'artiste a vécu. « Par bonheur, dit-il, ma famille me donnait de la soupe et des souliers-bottes. »

Longtemps méconnu, il n'est pas blasé sur les éloges ; il vous dit lui-même, si vous lui en donnez, comme l'enfant qui demanderait à boire : « *Encore, encore*, j'en ai été trop privé. » Soucieux, non pas en faisant ses tableaux, mais quand ils sont à peu près terminés, il consultera même le premier venu, quitte à dire, si l'homme n'y entend rien : « De nous deux, il y a un imbécile : je crois que c'est lui. » Parfois la conviction l'emportant : « Décidément, dit-il, mon tableau est *très-fameux* (1). »

Il garde sans doute de sa première éducation commerciale quelques idées fausses : aussi donne-t-il trop d'importance à l'opinion des marchands de tableaux, qui, la plupart, ne voient dans la peinture que l'objet d'un trafic et dans les artistes que des clients plus ou moins capricieux. Il accepte trop souvent leurs offres, rien que pour le plaisir de se dire : « J'ai vendu mes ouvrages ; on les goûte. »

Corot n'a été l'enfant gâté, ni du public, ni des ministres, ni de l'Institut. Pendant quinze années, ses tableaux, exposés au Louvre dans de mauvais coins, ont à peine été vus. « Hélas ! disait-il, je suis dans les catacombes. » Rentré chez lui, et les larmes aux yeux devant les toiles accrochées aux murailles de l'atelier, il s'écriait : « Le talent me reste. »

Corot reçut la croix d'honneur en 1847 ; sa famille crut alors le comprendre, après vingt-cinq ans d'indifférence pour ses efforts. Son père commençait à dire : « Je pense qu'il faudra donner un peu plus d'argent à Camille. » Et Camille avait déjà les cheveux gris.

Merveilleusement doué pour l'enseignement, Corot déteste

---

(1) Voir *Appendice* V.

la pédanterie et recommande à ses élèves de ne choisir que
des sujets qui répondent à leurs impressions, jugeant avec
raison que l'âme de chaque artiste est un miroir dans lequel
vient se réfléchir la nature d'une façon particulière. Il dit à
un artiste qui l'avait servilement imité : « Faites encore un
travail pareil à celui-ci, et je vous ferme la porte de mon
atelier. » Il n'a jamais voulu recevoir une obole des leçons
qu'il a données. Il enseignait, il y a quelque temps, un sourd-
muet ; dès la première séance, il lui écrivit ce précepte laco-
nique : CONSCIENCE, et le souligna trois fois. Le sourd-muet se
mit à copier un dessin avec un tel scrupule qu'il n'oublia
même pas certaine tache de colle forte qui s'y trouvait, et
Corot lui dit en riant : « Si vous êtes aussi attentif à regarder
la Nature, vous la trouverez sans tache. » On peut lui passer
cet innocent jeu de mots.

Sa préoccupation constante en peinture, c'est le discerne
ment des valeurs de ton (1). « S'il ne dépend pas de l'artiste,
dit-il, de naître homme de génie et de devenir un grand exécutant, le premier venu peut arriver, à moins d'infirmité, à se
rendre compte de la proportion des formes et de la relation
des couleurs. Les marchandes de modes ne se trompent guère
dans leurs assortiments. Il y a chez ma sœur, à Ville-d'Avray,
une jardinière qui fait très-bien les bouquets ; elle enseignerait
les lois de l'harmonie à plusieurs de nos peintres célèbres. »

Il n'est pas dans un paysage deux valeurs colorées pareilles,
pas plus qu'il n'existe deux figures, deux arbres, deux lumières, deux gouttes d'eau absolument semblables :

Si Corot voit deux nuages qui lui paraissent de prime abord
également sombres, il s'attache à préciser la différence qu'il
sait d'avance exister entre eux ; puis il établit sur l'un ou sur
l'autre la série de ses tons. Les deux extrêmes de l'effet général
étant posés, les valeurs intermédiaires prennent leur place et
se subdivisent elles-mêmes à l'infini. Si l'artiste observe dans

---

(1) Voir *Appendice V.*

un paysage ou dans une figure une coloration composée de quatre valeurs principales, il représentera pour mémoire la plus claire par 4, la plus sombre par 1, les deux intermédiaires par 2 et par 3. Cette méthode lui permet de noter en voyage avec un crayon et un bout de papier les effets les plus rapides, au point de vue purement pratique, car il n'est pas homme à chiffrer ses sentiments. Le peintre fait d'abord son ciel, puis les premières masses qui s'y détachent au milieu, à droite ou à gauche ; il cherche ensuite la combinaison des objets reflétés dans les eaux, s'il y a des eaux, établit enfin ses premiers plans ; de telle sorte que les objets paraissent s'animer, venir un à un du fond de la toile et se ranger par ordre aux yeux du spectateur. Quelquefois il procède avec moins de régularité : il poursuit en même temps avec persévérance la forme, la couleur et le mouvement des objets et parcourt d'un œil inquiet tous les points du tableau à chaque touche pour s'assurer qu'elle répond à toutes les autres. Peindre faux l'épouvante. S'il se hâte, il peut devenir maladroit, laisser par-ci par-là des inégalités de pâte qu'il enlève ensuite avec un rasoir, comme s'il faisait la barbe à son tableau.

Il a une immense mémoire des formes, des couleurs, de leurs rapports et des effets observés à toutes les heures du jour. « Cette mémoire m'a, dit-il, mieux servi par moments que ne l'eût fait la nature elle-même. J'avais saisi, en ébauchant mon tableau d'*Agar au désert*, une mère vraiment désespérée ; je pris ensuite pour modèle une fille qui, en posant, ne pensait qu'à ses amants. Ma figure si bien commencée tourna mal et devint un *poncif* d'opéra. »

La moindre *étude* lui suffit pour un tableau. J'en connais une très-belle, faite en un quart d'heure : le soleil se couche derrière une haute futaie, un fleuve de lumière s'étend du pied des arbres à l'horizon et contraste vivement avec la masse du feuillage. « Je tirerai, me disait Corot, un tableau de cette *étude* ; mais, à la rigueur, je pourrais à présent me passer de l'avoir devant moi. Lorsqu'un amateur désire la répétition d'un de mes sujets, il m'est facile de la lui donner sans revoir l'original; je garde dans le cœur et dans les yeux la copie de tous mes ouvrages. » Il a parfois abusé de cette mémoire, en mêlant à des sites naturels des réminiscences classiques; il lui est même arrivé de brouiller en un même tableau des pays différents, Rome, Naples, Paris, la Normandie et le Limousin; mais ce ne sont là que de rares velléités; il appelle cela « s'amuser. » Au fond, il a pour la Nature beaucoup de respect et d'obéissance; il la trouve belle partout, ce qui lui faisait dire, il y a quelques années : « Un paysagiste pourrait faire des chefs-d'œuvre sur les buttes Montmartre. » Michel, mort pauvre et inconnu, a fait précisément ces chefs-d'œuvre.

La peinture de Corot est douce et sans grands contrastes : le ton pur s'y affaiblit en nuances infinies. L'harmonie est parfaite, mais presque monochrome et légèrement voilée. Ces tableaux ne sautent pas à l'œil : une sorte de fumée grise, vapeur ou poussière, rampe sur les terrains, passe lentement au-dessus des eaux, enveloppe les arbres, émousse les rayons du soleil. Déchirons ce léger voile : d'immenses profondeurs où tout se baigne dans les ombres transparentes et les tièdes clartés nous apparaissent, ce qui fait dire à l'artiste : « Pour bien entrer dans mes paysages, il faut avoir au moins la patience de laisser le brouillard se lever; on n'y pénètre que peu à peu, et, quand on y est, l'on doit s'y plaire. »

Corot est un homme d'ordre, mais il néglige certaines petites choses de goût et de raffinement. Bien qu'il ait, par exemple, conservé ses dessins du premier au dernier, on en voit un grand nombre d'endommagés dans ses portefeuilles. Delacroix et Théodore Rousseau se montrent à cet égard pleins de sollicitude. Rousseau conserve ses dessins comme des bijoux; il ne vous les abandonne pas par faisceaux, mais, tenant lui-même la collection dans ses mains, il les découvre lentement l'un après l'autre, comme il donnerait à ses amis des vins fins à petits coups.

On a voulu à tout prix faire de Corot un peintre saturé

d'antiquité. Il ne lit presque jamais rien. Ce qu'il connaît le mieux, je crois, de notre littérature, ce sont les deux ou trois cents premiers vers de *Polyeucte*; il les reprend depuis vingt ans sans pouvoir jamais arriver à la fin de la tragédie, et il s'excuse ainsi : « Cette année, pourtant, il faut que j'achève *Polyeucte*. » Il a un faible pour Gessner; ce qui ne fait de mal à personne. Corot me rappelle mon père, qui n'avait pour tout livre que les *Œuvres* de la Fontaine. Tous les soirs, alors même qu'il était brisé par ses longues courses à cheval, il prenait le livre et relisait les mêmes fables qu'il savait par cœur; puis il s'endormait profondément sur une chaise jusqu'au lendemain sous le grand manteau de notre cheminée de campagne. Corot achète ses livres sur les quais, rien que pour leur forme et leur couleur, et les met entre les mains de ses *modèles*. La Madeleine lisait chez lui, l'autre jour, un gros tome latin de Cujas. Notre homme se met si peu en peine des événements politiques et des nouvelles littéraires qu'il est obligé d'attendre que la réputation d'un écrivain se soit bien étendue pour en dire son mot, encore ne le dit-il qu'avec cette réserve : « Il paraît que M. Victor Hugo est un homme assez fameux en littérature. » Il répondait à une personne qui, le 23 février 1848, lui parlait du roi Louis-Philippe et de M. Guizot : « Il paraît décidément que l'on n'en est pas content. » Une telle indifférence pour tout ce qui n'est pas l'art, un tel détachement du monde n'aura pas peu contribué à retarder sa célébrité. Quel exemple pour ces jeunes intrigants qui courent les salons, les bureaux de journal et les ministères, gueusant commandes et réclames avant d'avoir rien appris !

Corot dispose avec libéralité de ses ouvrages : ses centaines d'*études* ont passé par les mains de quiconque a voulu s'en servir. La plupart des jeunes paysagistes l'ont admiré et pillé en médisant de lui. Corot rachetait dernièrement d'un bric-à-brac une de ses toiles sans se plaindre de l'emprunteur qui l'avait vendue. Pourtant il aime bien ses tableaux.

Quelqu'un lui disait un jour : « Avez-vous assuré votre atelier contre l'incendie ? Si le feu prenait ici, vous perdriez au moins quarante mille francs de *peinture*. — Je me moque de quarante mille francs, répondit-il, le visage bouleversé par cette idée d'incendie qui ne lui était jamais venue. — Il faut faire assurer votre atelier, reprit l'alarmiste ; j'avais un ami dont la galerie brûla, et l'indemnité payée par la compagnie d'assurance le consola de la perte de ses tableaux. — Ce n'était pas lui qui les avait faits, dit avec violence Corot ; si un tel malheur m'arrivait, j'en mourrais. »

Voilà de la passion et non de la vanité.

Les célébrités de notre temps sont devenues bêtes, à force d'orgueil. Tout homme se juge le centre du monde, et c'est bien bouffon. « Depuis 1830, on est toujours exposé en ouvrant sa fenêtre à cracher sur un apôtre. » Peu de nos grands hommes — et comment appeler grands hommes la plupart de nos intelligences flottantes et certains praticiens plus ou moins habiles ? — ont conservé assez d'esprit pour ne pas se montrer à tout moment graves comme des cuistres ou insolents comme des laquais. Ils ont presque tous, en un jour de succès même équivoque, oublié l'humilité et les humiliations d'une jeunesse laborieuse et pauvre. D'autres ne paraissent se louer de ce qu'ils ont souffert que pour justifier leur sécheresse. S'ils n'étaient que méchants, mais ils sont niais ! On encense continuellement ces sots illustres et dignes de pitié.

Corot, lui, n'a ni vanité ni morgue : sans doute il jouit vivement de la considération qui lui est témoignée ; mais, à part quelques petites manies de vieux garçon et quelques ruses innocentes, il est tout à fait exempt des travers ordinaires aux poëtes, aux artistes et aux courtisans : la jalousie, le mensonge et l'impertinence. Il n'est ni âpre ni envieux : il disait un jour, en présence de quelques tableaux de Delacroix : « C'est un aigle et je ne suis qu'une alouette ; je pousse de petites chansons dans mes nuages gris. » Il est complaisant au point de se laisser ennuyer par des visiteurs insipides ; tellement doux et humain, qu'il hésite à secouer son *modèle* endormi. Il est galant avec les femmes, bonhomme avec les enfants; mais il les surveille avec épouvante, s'ils menacent de changer son atelier en jeu de paume. Le premier jour de l'an, les poches pleines de bonbons, il commence de bonne heure sa tournée en ville; d'autres fois, il porte sa gaieté dans la banlieue ou prend tout à fait la clef des champs. Son caractère est très-ouvert, très-libre, très-amusant : il vous parle ou vous écoute en sautillant sur un pied ou sur deux; chante d'une voix très-juste des morceaux d'opéra, travaille, fume, mange la soupe sur son poêle, et vous invite même à la partager, oubliant qu'il n'a devant lui qu'une soupière et une cuiller.

Cette familiarité s'arrête là où commencerait celle d'un commis voyageur. Je crois néanmoins que Corot s'exagère sa propre gaieté : je vois la mélancolie souvent empreinte dans ses ouvrages et même dans ses traits : les joues et le front sont sillonnés de rides; l'œil soucieux cherche toujours; la bouche reste péniblement entr'ouverte. Ah ! c'est qu'il faut combattre les difficultés de l'art ! Le plus grand peintre ne trouve pas, comme M. de Maistre, facile de refaire le soleil avec *une chandelle et un papier huilé*. Les beautés de l'univers semblent railler son impuissance. Corot m'a dit souvent : « Quand je me trouve dans les champs, je me mets en colère contre mes tableaux. » Peut-être aussi les peines de la jeunesse, les sourdes irritations du talent contesté auront-elles laissé quelque amertume au fond de son âme. Il a eu du moins l'immense avantage de ne pas être déchiré par cette affreuse misère matérielle qui s'attache aux artistes les plus intelligents, aux hommes les plus volontaires; mais chacun de nous a souffert par quelque côté; seul, peut-être, l'idiot ne souffre pas.

Corot est d'assez haute taille et d'une vigueur athlétique. Assailli par une troupe de paysans du Midi dans une de ses excursions avec Marilhat, il assomma d'un coup de poing l'un des plus furieux, et dit après avec tristesse : « C'est étonnant; je ne connaissais pas ma force ! » La richesse du sang

qui enlumine son visage et la coupe bourgeoise de ses vêtements lui donnent à première vue un certain air commun
qui disparaît dans sa spirituelle conversation. Il expose ses
principes avec une extrême facilité, explique ses procédés
sur le premier objet qui se trouve sous sa main, sa pipe, au
besoin. Il aime tant à montrer les lois de son art qu'un de ses
élèves me disait un jour : « Il me parle quelquefois longtemps
en chemise par un froid glacial. »

Il fut un jour question des académiciens : — « Que voulez-
vous, me dit-il, ils sont décidés à ne pas m'aimer, je suis trop
sincère (1). »

------

(1) Voir *Appendice V*.

CHENAVARD

Celui-ci n'est précisément ni un artiste, ni un poëte, ni un savant; c'est un sophiste. Il détruit un à un les systèmes et se fait des matériaux un système à lui, qu'il détruit encore; enfin son intelligence, pleine d'illusions mortes, ressemble à un désert jonché de ruines. Imaginez-vous la tristesse qui prend notre homme quand il n'y a plus rien à démolir : c'est Marius à Minturnes. Une belle occasion de discuter revient : le voilà plus gai, plus spirituel que jamais; il se délecte dans une impiété méphistophélique, jette en riant le trouble dans les âmes tranquilles et arrache à l'interlocuteur ses croyances comme un professeur confisquerait des joujoux à un écolier. Ses railleries rappellent, à l'agilité près, les sarcasmes de Voltaire et les farces de Desbarreaux. Parfois pourtant la moindre licence le scandalise et l'irrite; on le dirait plus dégoûté des folies, des misères de la société que ne l'était Jean-Jacques, et prêt à laisser croître poil et griffes pour s'en aller vivre au fond des bois.

Quelques jours d'ennui passent, et le solitaire reparaît muni de nouveaux arguments et de nouvelles plaisanteries. Il vous étonne par quelque préambule piquant et aborde toutes les idées avec autant de faconde que d'incrédulité. « Je ne crains qu'une chose, dit-il, c'est l'absurde. »

Il perdit un jour son aplomb ordinaire en exposant après dîner à Saint-Cloud ses opinions libérales à l'empereur : il

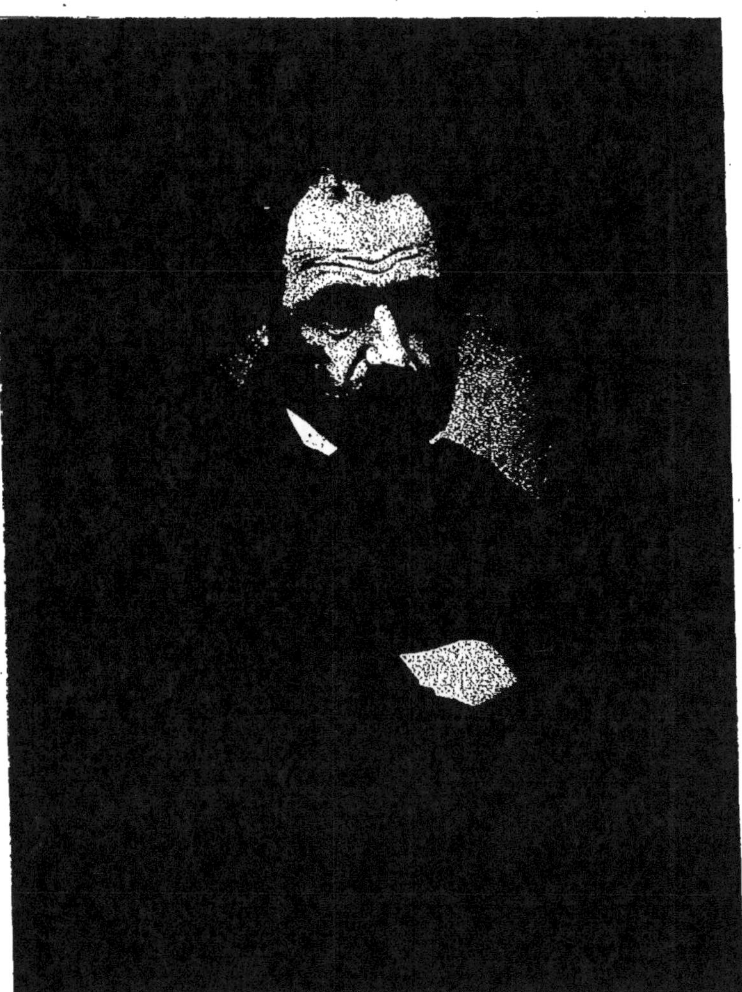

SRF
CHENAVARD
Ch. Nadar.

agitait la petite cuiller dans sa tasse déjà vidée pour reprendre une contenance; les courtisans commençaient à s'impatienter; mais il ne tarda pas à se tirer d'affaire en homme distingué. On ne peut lui contester beaucoup d'esprit et d'instruction; seulement ses causeries sentent le bouquin; les réminiscences y sont plus nombreuses que les aperçus; ses *anas* et ses bons mots semblent un peu fripés : on reconnaît en l'écoutant qu'il se rafraîchit la mémoire dans les Œuvres de Brantôme, de Tallemant des Réaux, de Saint-Simon, même dans la *Biographie universelle* et dans le *Mémorial de Sainte-Hélène*, pour charmer les réunions dont il est devenu le conteur ordinaire, le monologue juré. En ami de la liberté il permet tout, sauf la contradiction. C'est en disputant contre des amis sur le lac d'Enghien qu'il a pour toujours enroué et cassé sa voix, depuis lors semblable au clairon faussé par un soldat trop robuste. Dans les questions religieuses, il est sans quartier, et pour tout le reste assez conciliant. Néanmoins ses concessions *parlementaires, constitutionnelles*, portent sur les mots plutôt que sur les choses. Chenavard est une sorte d'Odilon Barrot artiste. Il diffère des lourds érudits et des *philosophasses* en ceci qu'il n'est pas pédant et qu'il juge le monde avec autant d'esprit que d'indulgence. Il y a du charme dans son ironie et parfois de la profondeur. Curieux de tout et dédaignant tout aussitôt, rien ne lui semble utile, nuisible ou sérieux, ni autour de lui ni en lui-même, et, s'il s'appliquait ce qu'il dit, il n'aurait qu'à couvrir sa tête et à se laisser mourir de faim. Mais, à six heures sonnantes, proposez-lui un piquenique où l'on cause, il se secoue joyeusement et trouve la vie excellente.

Je l'ai vu, en un moment de gaieté adorable, danser une contredanse avec une petite chienne !

A part quelques abus d'intelligence, certaines malices qui ne nuisent qu'aux imbéciles, et quelques traits d'un égoïsme que l'expérience du monde justifie, Chenavard est un homme digne de la plus haute estime et de la plus sincère affection.

Comme il pèse à peu près tout avec une compatissante ironie, les artistes irritables l'ont surnommé *Désolateur le Grand*. Il se ravale lui-même avec une rare impartialité. Je dirai de lui sans doute plus de bien qu'il n'en pense et je me permettrai par-ci par-là quelque badinage, sachant qu'il en est d'avance tout consolé. Jeune il aimait la gloire; il n'y croit plus.

Voici ses deux maximes favorites :

Il est permis de manquer de religion; mais il ne faut pas manquer de goût.

La haine est la vertu des brutes.

Chenavard est un grand bel homme dans la force de l'âge, qui tient du bœuf tranquille et de l'ourson apprivoisé. Il s'en va comme ces mathématiciens distraits qui perdent leurs jarretières et traînent leur manteau. Ses yeux un peu de travers semblent regarder en Champagne si la Picardie brûle. Les idées qui se culbutent dans sa tête font incessamment mouvoir ses sourcils; des rides profondes, superposées en lignes courbes, traversent de l'un à l'autre côté son large front, qui commence à se dépouiller à l'automne de la vie. Sa grande bouche, tantôt sympathique, tantôt railleuse, a des sourires d'une extrême finesse et d'une rare bonhomie. Tous les plans de son visage sont d'une ampleur magnifique. Son teint un peu blafard révèle la paresse du sang; ses manières pesantes, émoustillées par la conversation, lui vont à merveille; ses mains mâles et puissantes ressemblent à celles des prêtres sacrificateurs sculptés dans le granit des monuments assyriens. Ses grands pieds se traînent dans des souliers énormes que l'on appelle des *philosophes* en argot parisien.

Paul-Joseph Chenavard est né à Lyon, le 9 décembre 1808, de parents qui faisaient un commerce de cardes pour la fabrication de la soie. Il fut d'abord confié à des paysans du Dauphiné et mis ensuite à l'école communale de Saint-Genis-Laval, où son père et sa mère s'étaient retirés après avoir fait fortune. C'est sur la place publique de ce village qu'il vit tomber les têtes du jeune Dumont et du capitaine Oudin,

exécutés en 1817 comme factieux bonapartistes. Cette terrible scène imprima dans son âme une aversion précoce pour
le gouvernement des Bourbons et cette haine d'enfant fut
cultivée en lui comme une vertu patriotique par le directeur
du collège de Mornand, M. Dantal, ami et coreligionnaire
en franc-maçonnerie de M. Chenavard père, qui n'avait au
monde rien de plus sacré que son tablier mystique. M. Dantal,
qui inspirait au jeune élève ses idées politiques, mourut en
1823. Notre philosophe de quatorze ans ne tarda pas à prendre
la fuite du collège.

Il avait montré beaucoup de goût pour les mathématiques
et pour le dessin : ses parents le destinaient à l'industrie ; mais
il se jeta dans le courant des impressions et des études libres.
Enthousiasmé d'abord par la vie des Saints et des Pères du
Désert, il s'imposait en secret les plus dures mortifications :
il jeûnait, passait les nuits couché sur le carreau de sa chambre
et gagnait ainsi de pieux rhumatismes dont il se plaint encore
pour rire. Les héros des romans dansèrent ensuite une folle
ronde dans sa tête ; il reprit quelque nourriture et regagna
son lit. Survint l'ambition : « Je ne cessais, dit-il, de parcourir l'histoire des voyages, dans l'idée qu'il y restait
quelque découverte à faire sur le globe ; je suivais attentive-
ment sur les cartes géographiques les chemins des naviga-
teurs, cherchant à me frayer des voies inconnues. » Après
il se mit à écrire des comédies et des tragédies en vers, qui
furent heureusement brûlées par son père.

Le jeune Chenavard vint à Paris en 1825, passa par l'atelier de M. Hersent, tomba dans celui de M. Ingres, oscilla vers
M. Delacroix (1), pour se jeter enfin dans les musées et les
bibliothèques, où il dévorait d'une bouchée des ouvrages
énormes et croquait en quatre heures quatre douzaines

---

(1) Le *Journal* de DELACROIX porte des traces nombreuses de l'amitié de
Delacroix et de Chenavard (Voir notamment t. I, p. 347, t. II, p. 402, 406,
425 à 471).

d'estampes. Son amour pour la conversation ne tarda pas à se révéler avec une force qui n'a fait que croître et embellir. M. Ingres, qui n'aime pas les raisonneurs, lui conseilla le voyage d'Italie, l'assurant « que les fleurs y naîtraient sous ses pas, surtout s'il avait le bonheur de se tenir en garde contre les maîtres exagérés : Michel-Ange, le Corrége, et même André del Sarte. » Aux coloristes, il n'y fallait pas songer, sous peine de crime. « Je voulais fuir surtout, dit Chenavard, les disputes engagées entre les classiques et les romantiques et chercher par moi-même la vérité. »

C'était vers la fin de 1827. La première visite de l'artiste arrivé à Milan fut pour la *Cène* de Léonard de Vinci dont il copia les têtes conservées avec une exactitude qui fait ressortir les fautes des plus célèbres gravures faites d'après l'original, sans excepter celle de Morghen, qui donne de beaux cheveux à tel apôtre chauve et rase à tel autre sa barbe vénérable.

Il avait pour Florence, ce nid d'aigles des grands Italiens, un enthousiasme religieux. Arrivé la nuit dans la ville, il en parcourut les rues à tout hasard, croyant voir dans chaque promeneur un descendant de Dante ou de Michel-Ange; il se mit tout de suite à étudier la langue et l'histoire toscanes et à copier les chefs-d'œuvre du musée Pitti, de la galerie des Offices, de l'Académie et des églises, emportant quelque chronique florentine dans sa boîte à couleurs.

A Rome, mêmes études : les galeries Fesch, Borghèse, Corsini, Sciarra, Barberini, Colonna furent épuisées; les *Chambres* et les *Loges* du Vatican, les fresques de la chapelle Sixtine, la *Descente de croix* de Daniel de Volterre à la Trinité-du-Mont, la *Flagellation* de Sébastien del Piombo à *San Pietro in Montorio*, les Dominiquins à Saint-Grégoire et à Saint-André *della Valle;* les Masaccio de Saint-Clément, les sibylles *della Pace*, les Caravage de la Porte du Peuple; les sculptures, les ornements, les architectures des artistes primitifs et des maîtres de la *Renaissance :* tout, jusqu'aux modernes fresques allemandes de la *Villa Massimi*, passa par ses crayons et par ses pinceaux. « Je me souviens, dit-il, qu'ayant à rester une journée dans une auberge des environs de Rome, je me donnai la distraction de dessiner sur un mur le *Moïse* de Michel-Ange dans les proportions de l'original; j'en avais par hasard un croquis sur moi : je n'ai jamais travaillé avec tant de feu; mes crayons étaient coulants; je fis un prodige d'imitation. Quelques temps après, je revins à l'auberge pour y revoir *Moïse* : il n'y était plus. »

A Venise, Chenavard absorbe en trois mois les Bellin, Carpaccio, Giorgion, Titien, Vénorèse et le Tintoret. A Parme, il dévore du même appétit les ouvrages du Corrége. Enfin il reprend le chemin de la France, laissant à Rome une cargaison de croquis et d'études peintes à un ami qui l'a gardée ou perdue, au lieu de la lui faire parvenir à Paris. L'artiste n'eût pas gardé le moindre morceau en souvenir de son premier voyage en Italie si, avant d'en sortir, il ne se fût heureusement encore arrêté à Florence pour y faire derechef bon nombre de dessin. « Peu d'artistes, dit-il, en ont fait de meilleurs. Je travaillais vite afin de pouvoir emporter en peu de temps beaucoup de choses. Je calquais les ouvrages des peintres primitifs qui me frappaient le plus et je les coloriais *grosso modo* au pastel, à l'aquarelle et à l'huile. L'envie me prenait-elle de copier quelque morceau de prédilection, un Léonard, un Raphaël, un Fra Bartolomeo, je n'omettais pas un détail. Je trouverais le bonheur à copier encore commodément dans la retraite les chefs-d'œuvre qui m'ont le plus ému. Mon choix serait aujourd'hui plus sévère qu'il ne l'était alors; car il m'arrivait de reproduire de médiocres objets sous l'influence de cette idée : « Je suis en Italie et le morceau est ancien. »

On sent à quel point l'artiste s'était rendu la tradition de l'art familière. Rentré à Paris, il y essaya son premier tableau. Au lieu d'imiter les vieux Italiens, il suivit le goût des romantiques français à la mode, tant il est difficile d'échapper aux influences contemporaines. Le voilà donc à transporter sur une toile de vingt pieds son *Luther à la Diète de Worms*. Impossible à lui de surmonter les difficultés de la composition : il ressemblait, avec son instruction et son inexpérience pratique, à un poëte amateur qui, ayant lu immensément de vers et fait seulement quelques stances, s'aviserait d'entreprendre un poëme épique. Les préceptes d'Académie lui semblaient stériles; l'échec subi lui faisait en même temps sentir qu'il faut avoir une méthode ou renoncer pour jamais à venir à bout d'un ouvrage sérieux.

Cependant la guerre entre les classiques et les romantiques commençait à lasser l'opinion; la révolution de 1830 arrivait : artistes, militaires, hommes de lettres et hommes d'État en herbe, mêlés à de vieilles notabilités, en étaient comme l'avant-garde. Dans des réunions présidées par Charlet, on voyait à la fois Béranger, Armand Carrel, l'amiral de Rigny, Abel et Victor Hugo, Sainte-Beuve, Barye, les frères Devéria, Archille Roche et certains jeunes gens, qui écrivaient pour les libraires Barba et Ladvocat ces *Mémoires* contemporains mis à la mode par le succès de Bourrienne. Chacun des membres de l'Assemblée avait, selon le mot d'alors, la noble ambition de *mener le siècle*. Chenavard flottait et flotte encore.

Revenu en Italie au plus fort de ses hésitations, il se plongeait avec délices dans cette paix ascétique que Rome, entre toutes les villes, offre au voyageur échappé de Paris. La contemplation des vieux maîtres, la fréquentation des Allemands, qui y vivaient d'abstractions, le portèrent définitivement à penser que le seul but du peintre est l'expression des idées philosophiques. Owerbeck composait l'*Histoire allégorique de l'Art*; Chenavard résolut d'exposer en tableaux l'Histoire universelle et il conçut une série de vastes compositions, projet qui exigeait de lui une infinité de recherches. Afin de reproduire la véritable physionomie des divers siècles, il recommença ses croquis rapides d'un bout à l'autre de l'Italie, revint en France chargé de butin et continua ses investigations sur l'Inde, l'Égypte, la Perse, la Chine, l'Europe et l'Amérique, épuisant les musées, les bibliothèques, les collections particulières, les étalages forains, pêchant même dans les conversations tout ce qui pouvait entrer dans quelque casier de sa vaste mémoire. « Je suis ainsi fait, dit-il, qu'il me faut aller aux sources et entrer dans toutes les particularités d'une époque pour en pouvoir figurer sur la toile une idée, un événement ; de là vient mon aptitude à reproduire à présent sans effort la physionomie de tous les temps et de tous les pays. »

Il s'appliqua longtemps à mettre ces études en ordre dans son cerveau, à dégager l'idée générale qui lui paraît avoir été comme l'étoile de la civilisation, à échelonner enfin tout le long des siècles les personnalités dominantes. — « Si peu de valeur que puisse avoir mon essai, dit-il, j'affirme que j'en ai tiré ce que je sais à présent. On ne peut s'imaginer tout ce que l'on trouve dans une idée en y pensant toujours, et il ne saurait y en avoir de plus vaste que celle que j'ai poursuivie. L'Art de l'avenir s'en inspirera ; mon sujet sera, comme l'a été le *Jugement dernier*, le plus noble thème de l'artiste jusqu'à l'avènement d'un nouveau Michel-Ange. »

Le gouvernement de Juillet proposa pour sujet d'un concours de peinture : *Mirabeau apostrophant le marquis de Dreux-Brézé* ; notre artiste n'ayant pas eu le prix s'irrita et composa le *Vote de la mort de Louis XVI*, suivant en quelque sorte l'exemple de la France aigrie, qui, après la *Constituante*, fit la *Convention*. Ayant eu l'occasion de voir souvent quelques personnages célèbres, échappés aux violences de cette étrange époque, notamment Merlin et Barère, il tira des traits vivants de leurs récits et retrouva dans leurs mains des portraits crayonnés par David au milieu des orages de la Terreur. Le *Vote de la mort de Louis XVI*, admis à l'Exposition de 1833, en fut retiré par ordre de Louis-Philippe, offusqué d'y voir son père Égalité causant avec Marat. Cette composition, extrêmement intéressante et pour l'art et pour l'histoire, passa des galeries du Louvre dans le salon de M. Thiers; on la voyait après Février 1848 chez M. Ledru-Rollin; le prince Napoléon Bonaparte la possède aujourd'hui.

C'est en assistant aux cours de MM. Cousin, Guizot, Villemain et aux prédications des disciples de Saint-Simon et de Fourier, que Chenavard prit la manie de la discussion. En voulant tirer de toute chose une théorie, il se prodiguait en vaines paroles. Les arguments coulaient de sa tête comme l'eau d'un vase fêlé.

Il venait de concevoir aussi cette idée bien funeste à tout artiste contemporain : que l'Art a cessé à jamais d'exprimer les idées élevées; qu'il s'est énervé dans les mièvreries d'exécution au point de ne pouvoir plus saisir le type supérieur à tous les types : l'homme, et que, la pensée l'ayant quitté, il épuise sa dernière et insignifiante expression : la peinture de paysage.

« La plupart des jeunes gens suivaient, dit-il, le torrent romantique; les autres restaient fixés aux routines de l'Académie; tous s'abêtissaient par l'imitation. Évidemment l'Art était mort. N'avons-nous pas vu, en effet, en moins d'un demi-siècle reparaître dans les ouvrages des imitateurs — à commencer par David, qui remontait aux sources de l'antique, jusqu'à Courbet, qui tend à faire revivre le naturalisme flamand — toutes les physionomies mises l'une après l'autre à la mode durant deux mille ans ? L'Art moderne est-il donc autre chose qu'un jeu de la mémoire ? Entrez dans une maison de Paris habitée par vingt artistes, vous y trouverez des élèves de Fiesole, de Raphaël, de Rubens, de Rembrandt, de Véronèse, de Vélasquez ou de Holbein. Où veulent-ils en venir ? Faire de la peinture seulement pour gagner de l'argent n'est pas un but avouable; peindre pour peindre, selon le principe de *l'art pour l'art*, c'est chose insignifiante : autant vaudrait s'adonner à la danse. Et la peinture fut pourtant un si puissant mobile de civilisation ! Au moins la science moderne a-t-elle un but d'utilité : en étudiant les lois d'application de l'électricité et de la vapeur, elle rapproche les distances et modifie les rapports entre les peuples. » Chenavard tombait dans le découragement en comparant les ouvrages de l'école française aux chefs-d'œuvre de l'Italie, de la Flandre, de l'Espagne et même à ceux de l'Allemagne primitive, la plupart remplis d'étonnantes inventions.

Préoccupé de la nécessité de donner à l'Art une mission religieuse et philosophique et porté à rejeter tout détail de nature à compliquer ou à ralentir l'expression de ses idées, Chenavard professe la négation de la couleur et réduit la Peinture aux seuls moyens du dessin : le contour linéaire, le modelé par les ombres et la composition ou mise en scène. Il s'imagine que le pur dessin est le langage figuré le plus simple et le plus expressif, tandis que la couleur jette du vague et une certaine sensualité dans les yeux et dans l'esprit. Les personnages simplement dessinés et modelés sont, à l'en croire, une parole courante, intelligible aux illettrés et semblable en quelque sorte à la poésie de la Bible, de Dante et de Shakspeare, dont la grandeur s'adresse surtout au peuple naïf. Il soutient que l'Art a toujours agi en ce sens depuis le moment où il bégayait sur les murailles des temples de l'Égypte jusqu'à l'heure où il a chanté son dernier chant épique aux voûtes de la *Sixtine*. Je ne me sens pas séduit par ces tendances rétrospectives ; je ne vois pas la possibilité de ressusciter une recette qui fait de la physionomie de l'homme un rébus religieux et change les beautés de la nature en hiéroglyphes. Quant à cette intelligence infuse de la peinture et de la poésie reconnue au peuple par Chenavard, je n'y crois certes pas. Si les docteurs, qui s'exténuent sur des phrases, n'ont fait qu'embrouiller le sens de la Bible ou de Dante, il n'est pas à dire pour cela que l'ignorant lise très-couramment les choses sublimes. Michel-Ange ne faisait pas le *Jugement dernier* pour les laboureurs de la campagne de Rome, Dante n'adressait pas la *Divine Comédie* aux bateliers de l'Arno ;

Shakspeare n'a pas dédié *Hamlet* aux chevriers du pays de Galles, et Chenavard lui-même n'a pas conçu tant de subtilités pour les gens qui ne savent ni A ni B.

Si la Peinture n'est d'ailleurs rien autre chose qu'une écriture, les livres nous suffisent.

— « Voyez, ajoute notre ami, où conduit l'importance donnée à la couleur : on a traîné l'Art dans les salons; on le rend à la fois trivial et raffiné. Qu'ont gagné à cela les artistes de nos jours? Quelques-uns de l'argent et des croix d'honneur; la plupart la misère; tous l'intime conviction de leur insignifiance. »

Malgré ses tendances éclectiques, Chenavard n'a jamais pu étouffer son aversion pour les coloristes. Lui qui a tant copié de tableaux n'a presque rien reproduit des Espagnols, des Vénitiens, des Hollandais et des Flamands, si ce n'est la *Ronde de Nuit* et la *Leçon d'Anatomie* de Rembrandt, quelques sujets de Rubens, de Van Dyck, du Titien, de Véronèse, et certains morceaux de Géricault et de Delacroix. « Voici, dit-il, mes raisons contre les coloristes : Ils ont abandonné la grande tradition pour s'attacher à la réalité et sacrifié l'expression de l'idée aux curiosités de la palette. »

Chenavard est un rêveur : des brouillards flottent sur son esprit comme sur un étang (1). Il donne, nous l'avons dit, beaucoup plus d'importance à ses idées qu'à tous les procédés, et passe son temps à envier les maîtres du Portique qui consacraient leur vie à disserter sur les destinées humaines, insouciants de tout, hormis de leurs opinions; mais le siècle d'or des philosophes est loin. Notre raisonneur a fondu ses lectures et ses impressions en une espèce de système qui est la négation du progrès.

A son avis, toute ascension est fatalement suivie d'une décadence; la destruction emporte la fécondité, la mort la vie

---

(1) Voir, in *Variétés Critiques* de BAUDELAIRE (Crès et C¹ᵉ, éd.), l'essai intitulé *L'Art didactique* (t. II, p. 157).

et l'ombre la lumière. Une nation naît, grandit, décline et périt comme un individu, qui se développe par périodes de l'enfance à l'adolescence, de l'adolescence à l'âge mûr, pour déchoir de l'âge mûr à la vieillesse, retomber de la vieillesse dans une autre enfance et retrouver en quelque sorte sa tombe à la place où fut son berceau. L'astronome, après avoir pris quelques points de repère dans l'étendue du firmament, détermine la courbe et la révolution d'un astre : Chenavard, après avoir observé les phénomènes de la vie, arrive à préciser la durée de chaque peuple et la fin du monde.

Il figure par deux cercles enveloppés l'un par l'autre l'existence de l'homme et celle de l'Humanité : le plus petit est divisé en quatre parties égales, qui signifient les quatre âges de l'individu : enfance, adolescence, âge mûr, vieillesse.

Le plus grand, pareillement divisé, représente les quatre âges de l'Humanité.

L'artiste remarque, à chaque période de la vie de l'homme, les transformations de caractère que l'Humanité subit elle-même à chaque époque de l'histoire :

L'enfant qui vit ses premiers sept ans, pour ainsi dire plongé dans les ténèbres, bégayant ses besoins, vagissant ses douleurs, effrayé par la terre, par les animaux, par les éléments : c'est le type de l'Humanité tout entière depuis Adam jusqu'aux Patriarches.

De sept à quatorze ans, l'enfant chancelle encore, mais prend de jour en jour plus de force et d'audace, sans arriver à secouer sa frayeur de l'Inconnu : c'est l'Humanité patriarcale suivant sa voie jusqu'au Déluge.

De quatorze à vingt et un ans, l'adolescent se soustrait plus délibérément par l'éducation à la crainte que lui inspirait la Divinité, et, comme cet adolescent, l'Humanité se fortifie en dispersant ses races sur le globe depuis le moment du Déluge jusqu'à l'heure où s'élève Babel.

L'Humanité, dans le cours de son premier âge, appartient complètement à la Religion : le Monothéisme, le Polythéisme, le Panthéisme, jaillissent successivement de son imagination. Inerte, contemplative ou errante, elle prend pour des dieux ses propres sentiments et adore toutes les forces de la Nature.

Le jeune homme aspire, de vingt et un à vingt-huit ans, aux découvertes : à cet âge, il représente l'Humanité qui vient de trouver le rudiment des arts, les signes de l'écriture, et de bâtir les temples de Thèbes et de Persépolis.

De vingt-huit à trente-cinq ans, le jeune homme est plein d'impressions, d'idées, de créations poétiques : telle est l'humanité depuis Moïse jusqu'aux sages de la Grèce. Tous ses grands hommes sont des poëtes : Orphée, Linus, Hésiode, Homère et même Moïse et Pythagore. Le prêtre, le philosophe, le législateur, le guerrier, sont pleins de poésie.

Le culte de l'Amour et de la Beauté remplace définitivement dans l'âme de l'homme âgé de trente-cinq à quarante-deux ans la terreur religieuse. L'homme remplira l'univers de lui-même et fera sa propre apothéose. La sculpture, chargée de sa noble image, sera l'art supérieur à tous les arts ; Phidias modèle la statue colossale de Jupiter pour un temple de dimensions infimes. Poëtes, philosophes, législateurs, auront tous, comme le statuaire, un idéal plastique.

L'homme de quarante-deux ans, c'est l'Humanité âgée de quatre mille deux cents ans, à l'avènement de Jésus-Christ, chaque année de la vie de l'individu répondant à un siècle de la vie de l'Humanité.

De quarante-deux à quarante-neuf ans, l'homme mûr, tout à ses idées de puissance, résume le monde romain jusqu'au siècle de Mahomet. César, Auguste, Trajan, Attila, Clovis, Mahomet sont les plus hautes expressions de la force et de la volonté, l'image de l'ambition satisfaite. L'Univers est tout à fait voué à la guerre et à la politique durant cette époque moyenne de l'histoire que les peuples ont si bien nommée le Moyen Age.

De quarante-neuf à cinquante-six ans, l'homme se sent encore des velléités de jeunesse. Ainsi l'Humanité, de Mahomet à Luther, en passant par le règne de Charlemagne et par les Croisades, a traversé la saison de la vie que le peuple appelle l'*été de la Saint-Martin*. La foi religieuse, en ce temps-là, bien qu'elle nous semble de l'enthousiasme, n'est rien autre chose que la crainte de la mort et de l'enfer.

L'Humanité, arrivée avec César et avec Jésus-Christ à l'apogée de l'intelligence et de la gloire, n'aspire qu'à descendre. Le monde, entraîné par le christianisme vers une tristesse incurable, retombe en enfance. L'art spécial qui répond à cette phase de l'Humanité, c'est la Peinture, qui par excellence exprime la douleur. Dès l'apparition de la Peinture, les mœurs, le costume, la politique, la religion prennent quelque chose de son génie souffrant : Dante, Grégoire VII, sont des caractères pittoresques et sombres. Charlemagne lui-même sent avec amertume la barbarie de son temps. Un pape, un empereur, éprouvent le besoin d'environner de splendides oripeaux leur majesté et leur beauté déchues. La figure d'un pape peu favorable à la statuaire ne prête à la peinture que des moyens d'effet de second ordre : l'éclat des étoffes et des pierreries. L'architecture chrétienne, triste parce qu'elle tient elle-même son caractère de la Peinture, n'est pas à vrai dire une architecture : elle ressemble par ses formes grêles et par la manière dont elle est éclairée à un tableau ou plutôt à une aquarelle.

C'est ainsi qu'à chacun des âges de l'Humanité un art particulier donne à tout son empreinte. En Égypte, le roi, le prêtre, le guerrier ont un aspect de solidité, d'austérité, de roideur monumentales : la forme de leurs membres prend quelque chose de la colonne, de l'obélisque ou de la pyramide.

A l'époque où la sculpture a dominé, tout porte son cachet plastique : les grands hommes de ce temps-là nous apparaissent sous la forme de statues magnifiques. Alexandre n'a plus la roideur de Sésostris; sa beauté est parfaite. Orphée et Homère, venus au monde entre les deux époques de l'architecture et de la sculpture, nous semblent bien représentés par deux statues de l'école primitive d'Égine.

De cinquante-six à soixante-trois ans, l'homme affaibli est le portrait du siècle dans lequel nous vivons. L'Humanité marche à sa fin; mais elle ne mourra qu'après avoir poussé à bout les découvertes de la Science, les progrès de l'Industrie et chanté l'hymne de la Fraternité en une langue universelle.

L'art qui domine cette dernière période de l'univers, c'est la musique, « art matérialiste, vague, dissolvant, qui semble fait tout exprès pour consoler la vieille espèce humaine de ses longues douleurs et pour l'endormir dans le tombeau. »

En récapitulant les siècles, sans trop forcer les chiffres, on voit que le monde a déjà vécu sept mille ans; Chenavard lui en donne encore trois mille à vivre avec toute la générosité que son système lui permet. La plupart des nationalités célèbres ont épuisé chacune sa part de dix siècles : la Grèce, d'Homère à Plutarque; Rome païenne, de son fondateur à Julien; Rome chrétienne, de l'invasion d'Attila à la décadence du dernier siècle; la France, de Charlemagne à Louis XVIII; l'Espagne, de Pélage au roi Joseph; l'Angleterre n'a guère vécu plus de huit cents ans, de Guillaume le Conquérant à la reine Victoria. De la Russie et de l'Amérique l'artiste n'en dit rien; il nous laisse conclure.

Il décompose, on l'a vu, l'esprit humain en facultés distinctes, exclusives, qui, l'une après l'autre, illuminent telle et telle période de civilisation, s'éteignent successivement et ne se rallument que très-faiblement dans les époques ultérieures. Ainsi à chaque civilisation un art périssable : l'architecture a fini son temps avec les religions primitives; plus de sculpture après la Grèce; plus de peinture après la Hollande du XVIIe siècle. Tout essai d'art fait de nos jours, excepté en musique, est un impuissant archaïsme.

Le rôle de la peinture est fini. Sept grands maîtres, Léonard de Vinci, Michel-Ange, Raphaël, Titien, Corrége,

Rubens et Rembrandt ont épuisé ses splendeurs et restent
aux yeux du monde comme les sept couleurs du prisme et les
sept cordes de la lyre. Chacun d'eux a particulièrement saisi
une impression dominante du tempérament humain et rendu
un des caractères essentiels de la lumière. Léonard de Vinci,
pour ainsi dire placé au centre du spectre solaire, réunit en son
œuvre l'harmonie des couleurs; Michel-Ange, Rubens et Rembrandt affectionnent surtout les trois couleurs fières, les trois
tons entiers de la gamme chromatique : Michel-Ange le bleu;
Rubens le rouge; Rembrandt le jaune. Raphaël, Titien et
Corrège, natures plus tendres, s'attachant aux tons mixtes :
Raphaël au vert, Titien à l'orangé, Corrége au violet. Remar-
quez aussi que les couleurs lumineuses, l'orangé et le rouge,
nous frappent la première chez Rubens et la seconde chez
Titien; que les deux couleurs clair-obscur répondent : le
jaune, couleur du couchant, à Rembrandt; le violet, couleur
de l'aurore, à Corrége; et que les deux tons de l'obscur, le bleu
et le vert, conviennent mieux aux deux peintres dessinateurs
Michel-Ange et Raphaël, préoccupés avant tout du modelé
obtenu par les ombres.

Mais passons sur ces subtilités (c'est aux peintres à purger
ces hypothèques inscrites sur l'arc-en-ciel) et arrivons à la
mise en scène de la *Philosophie de l'Histoire :*

La vie de l'Humanité est, aux yeux de Chenavard, résumée
par une suite de symboles ou étendards tour à tour arborés par
les Religions. Les emblèmes primitifs de l'Inde, de la Perse et
de la Chaldée : l'Éléphant, le Bœuf, le Sphinx et la Licorne
sont suivis de la dernière image du culte chez les Égyptiens,
la Barque, image de l'Esprit qui flotte sur les eaux. La
Barque devient l'Arche des Juifs et l'Arche est dominée par le
Calice et la communion des chrétiens. Après avoir superposé
par ordre ces hiéroglyphes parlants, notre Panpalingénésiarque
a groupé les traces humaines autour de ce trophée symbolique, comme un chef range ses troupes autour du drapeau.

Sa principale composition, dont les autres sont des épisodes, s'appelle la *Palingénésie sociale;* elle est de forme circulaire, ce qui rend plus sensible aux yeux et à l'esprit du spectateur le mouvement cyclique suivi par la famille humaine, et divisée en trois parties : dans la région supérieure voltigent les personnifications allégoriques des diverses religions; dans la zone intermédiaire, qui s'étend sur la terre, se dédouble la procession des principaux acteurs de l'hitoire, hommes d'action, qui depuis Adam ont gouverné le monde par la ruse ou par l'épée; penseurs, qui, depuis Ève, ont le plus influé sur l'âme des nations par l'idée et le sentiment. La religion inférieure, c'est le chaos où tout viendra tomber et se régénérer dans le feu, double principe de vie et destruction. L'apothéose du christianisme domine tout : le Christ debout, les bras étendus sur une croix d'étoiles, s'élève vers la lumière incréée; les vieillards de l'Apocalypse lui présentent les insignes du pouvoir des rois et l'encens, qui figure les prières des saints. A sa droite volent la Foi, la Charité et l'Espérance qui, sous les traits de la Mort, jette par la bouche des bouffées de fumée. L'artiste veut nous montrer ainsi que toute attente est vaine. Pensée amère d'un cœur desséché ! Ces quatre Vertus ramènent vers le Christ les divinités du Nord : Odin, appuyé sur sa branche de frêne, l'oiseau noir et l'oiseau blanc perchés sur ses épaules et lui disant le passé et l'avenir; Thor, le dieu de la guerre, qu'abandonne sa louve, irritée de voir son maître s'agenouiller devant le Christ.

De l'autre côté de l'horizon, la Prudence, couronnée de serpents, la Justice, la balance à la main, la Tempérance, tenant sa règle, et la Force, revêtue de ses armes d'or, poussent devant elles les divinités récalcitrantes du Midi : Jupiter et les dieux inconnus. Sept anges sonnent de la trompette : Brahma, Siva et Vichnou, Osiris, Typhon, Orus, Ormuzd, Arihman et Mithra arrivent du fond de l'Orient et assistent d'un œil abruti à l'ascension glorieuse de Jésus;

L'histoire se déroule sur la terre : Zoroastre enseigne à Cyrus et à ses guerriers la théorie des deux principes du Bien et du Mal, représentés par les deux globes qu'il tient dans ses mains, l'un constellé, l'autre rempli de feu ; les Égyptiens instruisent les Grecs, parmi lesquels on remarque Pythagore, Platon, Hippocrate, Homère, entouré des Poëtes et plus loin les Sibylles.

Du côté opposé, Melchisédech et Abraham transforment le Sacrifice ; Noé insulté dans son ivresse est vengé par l'esclavage des enfants de Cham ; Moïse arrive, suivi des Rois et des Prophètes.

Alexandre et Ptolémée remettent à César le plan d'Alexandrie, siège de l'empire du monde ; Auguste apparaît accompagné de Virgile ; Tacite contemple les luttes du Sénat et du Peuple romains ; Néron et Domitien excitent leurs magistrats et leurs bourreaux contre les martyrs.

Du côté opposé, la Vierge guide la famille chrétienne : saint Jean s'arrête, troublé par les visions ; saint Pierre remet les clefs à saint Lin, le premier pape, son successeur ; saint Jacques annonce la bonne nouvelle à la Madeleine qui lui tend les bras ; saint Étienne donne du pain et des vêtements à des enfants nus et affamés ; saint Paul, le chef de la Doctrine, l'explique aux docteurs de l'Église ; l'empereur Constantin lève l'étendard pour la défendre.

Voici l'invasion des Barbares, le schisme de Mahomet, l'incendie de la bibliothèque d'Alexandrie, la résistance de Pélage et de Charles-Martel.

Les moines copient les manuscrits échappés à la torche d'Omar.

Le Pape et l'Empereur, qui reçoit du Pontife la couronne à genoux, consacrent la double autorité du trône et de l'autel.

Pierre l'Ermite prêche les Croisades à Godefroid, à Richard et à saint Louis.

L'empereur Frédéric d'Allemagne reçoit la Poésie et l'Architecture des peuples de l'Orient.

Les modernes occupent le premier plan de la composition.

D'un côté Schwartz, l'inventeur de la poudre, la présente à Charles-Quint; Gutenberg découvre l'imprimerie; Luther déchire les bulles de la cour de Rome; un sénateur de Gênes remet la boussole à Christophe Colomb et à Vasco de Gama; Ignace de Loyola et Bossuet se concertent pour arrêter les progrès de la Réforme; Richelieu, Cromwell, Pierre le Grand forment un groupe politique; Louis XIV et Cosme Médicis comparent leurs siècles; Voltaire, Lavoisier et Watt se pressent autour de Napoléon Ier qui, d'un pli traînant de son manteau, cache au spectateur la tête coupée de Louis XVI et le couteau de la guillotine.

De l'autre côté sont les penseurs et les artistes : l'architecte de l'église de Cologne, Dante, Shakspeare, Galilée, Mozart, Descartes, Leibniz, Bacon, Cuvier et Jean-Jacques Rousseau, qui donne le *Contrat social* à Washington.

Quelques jours après la révolution de février 1848, Chenavard exposa ses idées à M. Ledru-Rollin, ministre de l'intérieur, qui l'invita à les figurer en cartons de grandeur naturelle pour la décoration du Panthéon.

Ce travail fini, le gouvernement républicain aurait fait une nouvelle et solennelle inauguration de ce singulier monument, consacré par chaque révolution à la mémoire des révolutionnaires et purifié quelques mois après par les ennemis de la révolution. Le ministre et l'artiste avaient la naïveté de chercher ensemble le moyen d'assurer à jamais l'inviolabilité de cette nécropole. Afin d'éviter la discorde toutes les fois qu'il se fût agi de conférer à un homme de génie les honneurs de l'apothéose, le gouvernement eût prescrit d'avance l'intervalle d'un siècle entre le jour de sa mort et celui de son exaltation. Le monument devenait, au dire de l'artiste, le sanctuaire de toutes les intelligences, comme le Panthéon de Rome fut le temple de tous les dieux.

Examinons les cartons de Chenavard selon l'arrangement déterminé par le projet officiel : les voir autrement, ce serait altérer pour ainsi dire les vues d'ensemble de l'auteur. Nous dirons après par quelles circonstances ce grand travail à peu près fini n'a servi de rien.

Le plan du Panthéon est une croix grecque : des colonnes engagées dans les parois intérieures de l'édifice en divisent la surface en quarante-trois grands compartiments qu'un égal nombre de scènes historiques devait couvrir. Le spectateur allait de l'une à l'autre en faisant le tour du monument et en commençant, dès l'entrée, sa revue par la gauche (1).

Essayons d'en donner sommairement une idée :

I

Les eaux du Déluge couvrent la face de la terre. Quelques malheureux, réfugiés sur des rochers qu'envahissent les flots, luttent contre les géants primitifs et contre les bêtes féroces : les uns essayent d'entraîner leurs parents et leurs amis vers de très-hautes cimes; d'autres sont attendus sur les arbres par d'énormes serpents. La silhouette de l'arche de Noé, illuminée par les éclairs et par les carreaux de la foudre, disparaît dans l'immensité.

II

Babel escalade les nues : les ouvriers, qui fourmillent imperceptibles au sommet de la tour, semblent pris de vertige en regardant l'architecte et le sculpteur réunis en bas, au pied d'une échelle. Le champ du tableau c'est le Désert.

III

Moïse, retiré sur le mont Oreb, écrit les Tables de la Loi; Aaron l'attend à l'entrée de la grotte, tandis que les Hébreux dansent dans la plaine autour du Veau d'or, insouciants de la colère du législateur et de la vengeance de Jéhovah.

---

(1) Dix-neuf de ces tableaux ou plutôt de ces cartons ont été mis à l'Exposition universelle de Paris, 1855; je connais les autres, restés inachevés dans l'atelier de l'artiste.

IV

Les Prêtres de l'Égypte, rangés autour d'un roi mort, déposé à la porte du sépulcre, lisent au peuple leur jugement. Les barques flottent sur le Nil. A l'horizon, les Pyramides.

V

Zoroastre et les Mages sont égorgés par des soldats au pied de l'autel igné de Persépolis. D'autres soldats accourent à travers les colonnades du temple à la voix de leur chef. Le Pouvoir sacerdotal de l'Orient tombe sous le glaive.

VI et VII

La caste militaire triomphe dans ces deux sujets consacrés à la guerre de Troie, le *Siège* et l'*Incendie*. Homère, ajoutant une corde à sa lyre, chante, au premier plan du tableau, ce grand événement. Un berger, un soldat, un législateur, réunis autour du poëte, représentent la société tout entière. Orphée, tournant le dos au spectateur pour regarder le passé, chante les traditions fabuleuses sur la harpe égyptienne.

VIII

Les Sages de la Grèce, autour d'une table frugale, échangent leurs pensées sur les destinées du genre humain et reçoivent des mains d'un architecte le projet d'un temple.

IX

Hérodote lit son *Histoire* aux Athéniens pendant la fête des Panathénées et donne des signes de faveur au jeune Thucydide, qui lui succédera.

X

Socrate, après avoir bu la ciguë, expire sur son lit; la coupe est renversée aux pieds des disciples consternés; quelques

amis descendent l'escalier de la prison; le geôlier, tranquillement assis, attend pour se retirer que le philosophe ait rendu
le dernier soupir.

IX

Démosthène harangue la multitude dans l'Agora.

Ici le peintre demandait au sculpteur la statue d'Alexandre,
le représentant souverain de l'unité du monde antique.

XII

Sac d'Athènes : les temples sont pillés.

XIII

La civilisation jette ses dernières lueurs dans la bibliothèque d'Alexandrie, où l'on voit les sophistes en chaire.

XIV

Le monde romain paraît avec Romulus et Rémus, trouvés
parmi les roseaux du Tibre. Les bergers du Latium enlèvent
les jumeaux à la louve qui les allaite. Le repas des pasteurs
sur l'herbe met en contraste leur douceur et la férocité de la
race nouvelle.

XV

Junius Brutus a condamné ses deux fils : la tête du premier est tombée; le second, penché sur le billot, tourne un
visage suppliant vers son père, qui le contemple sans un
mouvement de paupière et repousse d'un geste dédaigneux un
ami qui voudrait, en étendant sa toge, lui cacher les victimes.
La mère, soutenue par ses suivantes, implore l'époux muet,
sourd, immobile.

XVI

Rome assiège Carthage : on tend la catapulte, on fait jouer
le bélier; les échelles se rompent sous le poids des assaillants et

par intervalles les assiégés les renversent; la légion forme une tortue de boucliers et s'avance dans sa carapace jusqu'au pied des murailles. Les Carthaginois sont écrasés dans leurs sorties; Rome triomphe.

XVII

Scipion, entouré de ses lieutenants, pardonne aux vaincus et montre à l'armée sa continence en respectant les captives agenouillées.

XVIII

La guerre civile déchire la République. César passe le Rubicon. C'est le matin : les soldats se réveillent dans leurs tentes disséminées dans la campagne; une sentinelle perdue sur un monticule contemple avec anxiété son chef à cheval, arrêté au milieu du ruisseau, la tête soucieuse, couverte par un coin de manteau, les yeux fixés sur la borne redoutable..... et franchie.

XIX

Les guerres civiles finissent. Il est nuit : Caton, mourant dans sa tente, refuse les soins de ses compagnons et lit une dernière fois le Traité de Platon sur l'*Immortalité de l'âme;* Brutus s'écrie : *Vertu, tu n'es qu'un mot!* en se jetant sur son épée. La déroute de Philippes tourbillonne encore dans le crépuscule; les ténèbres étouffent par degrés le cliquetis des armes et les clameurs des combattants.

XX

Auguste, entouré de généraux, de ministres, de prêtres qui égorgent les victimes, et d'augures qui lisent dans leurs entrailles, ferme les portes du temple de Janus.

XXI

Virgile lit ses vers et montre du doigt l'Avenir. Des moissonneurs coupent les blés; des bergers offrent au poëte une couronne de fleurs et une jeune brebis, images de la douceur de ses chants, qui annoncent la paix au monde.

XXII

Jésus vient de naître entre le bœuf et l'âne sur la paille de l'étable éclairée par un pâle falot; la Vierge assise veille sur le divin enfant; saint Joseph, debout, garde la porte.

XXIII

Pauvres, aveugles, boiteux, paralytiques, femmes et enfants, tous les membres de l'humanité gémissante, viennent écouter le Christ consolateur, qui prêche sur la montagne. « Celui d'entre vous qui sera semblable à cet enfant, leur dit-il, entrera dans le royaume de mon Père. » Les troupeaux se désaltèrent dans les ruisseaux et ruminent sous les ombrages; les pèlerins gagnent les bourgades; les caravanes encombrent les chemins.

XXIV

Jésus va mourir pour nous : Attaché à la colonne, les verges dispersées sur les dalles ensanglantées, les cordes nouées dans le vif des chairs, il tourne les yeux vers sa mère dans l'angoisse. Pilate se lave les mains sur l'escalier de pierre qui mène à la prison.

XXV

La parole du Juste a refleuri sur son tombeau : les néophytes communient sous les deux espèces au fond des catacombes. Au-dessus de la voûte, qui les abrite et les sépare du monde, passe un triomphe romain; l'empereur s'avance sur son char, précédé d'éléphants, de prisonniers, de dépouilles opimes, et va rendre grâce aux dieux, loin de soupçonner que sous ses pas s'organise un autre Pouvoir.

XXVI

La vieille société minée par le christianisme se défend de la hardiesse des novateurs par les supplices. Pierre est crucifié la tête en bas, léguant au monde le souvenir inspirateur de ses actions vaillantes; Paul va passer aussi par la main du bourreau : il a semé la parole de rivage en rivage, comme le laboureur sème le blé de sillon en sillon; il peut mourir, sa mission est remplie. D'autres captifs chrétiens montrent leurs têtes affligées aux barreaux de la prison.

XXVII

Le Christianisme est enfin monté sur le trône avec Constantin : l'Empereur, incliné devant le Pontife, reçoit le baptême; les vicaires et les lieutenants entourent les deux représentants de la souveraineté religieuse et de la souveraineté militaire. Les fidèles se pressent à la cérémonie.

XXVIII

Les Barbares arrivent : le Pape, porté dans sa riche litière, à la tête du clergé, vient à la rencontre du *Fléau de Dieu*, qui s'effare sur son cheval effaré. Au fond du tableau, le môle d'Adrien disparaît dans des tourbillons de flammes, et la colonne de Trajan prolonge dans le ciel obscurci sa spirale d'airain.

XXIX

Les Pères du désert, dégoûtés du monde que désolent les invasions, élèvent leur âme à Dieu du fond des solitudes et ensevelissent à l'ombre d'une épaisse forêt un de leurs frères qui vient de mourir. Le lion est accroupi comme un dogue tranquille aux pieds de saint Jérôme.

XXX

Le pape Grégoire VII, assis sur son trône et couronné par les évêques, représente le christianisme à son apogée.

Une religion nouvelle surgit à l'Orient.

XXXI

Mahomet debout dans une grotte, armé de son épée à double pointe, symbole de ses pouvoirs spirituel et temporel, est retenu par le jeune Ali, tandis que le vieil Abou-Beckr, l'oreille tendue contre terre, écoute le galop égaré des cavaliers lancés à la poursuite du Prophète.

XXXII

Haroun-el-Raschid, assis dans son jardin au milieu de sa cour, reçoit avec bonté le livre qui lui est offert par un poëte agenouillé.

Ici la statue de Charlemagne, qui personnifie l'unité du moyen âge, eût fait pendant à celle d'Alexandre.

XXXIII

Godefroid de Bouillon et Pierre l'Ermite à cheval, escortés par les croisés qui défilent, la lance au poing, franchissent une des portes de la montueuse Jérusalem.

XXXIV

Ici les poëtes sont réunis dans un site arrosé par un fleuve qui va se perdre derrière les montagnes : Dante pleurant Béatrix est consolé par Laure et par Pétrarque; le Tasse fou est assis par terre, les vêtements en désordre et les yeux hagards; l'Arioste, au milieu d'un groupe de belles femmes, fléchit le genou devant la princesse d'Este pour lui offrir le poëme de *Roland*; Fiammetta raconte à un nombreux auditoire les contes de Boccace, qui est assis auprès d'elle.

XXXV

La voix des révolutions modernes a retenti comme le cri des aigles du haut des rochers de Grütli : la lune éclaire les lacs de la Suisse, couverts de barques qui viennent au rendez-vous de Guillaume Tell. Les trois chefs debout sur une cime, les mains enlacées, le plus jeune d'entre eux déployant un drapeau, jurent de délivrer leur pays des tyrans.

XXXVI

Scène de l'Inquisition : les moines du Saint-Office interrogent un prisonnier; des tortionnaires traversent la scène emportant un autre malheureux qui vient de subir la *question;* un troisième est étiré sur le chevalet. Des rideaux entr'ouverts laissent voir au fond du tableau les juges assemblés.

XXXVII

Christophe Colomb et ses compagnons ont débarqué dans le Nouveau Monde. Les indigènes s'enfuient devant les conquérants, qui tirent l'épée et couchent le mousquet. Les moines montrent le crucifix.

XXXVIII

Gutenberg, appuyé sur la barre de la presse, collationne avec son associé le premier psautier.

XXXIX

Luther déchire les bulles, entouré de sectateurs qui en brûlent les morceaux. D'autres dévalisent une église et foulent aux pieds les prêtres; Mélanchthon remet une Bible à Ulric de Hutten; le peintre Lucas Cranach écoute en fanatique la voix de Luther.

XL

Louis XIV, assis au milieu de sa cour dans les jardins de Versailles, examine sur la carte de Hollande déroulée devant lui les principaux points sur lesquels doit opérer l'armée française et que lui indique Louvois; Colbert semble regretter l'argent que coûte la gloire; Condé attend avec impatience les ordres du roi, qui regarde Mme de Maintenon, suivie des ducs du Maine et de Bourgogne; tandis que du haut d'une terrasse Mme de Montespan, en compagnie de Mmes de Fontanges et de Sévigné, laisse tomber, comme par mégarde, une rose aux pieds du monarque. Corneille, Racine, Molière, Boileau et La Fontaine épient le moment d'approcher; Bossuet semble travailler à convertir Turenne; le sculpteur Puget propose à Le Nôtre quelque groupe de marbre.

XLI

La Révolution française travaille : le cabinet de Voltaire est son officine, les encyclopédistes sont ses ouvriers. Nous sommes chez Voltaire, qui reconduit d'Alembert tenant à la main un manuscrit roulé; Diderot est encore dans l'escalier; Buffon, l'abbé de Bernis, Turgot, le duc de Richelieu et Condorcet viennent à leur tour faire visite. On ne voit pas la Constituante, mais l'esprit la devine; la Convention la suit.

. . . .

La Révolution a promené vingt ans feu et flamme à travers l'Europe. La vieille Humanité vient de faire le tour du Panthéon, laissant d'entre-colonnement une image de sa grandeur ou de son inconstance. Voici le dernier tableau : il vient faire face à celui du *Déluge*; c'est pour ainsi dire un épilogue.

XLII

Dans une barque, qui vogue sur le fleuve allégorique des siècles, se trouvent réunis les hommes qui ont eu le rare privilège d'imprimer leur cachet souverain à une des principales époques de l'histoire : Alexandre, César, Charlemagne, Napoléon Ier. Ils vont ensemble à l'Immortalité. Des génies de moindre taille, Charles-Quint, Grégoire VII, ne peuvent prendre place dans la *Barque des quatre Empereurs*; d'autres se noient dans ces flots profonds, qui entraînent, engloutissent les monarques vulgaires et les divers insignes de leur puissance : les glaives, les sceptres et les couronnes. Les champions de la Révolution française, ceux de la Constituante, ceux de la Convention, les tribuns, les publicistes, les généraux de la République et de l'Empire, acclament du rivage Napoléon Ier. La Mort traverse l'espace; l'Amour vole à sa suite pour régénérer tout ce qu'elle détruit.

Une frise devait faire aussi le tour du Panthéon, superposée aux quarante-deux sujets que nous venons d'indiquer. C'était la biographie après l'histoire : les héros des temps antiques ouvraient la marche, des grands hommes des temps modernes la fermaient.

Sur les faces triangulaires des piliers qui soutiennent le dôme de l'édifice, et à une certaine hauteur, quatre grisailles : la *Religion*, l'*Art*, la *Philosophie* et la *Science* figuraient les quatre âges du monde. A ces mêmes piliers étaient adossées les statues de Moïse, d'Homère, d'Aristote et de Galilée.

Sur le pavé du temple, juste au-dessous des cinq coupoles, cinq mosaïques rondes représentaient en abrégé la vie et les fins dernières du genre humain.

Un trophée symbolique eût pris la place du maître-autel de Sainte-Geneviève: L'Éléphant, le Bœuf, le Sphinx, la Licorne en granit rose, accroupis sur les marches d'un édicule, supportaient ensemble la Barque, l'Arche et le Calice. Une coupole, posée sur douze colonnettes, abritait ces emblèmes.

Chenavard avait fini ses principaux cartons vers la fin de 1849. L'Église s'y reconnut outragée. Une commission présidée par M. de Montalembert appela ce travail « impie et ruineux ». Impie, je ne dis pas non; ruineux, le mot est ridicule : l'auteur se contentait de dix francs par jour pour lui et pour chacun de ses auxiliaires. L'entière décoration du Panthéon coûtait à l'État cinquante mille francs.

La question d'argent, vraie bagatelle ! Ce que l'Église ne pouvait tolérer c'était ce principe proclamé par l'artiste : « Toutes les Religions sont égales. »

Écoutez-le :

« Quand je vis l'opposition du clergé, je tremblai pour mon œuvre. Je tenais tant à l'accomplir ! Peut-être n'est-il possible de venir à bout de telles entreprises qu'à force de s'en exagérer la portée. Je me voyais déjà comme le grand prêtre d'un nouveau culte. Je ne tendais, en effet, à rien moins qu'à faire de la raison un dogme et de l'homme un dieu. L'Art est pour moi le seul moyen de rendre familière à tout le monde l'Idée philosophique en lui donnant un corps. Du moment où j'ai montré par mes images que toutes les Religions sont équivalentes et que d'ailleurs elles s'entre-dévorent depuis le commencement du monde, le peuple ne garde plus à ce sujet la moindre illusion. Le Panthéon de Rome était le temple de toutes les divinités; je faisais du Panthéon de Paris le temple de tous les grands hommes. »

Le Panthéon fut rendu au culte catholique par l'Empereur Napoléon III, et Chenavard désolé congédia ses collaborateurs, qu'il appelait déjà ses évangélistes.

Que d'intelligence, que de savoir n'a-t-il pas dépensés en projets, ce nouveau Jupiter Assemble-nuages ! Il voulait donner au Panthéon de Paris douze succursales en province, pour consoler sans doute les médiocrités qui déclament contre la centralisation; il a rêvé la décoration de l'Hôtel des Invalides, le couronnement de l'Arc de triomphe de l'Étoile, l'érection d'un autre Arc, consacré à la gloire civile, la restauration du Paganisme, la réforme des Académies, la refonte des lois de l'Esthétique, l'organisation du suffrage universel; il propose encore d'amener la mer à Paris et de lui faire traverser la France en croix par deux gigantesques canaux qui se couperaient à Lyon, croyant ainsi tourner vers le commerce une population d'émeutiers et de soldats. « Qui trop embrasse mal étreint. » A force de chercher, de douter, d'argumenter, de railler, de nier, il a fini par se dégoûter de tout et de lui-même. La tristesse qui le prend par moments, c'est la maladie du vide. Un moine du couvent de la Minerve, le voyant dévorer les in-folio de la bibliothèque, lui dit cette profonde vérité : « Mon cher monsieur, plus on s'instruit, plus on s'embrouille. »

THOMAS COUTURE [1]

M. Thomas Couture, dont la veine semble épuisée depuis une quinzaine années, fit paraître en 1867 un volume d'autobiographie et de recettes professionnelles, intitulé *Méthode et entretiens d'atelier*, avec la *signature de l'auteur*, ongle du lion et relique. En cessant sitôt de peindre pour commencer si tard à écrire, M. Thomas Couture voulut faire, d'un seul coup, sa *Somme*, ses *Mémoires* et ses *Adieux*. Il y a là du bon, du médiocre, du mauvais et du pire. Les jugements faux et même outrageux n'y manquent pas. Eugène Delacroix, par exemple, est traité d'*impuissant*, de *plagiaire*, de *monstre;* Ingres, de *fossoyeur*, d'*embaumeur* et d'*esclave;* la critique d'art est une *ignorante*, une *sotte*, une *déclassée*. La seule critique admise par M. Couture est celle des amateurs qui achètent et glorifient *efficacement* ses tableaux.

« Vous, jeunes gens, dit-il, qui vous destinez à la peinture, n'oubliez pas que vos juges naturels sont les amateurs. Il y a des hommes qui naissent pour produire, comme d'autres pour apprécier. Écoutez ceux qui aiment l'art et qui vous en donnent les preuves en vous soutenant dans l'accomplissement de vos travaux. De ceux-là seulement vous pouvez obtenir une bonne et saine critique. Quant aux écrivains, ce sont les émeutiers de la pensée, brisant tout ce qu'ils touchent, etc... »

---

(1) Voir *Avant-propos de l'éditeur*, T. I.

Voilà les moindres perles de ce gros chapelet. Les recettes du peintre ne rachètent pas les inspirations de l'*auteur*, de l'auteur illettré, comme il le dit et le prouve lui-même :

« Je ne sais rien, je ne *connois* rien. »

« N'ayant aucune instruction, ajoute-t-il, je sens que je ne puis inspirer quelque sympathie que par une profonde sincérité... Je suis même à peu près certain que beaucoup de personnes trouveront qu'il est exorbitant d'oser écrire un livre sans avoir fait les études nécessaires pour cela; à ces personnes, je répondrai par mon livre même...

« Vous avez l'Université pour vous, eh bien, moi, j'ai mon Dieu, et je ne vous crains pas ! »

M. Couture a fait son livre comme M. Courbet ses manifestes. Voilà deux peintres, aussi modestes l'un que l'autre, deux *auteurs* à plumes égales, et de même authenticité. Claude Lorrain, lui, sachant à peine signer son nom, n'avait pas besoin d'imprimeur pour faire des chefs-d'œuvre.

L'autobiographie pédagogique de M. Thomas Couture, document à consulter, surtout à éviter, contient le vrai, l'invraisemblable, le nécessaire et le superflu pour quiconque tient à bien connaître à la fois en lui l'homme, le peintre, le professeur de peinture et l'*auteur*. M. Couture peint à la plume par lui-même, n'est pas un portrait; c'est une fresque, une gloire, une immortalité, non d'Académie mais d'épopée, et par avancement d'hoirie (1).

A des amis, craignant pour un tel livre des *tempêtes*, l'auteur répondait : « *J'ai la faiblesse du roseau* ». Mais il n'y eut ni tempête ni discussion. Calme plat. L'ouvrage ne fut pas *écoulé*; il coula bas. La partie critique d'art en est optimiste pour l'auteur, pessimiste envers ses maîtres et ses juges; la

---

(1) Cette autobiographie est, d'un bout à l'autre, d'une vanité et d'une audace stupéfiante. Ce n'est rien encore : une seconde autobiographie de M. Thomas Couture, avec portrait et lettre en *fac-similé*, dans le tome VII du *Panthéon des Illustrations françaises du XIXe siècle*, est d'une telle outrecuidance, qu'il est impossible de garder son sérieux en la lisant. (N. de Th. S.)

partie professorale, expéditive et toute manouvrière, et la partie autobiographique, par trop osée : enfance, tout prodiges; jeunesse tout chefs-d'œuvre; maturité, pleine de découvertes, traversées même de visions fatidiques. Exemple, les ineffables apparitions à Couture, peignant, à Saint-Eustache, la Chapelle de la Vierge. Rappelez-vous à ce sujet Benvenuto se disant entouré d'une auréole pour lui seul : l'auréole de la fatuité.

Pour ne citer ici qu'un trait de cette autobiographie — *ab uno disce omnes* — voici :

« J'entrai à l'atelier des élèves du baron Gros, qui fut étonné de mon habileté de dessinateur et me dit :

« *Mais, mon petit ami, vous dessinez comme un vieil académicien.*

« Un jour, jour de correction, M. Gros arrive, se dirige vers un point, en disant :

« *Oh! la belle chose!... Qui a fait cela? C'est admirable! Je serais fier d'y mettre mon nom.* »

« C'est Couture.

« *Ce n'est pas possible. Couture, est-ce vrai?*

« Oui, Monsieur.

« *Si vous continuez à faire de la peinture comme celle-là, vous serez le Titien de la France.* »

Peu après, Gros s'écria :

« *Ah! Couture, si vous étiez plus âgé, nous pourrions écraser ces abominables romantiques.* »

Et Couture répond à Gros, trente ans après la mort de Gros :

— *Hélas!* je n'étais *qu'un enfant!*

M. Couture, au lieu de devenir un Titien et d'écraser les romantiques n'a été, malheureusement, nous dit-il lui-même, qu'un chercheur de procédés pratiques, à travers les tableaux de toutes les écoles.

« J'ai fait le tour de la Peinture.

« Rebelle à toute science, il m'a toujours été impossible

d'apprendre par les moyens académiques. Ces enseignements étaient-ils mauvais? Je ne *pourrois* le dire, ne les ayant jamais compris. La vue de la nature, le vif désir de rendre ce qui me *captivoit*, me *guidoient* bien mieux que des paroles qui me *sembloient* inutiles, et que, d'ailleurs, je ne *voulois* pas écouter...

« J'ai fait, je puis le dire, le tour de la peinture, comme on fait le tour du monde. Je viens vous raconter mes voyages, mes découvertes, elles ne sont pas nombreuses, et je les crois bien simples. J'ai trouvé, du reste, des sentiers bien courts, qui aujourd'hui sont suffisamment frayés; vous n'aurez pas comme moi les difficultés du chemin, vous arriverez plus facilement à ce qu'il faut savoir pour produire, et, *frais et dispos*, vous emploierez toute votre énergie à la création de belles œuvres... »

C'est-à-dire : « Assurez-vous d'abord des moyens matériels d'exécution, ne pensez à rien et produisez après, *frais et dispos*, quelque chose ou rien du tout. »

Très peintre et peu artiste, riche en procédés et en expédients, mais pauvre d'impressions et d'idées, M. Couture a les visées ambitieuses d'un homme sans enthousiasme et sans éducation, qui se croit un génie de grande race, de noble culture et de haut vol. Puisque l'on en est malheureusement venu, dans l'art, à confondre l'habileté manuelle, la générosité du cœur et l'élévation de l'âme, M. Couture, se méprenant sur lui-même, a profité de la méprise des autres en sa faveur, et pris assez de place, même trop de place, dans l'École française. Quelques minutes de conversation avec lui mettent à nu le pur ouvrier, jouant à la grandeur des maîtres souverains, toujours fiers, eux, de leur but, jamais de leurs outils. L'architecte a-t-il à tirer vanité de ses échafaudages et de ses matériaux ?

« Bien que le peintre travaille de la main, dit Eugène Delacroix, le peintre n'est pas un chirurgien : ce n'est pas dans sa dextérité que consiste son mérite. »

M. Couture, praticien arrivé à la plus rare dextérité, a des visées exorbitantes, mais sans essor moral. Presque toujours ridicule et jamais sublime, n'a-t-il pas représenté, dans son *Enrôlement de volontaires de 92*, la Liberté par Théroigne, cette amazone sanglante et galvaudée, à califourchon sur une pièce de canon ? N'eut-il pas, un jour, l'idée d'atteler un général d'armée et un magistrat à la voiture d'une courtisane, pour juvénaliser en peinture et flageller, à sa façon, l'hébétude et l'immoralité des grands personnages ? Voilà Couture : homme d'un idéal niais, exécutant délibéré, mais manipulateur excessif ; trop sûr et trop fier de la valeur qu'il a, même de celle qu'il n'a pas, et trop souvent impuissant, à pied d'œuvre, pour n'être pas découragé. De là, sans doute, sa retraite prématurée, sitôt sa vie matérielle garantie, en attendant la fin de son prestige.

Un moment convaincu d'être à la fois le vivant résumé et le crément unique de la tradition magistrale, M. Couture eut l'idée de discourir dans les Galeries du Louvre devant les chefs-d'œuvre au milieu de ses écoliers, pour leur préciser les lois immuables du Beau, en dosant la nature de préceptes d'école ; partage nul, mais insolent. Ce genre de démonstration fut à peine essayé. Les instincts de M. Couture ne lui permettant pas d'entraîner ses élèves vers les côtés fiers, chastes et privilégiés de l'art, il ne les menait qu'à des séductions de palette et à des bonheurs de brosse, excitant leurs appétits purement sensuels :

Empoignez-moi ça carrément ! dit-il, si c'est un homme qu'il faut peindre ;

Soyez donc amoureux ! si c'est une femme qui pose ;

Et :

Faites ce que je fais ! impératif qui n'a rien de ce fier Corneille :

Dites ce que je dis pour faire comme moi.

« Faites ce que je fais ! » dit Couture. Et d'abord, que fait-il ? Que veut-il ? Que pense-t-il ? Pitié !

L'élève, prenant la prescription au matériel, ne pouvant la prendre autrement, se met à appliquer, les yeux fermés, les moyens du *Maître :* il prodigue le bleu de cobalt, ne néglige pas le vermillon et s'éprend du bitume, du bitume parce que le maître a dit :

Ayez des dessous transparents : les dessous riches font les riches colorations.

Comme si la richesse de la peinture était moins dans la tête et dans le cœur du peintre que dans sa boîte à couleurs ! M. Couture, qui jadis eût été praticien auxiliaire sous les Carrache, ou collaborateur en sous-ordre chez Luca Giordano, s'est nourri de Titien, de Véronèse et surtout de Rubens. Les pratiques du peintre de l'*Amour de l'or* et des *Romains de la décadence* rappellent beaucoup les peintures humides et glaireuses de Rubens, ses frottis traînés dans les ombres, ses articulations et ses contours vermillonnés. Mais les ombres, frottées de bitume et de vermillon et strapassonnées par Couture d'un composé d'ocre et de cobalt, restent presque toujours froides, malpropres, sans prestige, souvent sans vigueur et sans consistance. Qu'il y a loin de cela à la bravoure si ardente et si colorée de Rubens !

C'est que, chez Rubens, *mens agitat molem.*

COURBET

Voici un original qui, depuis dix ans, fait à lui seul plus de bruit par la ville que n'en feraient vingt célébrités et leurs coteries. Les uns le regardent comme la personnification d'un art nouveau, comme un Caravage qui fait la guerre à l'imagination au profit de la réalité et sape dans ses fondements l'autorité de nos Raphaël de contrebande; d'autres le prennent pour une espèce de chiffonnier de l'art, crochetant la vérité dans la boue des rues, et jetant dans sa hotte les loques de l'école romantique et les perruques de l'Académie; des fanatiques l'ont placé d'un seul coup au-dessus de tous les artistes de notre temps, et il jure lui-même d'une foi résolue qu'il n'a pas de rival. Les gens du monde affectent de le dédaigner; les critiques l'éreintent, les artistes le chargent, les vaudevillistes le griment, à l'applaudissement des badauds.

De même que son illustre ami et compatriote Proudhon (1), l'un de nos plus grands écrivains, l'innocent Courbet est devenu la bête noire et enragée du public.

On lui a prodigué le blâme et l'éloge. Il ne mérite

> Ni cet excès d'honneur ni cette indignité.

---

(1) L'œuvre de Courbet a inspiré à Proudhon un livre : *Du principe de l'Art et de sa destination sociale*, qu'on peut qualifier, sans irrévérence, de discutable (N. de l'E.).

Courbet n'est pas un aigle; mais ne le prenez pas non plus pour un de ces *montagnons* matois et vantards de la Franche-Comté qui depuis vingt ans l'emportent par leurs hâbleries et leurs intrigues sur les Gascons et les Provençaux. Reconnaissons en lui un peintre plein de force, d'originalité et d'extravagance, qui, par la valeur du tempérament, l'ambition réactionnaire contre le passé et la trivialité de ses goûts, se jette souvent tête baissée dans le ridicule et compromet des qualités solides qu'il n'est au pouvoir de personne de lui contester

Pour bien faire connaître au lecteur cette singulière personnalité, je dois oublier un moment mes sympathies personnelles et la mettre en jeu telle que je la vois, telle qu'elle a posé devant moi. Si l'artiste ne retrouve pas ses propres traits ici comme dans un miroir, ses amis l'y reconnaîtront tout entier : il n'existe pas deux Courbet au monde.

Mon libre procédé est le seul qui convienne à ce caractère sans gêne, qui prêche sur les toits tout ce qui lui passe par la tête, et qui m'a recommandé de le montrer tel qu'il est, tel qu'il croit être. Admirons cette confiance en soi-même et cette franchise, si rares de nos jours. Je lui obéis de grand cœur, jaloux de me dire ici, comme lui, l'ami de la réalité et l'élève de la nature.

Courbet est un beau et grand jeune homme. Sa figure tient du type assyrien. Ses yeux noirs, brillants, mollement fendus et bordés de cils longs et soyeux, ont le rayonnement tranquille et doux des yeux de l'antilope. La moustache, à peine indiquée sous le nez insensiblement arqué, rejoint avec légèreté la barbe déployée en éventail, et laisse voir des lèvres épaisses, sensuelles, d'un dessin vague et froissé. La peau est fine comme le satin, d'un ton brun et nerveux; le crâne de forme conique et les pommettes saillantes marquent l'obstination; les narines agitées semblent trahir la passion; Courbet est pourtant une nature molle, et son incrédulité le met à l'abri des tourments de l'imagination. Il n'a de violent

que l'amour-propre : l'âme de Narcisse s'est arrêtée en lui
dans sa dernière migration. Il se peint toujours dans ses
tableaux avec volupté et pâme d'admiration pour son œuvre.
Personne n'est capable de lui faire le dixième des compliments
qu'il s'adresse à lui-même du matin au soir, d'un cœur naïf,
et il vous répondra, si vous lui demandez son opinion : « Je
suis courbetiste, voilà tout; ma peinture est la seule vraie;
je suis le premier et l'unique artiste de ce siècle; les autres
sont des étudiants ou des radoteurs. *Tout un chacun* peut
penser ce qu'il voudra là-dessus, *je m'en bats l'œil*. Je ne suis
pas seulement un *peintre*, mais un *homme*; je puis donner mes
raisons en morale, en philosophie, en politique, en poésie
comme en peinture. Je suis *objectif* et *subjectif*, j'ai fait ma
synthèse. Je me moque du tiers et du quart, sans plus
m'inquiéter de l'opinion que de l'eau qui passe sous le Pont-
Neuf. Je fais avant tout ce que j'ai à faire. On m'accuse de
vanité ! je suis en effet l'homme le plus orgueilleux de la
terre. » Sa vanité, dont on a voulu lui faire un crime, est
naïve et courageuse; celle de beaucoup d'autres est dissi-
mulée, pleine de venin.

Courbet serait fort aimable si la culture de son intelligence était en rapport avec la prétention qu'il a de tout
connaître et de tout juger. Il s'imagine que l'instinct lui
tiendra lieu de savoir, et, sans connaître un sujet, il s'y
attelle à franc collier, espérant que son bon sens le guidera
dans les ténèbres, convaincu d'ailleurs que les orateurs
d'estaminet, qui n'étudient que dans les bouteilles, ne
seront pas capables de le contester. Il s'entête et vide la
discussion par des fous rires quand il ne sait plus que dire.
Il a longtemps cherché à me prouver qu'il avait fait de
profondes études en littérature, en histoire, en philosophie.
J'ai reconnu, sans le contrarier, qu'il ne sait rien. Mais il
est doué, comme la femme, d'un certain instinct, qui
parfois vaut mieux que la science. Il me rappelle aussi, par
son égotisme, ce personnage de comédie qui disait : « J'ai

parlé de moi, j'ai reparlé de moi,, et puis de moi et encore de moi. » On ne peut passer deux minutes avec Courbet, qu'il ne s'occupe de lui-même et de ses tableaux. A part les heures du sommeil, pendant lesquelles il ne fait plus qu'en rêver, il ne cesse de vous en entretenir.

Il a par moments du piquant, toujours du bizarre. Porté à mimer tout le monde, il imite à volonté la voix des femmes maniérées, le glapissement des pédants, la gravité des grands personnages ou le manège de ses confrères; il rit aux éclats avant de parler et d'agir, rit plus fort encore, et le premier, de ce qu'il vient de dire ou de faire, et fait rire qui l'écoute. Revenant de visite, il vous raconte comment il a étonné, confondu les gens. C'est toujours lui qui a rivé les clous aux autres. C'est le vainqueur des vainqueurs. Il ne manque pas de ruse; mais il voit les hommes et les choses sans se détacher de lui-même. Aussi transforme-t-il ses types plutôt qu'il ne les traduit, et arrive-t-il à les rendre méconnaissables.

Son allure traîne comme sa voix franc-comtoise, qui aiguise les accents comme des aiguilles et pèse lourdement sur certaines syllabes; il dira : « Je reviens de *moun* pays. » Sa démarche est populacière; son corps se penche sur une canne de chêne ou de cep de vigne à poignée recourbée qui ne le quitte pas plus que sa pipe de fromager, toujours allumée. Ses mains sont longues, élégantes et d'une rare beauté. Sa mise annonce un homme simple, aisé, non sans coquetterie.

Courbet est plein de probité et de bonhomie. Son goût pour l'estaminet et ses habitudes de noctambule nuisent à son talent. Il n'est jamais disposé ni à se lever ni à se coucher. Son humeur est affable; il ment souvent, mais avec innocence, et finit par se persuader lui-même qu'il dit la vérité. Pour donner à son récit plus de couleur locale, il me rapportait un jour tout de bon la conversation qu'il eût en Angleterre avec Hogarth, mort en 1764 !

Il adore l'originalité des opinions et l'excentricité des

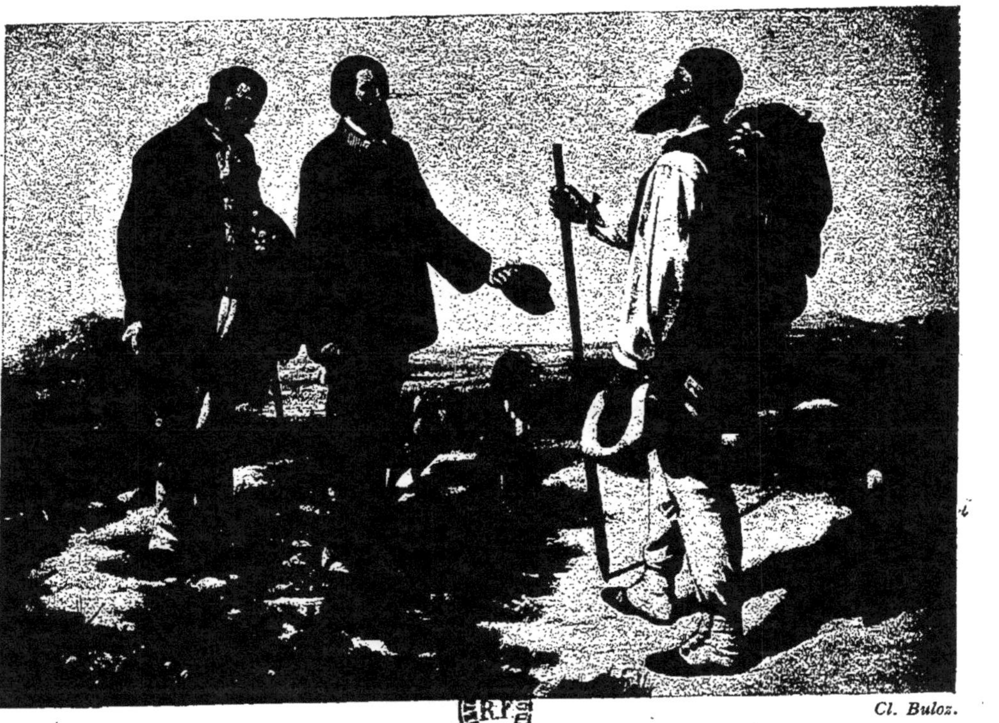

Cl. Buloz.

G. Courbet. — « Bonjour, monsieur Courbet! »

mots, ce qui le porte à supposer de la valeur à certains grotesques, à l'apôtre Jean-Journet (1), par exemple. Mais ces engouements passagers n'ont aucun danger pour l'artiste, qui s'en tient à la joie d'être lui-même.

« J'ai trouvé, dit-il, le bonheur parfait; l'ennui m'est inconnu (tant pis ! sans tourments pas de génie !); j'aime les choses pour ce qu'elles sont, et je fais tourner chacune d'elles à mon profit. Pourquoi chercherais-je à voir dans le monde ce qui n'y est pas, et à défigurer par des efforts d'imagination tout ce qui s'y trouve ? Il y a des gens qui détestent les chiens : pourquoi ? Moi, je les juge à leur valeur; je reconnais à tout être sa fonction naturelle; je lui donne une signification juste dans mes tableaux; je fais même penser les pierres. Je ne méprise rien : si je rencontre aujourd'hui une femme douée d'une qualité, j'en jouis; demain, je passe à une autre pour une qualité différente. Si j'ai souffert de mes passions, je n'en souffre plus. J'ai mis une ou plusieurs années à me défaire d'un attachement ou d'un préjugé, et me voilà libre. Je récapitule tous les soirs mes idées, mes actions de la journée, ce qui m'enseigne à vivre logiquement, rationnellement. Si je me sens dans un mauvais chemin, j'en change. »

Il se croit parvenu à la connaissance, à la possession de lui-même, et il a « tiré au grand clair » ses illusions. « En les perdant, je n'ai rien perdu, il m'en reste toujours assez, et, d'ailleurs, n'ai-je pas l'inconnu devant moi pour me tenir lieu de tout ? » C'est ainsi qu'il est assuré de s'instruire, de voir sa personnalité grandir de jour en jour en progression géométrique, de « *penser de plus fort en plus fort* » sur son génie et sur notre sottise. De seize à vingt ans, il était affolé d'un amour qu'il appelle « l'amour chevaleresque, » et qui lui faisait verser des pleurs sur les maux de l'humanité;

---

(1) Jean Journet, dit l'APOTRE JOURNET (1799-1861), propagandiste phalanstérien (N. de l'E.).

ensuite, un amour moins désintéressé le posséda : l'amour-propre : « J'aurais voulu sauver d'un incendie la femme aimée aux yeux de dix mille spectateurs étonnés; mais je n'aurais pas été pleinement satisfait de la sauver sans témoins. » Puis une autre variété de l'amour le portait à demander à la femme de se sacrifier, de se tuer pour lui, afin de prouver au monde à quel prix Courbet était adorable.

Il est devenu plus modeste, sinon plus raisonnable : « Impossible, dit-il, de s'en tenir à une seule femme si l'on « veut connaître la femme, et comme rien n'appartient à « un homme que ses idées (ses bottes, hélas ! ne sont « pas toujours à lui), il n'y a qu'un sot qui puisse dire que « la moindre chose, sa femme par exemple, soit exclusive- « ment sienne. Elle est à tous les hommes, et tous les hommes « sont à elle. Elle joue dans le monde un rôle mystérieux, « que l'on pourrait appeler un apostolat. Si vous pouvez la « séduire par l'argent, le sentiment ou la gloire, elle vous « appartient plus naturellement, plus légitimement qu'à « son mari. C'est un oiseau voyageur qui s'arrête un certain « temps chez vous. L'amour est né pour courir le monde et « non pas pour s'installer dans les ménages, comme un « vieillard casanier, et l'artiste qui se marie n'est pas un « artiste; c'est une espèce de propriétaire jaloux, toujours « prêt à se courroucer quand on vient chez lui, et qui dit : « Ma femme ! » comme il dirait ma canne ou mon parapluie. »

« Si mes idées pouvaient prévaloir, le monde ne tarderait pas à voir clair. »

C'est par indépendance burlesque qu'il enlève les questions. Il amuse, il veut étonner; et il répète comme une horloge. Sa bonhomie persuasive, agissante et sans-façon le feront toujours l'ami de l'observateur de types étranges et du bourgeois jovial. Il professe, du reste, comme le bourgeois, l'amour du positif, la peur de l'imagination et le mépris du poëte. Il a pourtant fait des vers, mais des vers blancs et composé des chansons, paroles et musique, qu'il chante dans les réunions de *bons enfants*. Voici un fragment de ces poésies *réalistes* :

> Tous les garçons chantaient
> Le soir au cabaret qu'ils étaient réunis.
> Tous les garçons chantaient
> Tra la la la la, lou lou lou, la,
> Tra la la la la, lou lou lou, la;
> Trou lou lou lou lou lou.
> Le premier qui chanta
> Raconta ses amours :

I

> Quand j'étais chez mon père
> J'avais une amoureuse :
> Jeannette, ma voisine,
> Avait mon sentiment;
> Le soir, à la veillée,
> J'étais à ses côtés,
> Nos yeux parlaient d'amour,
> D'un amour sans détour.

II

> Un maire qui était riche
> S'avança pour lui plaire,
> Tra la la la la, lou lou lou, la;
> Lui dit directement :
> Il faut nous marier,
> La belle; si vous m'aimez,
> Tous mes biens vous aurez.

III

> Le soir des fiançailles
> Je pleurais l'infidèle...
> Nuitamment dans ma chambre
> Elle s'en fut me trouver,
> Me dit : mon tendre amour,
> Je t'apporte mon cœur;
> Si la fille n'est à toi,
> Tu auras ses amours !

Gustave Courbet est né à Ornans (Doubs), le 10 juin 1819, de braves parents, demi-bourgeois, demi-paysans, pleins d'admiration et de dévouement pour lui. Son enfance s'est passée dans les jeux de village et dans la liberté des champs. L'amour du pays natal le rappelle tous les ans à son clocher. Il ne fit pas grand'chose au petit séminaire d'Ornans, si ce n'est quelques malices contre les pions, et il manifesta de très-bonne heure, m'a t-il dit, une incrédulité philosophique dont le cardinal-archevêque de Besançon s'inquiéta. *(Rions!)* Il dessina quelque peu et suivit après, à Besançon, l'atelier de M. Flageoulot, petit peintre de la queue de David, qui se disait « le roi du dessin, » et qui ne tarda pas à surnommer Courbet « le roi de la couleur. »

Notre ami, précoce en tout, étudiait aussi la philosophie avec deux ou trois polissons, qui donnaient des rendez-vous aux filles, sur les bords du Doubs, et, vers 1839, il vint à Paris, hésitant entre la profession du peintre et celle d'avocat. Rebuté par le baccalauréat, il se tourna vers la peinture. Dès sa première visite au Louvre, il se mit à rire de l'enthousiasme du bon M. Flageoulot pour David, et dit, au Musée du Luxembourg, en présence du *Massacre de Scio* de Delacroix (1) : « Ceci est mieux; mais j'en ferais bientôt autant si je voulais. »

Il revint auprès des Flamands, des Hollandais, des Espagnols et des Vénitiens; étudia surtout leur exécution; mais il n'entend pas avoir subi leur influence. Cet aveu le diminuerait. Il s'est fâché contre le rédacteur du *Livret* de l'exposition des Beaux-Arts, qui lui attribue un maître, M. Auguste Hesse. « Je n'ai jamais eu de maître, jamais ! s'écrie-t-il; je suis l'élève de la nature ! » On ne saurait, en effet, appeler son maître M. Flageoulot, qui, du premier coup, le surnomma « le roi de la couleur, » ni M. Steuben, qui ne l'a pas vu plus de quatre ou cinq fois, ni enfin

---

(1) Voir *Appendice VI*, opinion de Delacroix sur Courbet.

M. Hesse, dont il contesta d'emblée les principes. Il s'attacha beaucoup au modèle vivant dans l'atelier public de Suisse.

La plupart de ces premiers essais sont passés dans des mains inconnues. « Mes *académies*, dit-il, étaient d'un dessin très-serré. »

Il fit l'essai d'un tableau biblique : *Loth et ses filles*, ouvrage repoussant par l'obscénité de la pensée et d'une exécution prétentieuse et nulle. Une des filles de Loth, qui entr'ouvrait sa robe pour montrer ses nudités à son père, a été effacée; l'autre, étendue à terre, tourne le dos au spectateur et grise le vieillard. La scène se passe à l'entrée d'une grotte ombragée par des cèdres. L'artiste a fait de vains efforts pour agencer les personnages et jeter les draperies. Les chairs paraissent en bois et en fer-blanc.

Une *Odalisque* aux formes affectées, peinte sous l'impression de la pièce de Victor-Hugo : Si je n'étais captive… et un autre mauvais tableau tiré du roman de *Lélia*, suivirent les tristes *Filles de Loth*. « Je m'aperçus, dit l'artiste, que je malversais et qu'il était temps d'enterrer les folies amoureuses. Je résolus de faire mourir la femme qui faisait le tourment de mon imagination : plus fort à moi seul que Werther et Sténio réunis, au lieu de me tourner vers le suicide, je la sacrifiai sans pitié dans un grand tableau allégorique : l'*Homme délivré de l'Amour par la Mort*. La mort emportait en riant une femme que l'amant éperdu (portrait de Courbet) s'efforçait de lui disputer. « Bientôt l'idée de ce tableau me parut fausse, et je me dis : pourquoi haïr la femme? C'est à l'ignorance et à l'égoïsme de l'homme qu'il faut s'en prendre. Laissons-la vivre ! Je commençais à comprendre la tolérance et la liberté, qui sont les principes du *Réalisme*. »

Vous verrez plus loin ce que le peintre entend par *Réalisme*, s'il est vrai qu'il cache lui-même ce qu'il veut dire.

Il fit contre les savants ce tableau satirique : une espèce

d'alchimiste court après une nymphe sur la lisière des bois. Cela veut dire que la Nature échappe à la Science.

Courbet et son chien, le *Guitarrero* (portrait de Courbet), les *Amants* (Courbet et son amie), *Courbet en pourpoint noir*, sont de remarquables essais, inspirés par l'amour de soi-même. La *France* sur un char attelé de chevaux robustes et de haridelles, qui travaillent en sens inverses, alternativement poussés par les révolutionnaires et les conservateurs, tandis que les jésuites mettent des bâtons dans les roues, est un tableau niais, heureusement abandonné. Ce *Char de l'Etat* amuse les rats dans quelque grenier. Entré dans une voie plus sensée, Courbet fit la petite *Baigneuse endormie*, le *Violoncelliste*, quelques paysages, et il obtint à l'exposition de 1849 la seconde médaille d'or. Il méritait la première par son *Après-dînée à Ornans*, préface d'un grand peintre, qui vaut les plus vigoureux morceaux des maîtres espagnols. L'auteur n'est donc pas, tant s'en faut, ce grotesque sifflé par les pédants de quelques journaux.

En 1852, on lisait sur les murs de Besançon cette affiche :

EXPOSITION DE TABLEAUX

M. Gustave Courbet, d'Ornans (médaille de 1849 et maître peintre) momentanément à Besançon, exposera ses tableaux dans la *salle des Concerts, place de l'Abondance*.

1. *Tableau historique d'un Enterrement à Ornans*, toile de 7 mètres de longueur ; largeur, 3 mètres 40 centimètres.

2. Les *Casseurs de pierres*, toile de 3 mètres de longueur ; largeur, 2 mètres 20 centimètres.

3. *Vue des ruines du château de Scey-en-Varais* (paysage).

4. Les *Bords de la Loue sur le chemin de Maizières* (paysage).

Cette Exposition durera quelques jours et sera ouverte mardi prochain 7 mai, de 10 heures du matin à 5 heures du soir.

Prix d'entrée : 50 centimes.

Ces tableaux, déjà exposés au Salon de 1851, avaient produit un effet extraordinaire sur le public et sur les artistes. Les *Casseurs de pierres, les Paysans de Flagey,* l'*Enterrement à Ornans*, firent pousser des cris de surprise, de répugnance et d'admiration. Courbet venait de frapper fort comme un hercule de foire. Les critiques s'indignèrent, au nom de la noblesse, de l'élégance du style et de tous les commandements d'Académie. Champfleury fut le premier à prôner, je ne sais plus dans quel journal, le talent de son ami Courbet avec d'ironiques réserves. Son article fut suivi de centaines d'articles. On parlait de Courbet dans les rues, dans les estaminets, dans les salons. Il n'a cessé depuis lors de chanter partout lui-même ses propres louanges, ce qui est ennuyeux. Trop de vanterie fatigue le public, et quand le public lassé fuit un homme de talent et même de génie, il le fuit pour longtemps. Il est beau par moments de lutter seul contre tous ses contemporains, mais sans braver le ridicule, qui sera toujours le plus **fort** :

> Le ridicule est plus tranchant
> Que le fer de la guillotine.

Essayons de donner une idée de l'*Enterrement à Ornans*.

Le cortège funèbre vient de rompre ses rangs et de se grouper dans le cimetière qui s'étend sur le plateau d'un monticule.

A gauche, au premier plan, le prêtre revêtu de sa chasuble noire chante le *Libera*. Le porte-croix, les *desservants* du voisinage et les enfants de chœur l'entourent. Quatre croque-morts, coiffés jusqu'aux yeux d'immenses chapeaux de chaudronniers, portent le cercueil sur des draps de lit tortillés autour de leurs épaules. Le fossoyeur attend le moment de renfermer son trou. Un crâne déterré gît à ses pieds comme un tesson. « *Hélas, pauvre Yorick!* » Deux chantres en bonnets à canons et en robes rouges, que l'on prend pour des magistrats, malgré l'indignité de leurs faces trognonnantes et violacées, entonnent à pleine gueule les *répons* mortuaires.

Au milieu du tableau un important de village se tient

froid et roide le chapeau à la main. C'est le cousin de P.-J. Proudhon, l'illustre publiciste. Un parent du mort pleure à ses côtés.

A droite, au premier plan, deux *anciens* de 1793 sont accouplés, comme des bassets à jambes torses : grand frac à la française, à la mode du club des Jacobins, et culotte courte. Le premier porte des escarpins à boucles d'argent, des bas à côtes et le chapeau à claque; l'autre a de gros souliers, de longues guêtres de toile et un chapeau tromblon. De jeunes femmes s'alignent à leur suite, habillées de mérinos noir et coiffées de bonnets à ruches, recouverts de crêpes. La demoiselle qui pleure et se désole dans son mouchoir, c'est l'une des sœurs de Courbet; la bonne femme qui touche le bord du cadre, c'est sa mère. Elle tient par la main une petite fille attristée. Les matrones d'Ornans pleurent et grimacent dans leurs béguins. Bourgeois et franc-comtois se mêlent dans les derniers plans de cette vaste toile, si vraie pour le spectateur qui connaît les mœurs des provinces, si bizarre pour le Parisien qui n'a vu que les pompes du *Père-Lachaise*.

L'artiste y pousse à bout ses défauts et ses qualités avec une rare vaillance; il semble s'être un moment oublié pour s'attacher aux types qui posent devant lui. Presque tous sont rendus avec énergie. Le fossoyeur, brute impassible, a creusé cette fosse en chantant et en sifflant. Il disait au peintre : « *La boune anée que j'ourais faite si le chaudléra était venu cheu nous* (1) »

Le prêtre fait son office avec la même indifférence.

Les enfants de chœur sont des polissons qui s'égosillent à l'église, boivent les burettes et vont au cimetière comme à la fête. C'est mademoiselle Brûleport, la présidente des

---

(1) Ces mots me rappellent ce passage de Machiavel : « J'aperçus une foule de fossoyeurs qui dansaient en rond en criant : *Bien venue soit la peste! Bien venue soit la peste!* »

MACHIAVEL, *Description de la peste de Florence.*

vieilles filles et la vestale de la sacristie, qui les surveille, les gourmande et les habille.

L'un des chantres est un cordonnier à face de pivoine qui vient de quitter le tablier de cuir pour endosser une espèce de simarre avec son ami le vigneron au nez énorme, bulbeux et violet. Ces deux innocents *cumulards* vivent du tire-pied, de la bêche, de la serpe et du missel.

Le maire est un joufflu réjoui, qui fait des calembours dans les repas de noces. Tous ces imbéciles héros respirent au naturel. Les deux vieillards de 1793, fiers l'un et l'autre comme Artaban, posaient devant le peintre en marmottant : « *Dé notre temps les jûnes-gens n'avaient pas votre savouér. Qual malheur, monsieur Courbet, qué votre grand-pére souét mort sans vous avouér vu comme ça lancé dans les sciences?* »

Les femmes qui pleurent appartiennent à la classe aisée; les autres, vieilles harpies de la famille d'Holbein, sont des laveuses, des ménagères, qui servent les bourgeois par intervalles, et des pauvresses qui attendent en jasant la fin de la cérémonie pour recevoir l'aumône de la famille du défunt.

Le ciel est chargé de sombres nuages qui semblent ramper sur le cimetière. Tous les regards se tournent vers la fosse, point central du tableau. La plus vive lumière frappe le cercueil, les enfants de chœur, le dos du prêtre qui officie, et la face du fossoyeur aux cheveux roux. La blancheur des aubes et des surplis éclate à la Velasquez; la variété des vêtements noirs des hommes et des femmes est d'une parfaite harmonie.

La composition de l'*Enterrement* viole toutes les règles : les personnages y forment une sorte de bas-relief désordonné. Les têtes trop accusées au dernier plan viennent au premier.

En envoyant au Salon les *Paysans de Flagey* et les *Casseurs de pierres*, comme de brutales provocations, Courbet y exposait en même temps une peinture modérée, qui lui valut l'unanimité des suffrages. C'est encore un portrait de Courbet, langoureux, béat et finassier. Il rêve de lui-même en fumant la pipe.

Bientôt après il porta ses tableaux à Munich et à Francfort (1). Les Allemands furent admis à les voir à tant par tête. « On donne de l'argent, dit-il, pour aller au théâtre; mes tableaux ne sont-ils pas un spectacle attirant? Je ne chercherai jamais à vivre de la faveur des gouvernements, et je méprise les Mécènes. Je ne m'adresse qu'au public; s'il aime ma peinture, qu'il paye son plaisir ! »

« Mes tableaux, m'a-t-il raconté, firent tant de bruit à Francfort, que l'on y dut prendre enfin le parti d'interdire pour cause de lassitude toute conversation sur mon compte. On lisait sur les murailles du *Casino :*

ICI

Il est défendu de parler de M. COURBET

« Un banquier qui donnait à dîner fit mettre ce billet à la place de chaque convive : *On est prié de ne pas parler de M. Courbet.* »

Je ne fais que rapporter ici les récits de l'artiste.

Les *Demoiselles de village* essuyèrent au Salon de 1882 un feu roulant de plaisanteries; mais l'on en vantait le paysage, qui est charmant.

Les *Lutteurs* et les *Baigneuses* (1) soulevèrent une tempête au Salon de 1853. Le ton des *Lutteurs* est noir, sans transparence, tout à fait en désaccord avec le fond du tableau qui représente l'Hippodrome des *Champs-Élysées* au plein soleil de l'été, et le dessin visant à la justesse manque d'ampleur. L'une des deux *Baigneuses*, la plus célèbre, celle qui tourne le dos au spectateur avec cynisme, est un monceau de matière puissamment rendu. Le tableau qui devait faire passer les *Baigneuses*, c'est la *Fileuse endormie*, figure simple, solide, noire et lourde.

Les railleries, les diatribes, les charges, les couplets tombè-

---

(1) Voir *Appendice VI* (R. de Mailloux).

rent sur le peintre comme grêle. Il en était fier. Après avoir tenu six mois tête à l'orage, il s'en alla, moulu, retremper à Ornans sa vigueur montagnarde. M. Bruyas (1), riche et fervent amateur de Montpellier, fit l'acquisition de quatre ou cinq de ses tableaux les plus maltraités et le consola.

L'artiste revint plus brave que jamais à l'Exposition universelle de 1855 (1) avec une quinzaine de tableaux, scènes de mœurs, portraits et paysages. Les principaux furent rejetés par le jury. Le *Portrait d'une dame espagnole*, tout à fait manqué, deux ou trois paysages, la *Fileuse*, et deux têtes (toujours des portraits de Courbet) furent admis. J'allais oublier la *Rencontre*, tableau que les journalistes baptisèrent : *Bonjour, monsieur Courbet!* C'est encore lui-même, traversant fièrement, le sac au dos, le bâton ferré à la main, les campagnes de Montpellier. M. Bruyas, son serviteur et son chien venus au-devant de lui, l'accueillent *avec tous les égards dus à son rang et à sa dignité :* « Bonjour, monsieur Courbet (2) ! »

En voyant ses ouvrages de prédilection arbitrairement écartés du concours, il se fit construire un musée particulier *(imperium in imperio)* dont la porte était surmontée de cette enseigne :

LE RÉALISME

G. COURBET

EXHIBITION DE 40 TABLEAUX DE SON ŒUVRE

Prix d'entrée : 1 franc.

Le public, harassé par une promenade de quelques heures au *Palais des Beaux-Arts*, à travers cinq ou six mille tableaux, dessins et sculptures, n'avait plus le courage de donner un moment à cette exhibition particulière; mais peu à peu les

---

(1) Voir *Appendice VI.*
(2) Voir *Appendice VI.*

amateurs y affluèrent et reconnurent en Courbet un praticien fécond et solide. Impossible de lui contester de grandes
qualités : ses portraits ne brillent ni par la finesse de l'observation, ni par la délicatesse du sentiment, ni même par
l'exactitude ; mais il faut admirer dans tous une solidité de
plans, une largeur de modelé, une abondance de pâte qui
ne se retrouvent guère plus que dans les vieux tableaux
espagnols et hollandais. L'*Homme blessé* (portrait de Courbet), qui expire d'un coup d'épée reçu dans un duel, n'est
pas sans noblesse.

Voyons le tableau monstre (1), que l'auteur, par une in-
concevable absurdité, appelle dans son catalogue :

« ALLÉGORIE RÉELLE. *Intérieur de mon atelier, déterminant
une phase de sept années de ma vie artistique.* »

Il prétend résumer dans cette vaste machine tous les
types et toutes les idées qui l'ont obsédé. On le voit au
milieu de son atelier occupé à peindre un paysage, prétexte
ingénieux qu'il a pris pour nous présenter encore une fois
son portrait. Derrière lui, une femme nue personnifie le
modèle vivant ou la Vérité ; un monsieur et une dame figurent
les gens du monde, qui de temps en temps viennent le visiter ;
son ami Champfleury le regarde travailler, MM. Bruyas et
Promayet l'admirent sans réserve ; le poète Baudelaire lit
dans un coin ; des amoureux s'embrassent au fond de l'atelier,
ce qui signifie : Vive l'amour libre !

Au pied du chevalet un marmot de cinq ou six ans regarde
le peintre avec étonnement ; une grosse Irlandaise, lamentable
souvenir des rues de Londres, s'accroupit avec son enfant
à la mamelle dans un madras en lambeaux qui voile mal sa
nudité ; un braconnier tenant ses chiens en laisse, un faucheur
et un terrassier expriment la rude vie des champs ; un ouvrier

---

(1) Voir *Appendice VI*. Ce tableau est actuellement au Louvre
(N. de l'É.)

des villes représente le prolétariat en chômage. Un juif, un marchand de vieux habits et de vieux galons, un paillasse, un curé et un croque-mort veulent dire : « Nous vivons, nous, de la crédulité du monde, de sa mort et de ses débris. » Le sombrero à plumes et le poignard qui roulent dans la poussière sont les emblèmes de la poésie romantique. Le crâne posé en serre-papier sur un numéro du *Journal des Débats*, c'est la réponse de l'artiste aux attaques de cette feuille, ou la traduction de cette phrase de Proudhon : « Les journaux sont les cimetières des idées. »

Voici la profession de foi publiée par Courbet en tête du Catalogue de son Exhibition particulière :

« Le titre de réaliste m'a été imposé comme on a imposé aux hommes de 1830 celui de romantique. Les titres n'ont donné en aucun temps une idée juste des choses ; s'il en était autrement, les œuvres seraient superflues.

« Sans m'expliquer sur la justesse plus ou moins grande d'une qualification que nul, il faut l'espérer, n'est tenu de bien comprendre, je me bornerai à quelques mots de développement pour couper court aux malentendus.

« J'ai étudié, en dehors de tout esprit de système et sans parti pris, l'art des anciens et l'art des modernes. Je n'ai pas plus voulu imiter les uns que copier les autres ; ma pensée n'a pas été davantage d'arriver au but oiseux de l'*art pour l'art*. Non ! j'ai voulu tout simplement puiser dans l'entière connaissance de la tradition le sentiment raisonné et indépendant de ma propre individualité.

« Savoir pour pouvoir, telle fut ma pensée. Être à même de traduire les mœurs, les idées, l'aspect de mon époque, selon mon appréciation, être non-seulement un peintre, mais encore un *homme*, en un mot, faire de l'art vivant, tel est mon but. »

Voulez-vous connaître les déductions tirées par Courbet de ce principe : *Savoir pour pouvoir ?*

Un artiste, à son avis, n'a ni le droit ni le moyen de représenter un siècle qu'il n'a pas vu, étudié à vif. Les figures des temps anciens, qui reviennent à satiété dans les œuvres modernes, n'ont aucune valeur. Ce sont des fantaisies, des rêves d'archéologues. César, Jésus-Christ, Charlemagne et déjà Napoléon Ier se perdent dans les ténèbres de la légende. Tout au plus serait-il possible de peindre Jésus-Christ par approximation en prenant pour modèle un chrétien de nos jours dont la physionomie serait pour ainsi dire le vivant reflet du divin Maître; mais quelle folie de rechercher dans des iconologies les véritables traits du Christ venu au monde à la fin de l'empire romain !

La seule histoire à peindre, c'est l'histoire contemporaine. Le fanatisme de la tradition pousse l'artiste à répéter invariablement de vieilles idées, de vieilles formes et lui fait oublier à la fois sa propre personnalité, le présent et l'avenir. Les statues de Pradier ne sont-elles pas de maigres pastiches de l'art grec? Les toiles de M. Ingres ne sont-elles pas la caricature de quelques maîtres italiens, imitateurs eux-mêmes de l'antiquité? Phidias et Raphaël étaient-ils des dieux? Et sommes-nous des ânes?

Notre siècle ne se relèvera pas de cette fièvre d'imitation qui l'a mis sur le flanc. « Phidias et Raphaël ont jeté leurs grappins sur nous. » Les cousins, les héritiers, ou plutôt « les esclaves de ces grands hommes » sont des pédagogues infimes. Que nous enseignent-ils? Rien. Jamais bon tableau ne sortira de l'*Ecole des Beaux-Arts*. Voyez la collection des *Prix de Rome*. Ils sont tous pareils et comme sortis d'un cliché.

Il n'y a donc de précieux que l'originalité, l'indépendance de l'artiste, et la leçon d'actualité que l'on peut tirer de ses ouvrages. A quoi lui servira de faire des tableaux à la manière de Raphaël, du Titien, de Véronèse ou de Rembrandt, si ce n'est à montrer sa prétentieuse impuissance?

Étudions la tradition pour profiter des découvertes de nos devanciers, et les surpasser.

« J'ai, dit Courbet, traversé la tradition comme un bon

nageur passerait une rivière : les académiciens s'y noient. »

Le *maître peintre*, assure-t-il, résume toutes les facultés des vieux maîtres ; son talent est également parfait dans la composition, le dessin et la couleur, sans compter qu'il « pense plus fort » que « *qui que ce fut.* » « C'est pourquoi, s'écrie-t-il, j'ai fini mes études ! Celui qui ne tient pas en équilibre toutes ses forces est affecté de quelque vice d'organisation, ou bien ses études ne sont pas achevées. Fût-il âgé de cent ans et réputé le premier maître de l'univers, il reste un étudiant !

« Véronèse, voilà un homme doué de toutes les qualités, un peintre sans faiblesse et sans exagération ; un peintre d'aplomb ; Rembrandt charme les intelligences et il étourdit les imbéciles ; le Titien, Léonard de Vinci, sont des filous. Si l'un de ces deux-là revenait au monde et passait par mon atelier, je prendrais un couteau ! Ribera, Zurbaran, Velasquez surtout, je les admire ; Ostade, Craesbecke me séduisent, et je vénère Holbein. Quant à M. Raphaël, il a fait sans doute quelques portraits intéressants, mais je ne lui trouve pas de pensée. Aussi nos prétendus idéalistes l'adorent. L'idéal ! Oh ! oh ! oh ! ah ! ah ! ah ! Quelle *balançoire* (1) ! Oh ! oh ! oh ! ah ! ah ! ah ! »

Des modernes, il n'en respecte aucun, parce qu'ils ont tous méconnu ou transgressé quelqu'une des grandes lois de l'art et proclamé des aphorismes insensés : David, par exemple, disant à ses élèves pour les pousser au mépris de la couleur : « Faites bien vos lignes et mettez dedans *ce que vous voudrez* (2), » était un réacteur qui mutilait la Peinture ; Gros, en sacrifiant ses impressions à David, faillit à sa vocation ; Géricault s'est écarté de la vérité pour chercher le fougueux et le colossal ; Delacroix serait un grand peintre si le relâchement, le dévergondage des formes n'arrivait chez lui jusqu'au

-----

(1) Farce, duperie.
(2) Il est impossible de citer le mot de David.

fantastique. Sauf Horace Vernet, qui a du moins le mérite de s'être attaché à la physionomie de son temps, les artistes vivants, linéistes exclusifs ou coloristes effrénés, ne comptent pas : les uns, espèces d'abstracteurs, suppriment la couleur sous prétexte d'idéalité et font des théories pour justifier l'indigence de leur talent; les autres, en soutenant que la peinture n'est pas autre chose que la *fête des yeux*, rivalisent avec les bouquetières et les modistes. La peinture est pour maître Courbet un art « volontaire, mathématique. » « Le peintre puissant, dit-il, doit être capable d'effacer et de refaire dix fois de suite sans hésitation son meilleur tableau pour prouver qu'il n'est l'esclave ni du hasard ni de ses nerfs. »

Cette affectation de raison, de logique et de volonté refroidit les facultés naturelles de notre ami. En ne donnant à aucune d'elles le libre essor, il les comprime toutes. Ce vers ressassé de Boileau lui semble inconnu :

> Souvent un beau désordre est en effet de l'art.

Le geste lui manque; ses scènes sont inertes. Que vaut l'exactitude sans l'expression? Les personnages de Rembrandt, les bonshommes d'Ostade sont très-animés. Delacroix et Daumier triomphent de nos jours par l'énergie de la pantomime. Horace Vernet, qui étrique tout, est encore plein de pétulance. Ingres est mort.

Toutefois, l'exécution de Courbet ne manque pas de solidité; ce siècle n'a pas vu deux praticiens de cette trempe; il va bravement d'un bout à l'autre de son œuvre : après avoir préparé sa toile, selon le caractère du tableau, tantôt en brun pour les *Lutteurs* (1), dont l'effet rappelle les plus noirs Ribera, tantôt en rouge pour ses *Demoiselles de village* (1), dont les gazons et le ciel ont beaucoup d'éclat, il dessine *grosso modo* les personnages au crayon blanc, les construit, les reconstruit

---

(1) Voir *Appendice VI*.

jusqu'à trois fois de pied en cap et fait grand usage du couteau à palette qui dépose la couleur sur la toile avec une brutale franchise, tandis que les poils du pinceau creusent de petits sillons où la lumière vient s'émousser comme dans le tissu du velours.

Il va par degrés de l'ombre la plus forte à la lumière la plus vive et appelle sa dernière touche « *ma dominante* ». Suivez, dit-il, cette comparaison : « Nous sommes enveloppés par le crépuscule du matin; les choses sont à peine perceptibles; le soleil se lève : leurs formes se dessinent; le soleil monte : elles s'illuminent et s'accusent en toute plénitude. Je fais dans mes tableaux ce que le soleil fait dans la nature. »

Sans m'arrêter à cette ambitieuse et inoffensive comparaison, je crois ici l'artiste dans le vrai. Un peintre qui barbouille tantôt les ombres, tantôt les lumières, se voit à la fin obligé de recourir aux moyens factices : un grain de noir d'ivoire, délayé dans l'huile et étendu sur la composition, lui donne une teinte générale qui paraît harmonieuse. Pur artifice. L'harmonie des tableaux de Courbet est la franche résultante des tons : « Relief des objets, profondeur de l'espace, justesse de l'effet, j'enlève, dit-il, tout cela à la force du poignet ! » Quelques-uns de ses tableaux ont l'aspect de chefs-d'œuvre assombris par le temps.

Il en empâte également les premiers plans, les horizons, les ombres, les lumières. Ce n'est que par la qualité du ton et par la précision du modèle qu'il produit, je le répète, les saillies et les fuites.

L'indépendant Courbet devient, par excès de conscience, l'esclave du modèle. Il a, comme on dit, le compas dans l'œil, et cette manie de la précision l'empêche de voir les hommes et les choses en grand. L'effroi que lui inspirent les désordres poétiques lui fait trouver monstrueuses les licences du génie.

S'il ne connaît pas un homme depuis fort longtemps, il répugne à le peindre; s'il n'a pas vécu des années dans une contrée, il craint d'y manquer ses paysages. C'est nier les émotions soudaines qui saisissent l'âme du voyageur à peine arrivé dans un pays lointain; mais il ne faut pas toujours prendre l'artiste au mot. N'oublions pas qu'il entend réagir contre ces peintres de l'à peu près qui font des portraits de souvenir et nous donnent à tout hasard mille points de vue de contrées où ils n'ont jamais mis les pieds. Les uns ont étudié l'Orient dans les rues de Paris, les autres sous les moulins à vent de Montmartre. MM. Aligny, Paul Flandrin, Desgoffes ont visité l'Italie et feuilleté beaucoup de gravures; mais, quand ils vont chercher l'Attique à Fontainebleau, ils n'y trouvent que la Béotie. M. Méry, pour citer un littérateur, va bien plus loin : il nous décrit l'Inde précisément parce qu'il ne l'a pas vue. La réaction naturaliste de Courbet a quelque raison d'être quand des faiseurs de pacotille se posent en inventeurs.

Ses paysages sont très-vrais, mais d'une vérité matérielle; ils ne rendent pas le côté vaste, mystérieux de la nature, et les sites qu'il choisit ordinairement n'intéressent pas. On dira que les plages de Van Goyen, les champs et les bois de Ruysdaël, les pâturages de Paul Potter sont surtout admirables, parce que leurs auteurs n'ayant jamais quitté la Hollande, la connaissaient à fond et l'ont rendue en toute vérité. D'accord; mais ce n'est pas seulement par l'exactitude physique que ces artistes triomphent, c'est encore par l'intensité du sentiment personnel.

Courbet est une nature trop *personnelle*, trop volontaire pour se condamner absolument à l'objectivité; mais il a des partis pris mesquins. L'action manque à ses figures, parce qu'il est lui-même inerte; elles n'ont pas d'élévation, parce que son esprit ne quitte pas le terre à terre. Le patriotisme du clocher, le provincialisme, sentiment vif et touchant, mais qui borne la vue, est empreint dans tous ses ouvrages. A ce provincialisme ajoutez le goût du burlesque et l'amour du scandale. Nous donnons toujours aux objets aimés quelque chose de nous-mêmes : ses figures de prédilection sont niaises. Il voit des mondes merveilleux dans la grosse *Baigneuse*, dans l'homme qui ramène un cochon de la foire, dans les chantres d'Ornans; mais il a des rires affligeants devant la sublime ordonnance de l'*École d'Athènes*, qu'il ne comprendra jamais, et en présence des figures majestueuses et terribles du *Jugement dernier* de Michel-Ange, le père des géants. Courbet flatte avec une rare tendresse les pires côtés de son talent, arrose comme des fleurs les vices de son esprit et engraisse son ignorance dans l'oubli du respect humain. Il se moque aussi des livres, l'innocent, et ne lit que les journaux qui parlent de lui. Ses goûts sont têtus, mais il manque de goût. Rien ne l'arrête dans sa voie; il donne tête baissée dans le laid et dans l'absurde, comme ce bœuf écorné dont parle saint Jérôme pour figurer l'acharnement de la lubricité. Et la *Baigneuse*, les *Lutteurs*, les chantres de l'*Enterrement* sont charmants en comparaison des types qu'il pourchasse à présent. J'ai vu chez lui une sorte de somnambule et une autre femme qu'il appelle *Madame Grégoire*, dont la hideur fait oublier les sorcières et les nains que les maîtres les plus brutaux ont parfois employés comme repoussoirs dans leurs créations.

Loin de moi l'idée de reprocher à Courbet quelques sujets populaires pris pour réagir contre ces fanatiques écolâtres qui, sous prétexte de sauver la noblesse de l'art, méprisent l'humanité vivante et adorent des mannequins grimés à l'antique. Ceux-là, nous le savons, affubleraient leur portier d'une draperie grecque. Il ne faut pas se jeter dans l'excès contraire, ériger la crapule actuelle en nouvelle aristocratie et peindre les décrotteurs à fresque.

Certes, les paysans et les prolétaires des villes, martyrs du travail, de l'ignorance et de la misère, ne me paraissent pas plus indignes des regards de l'artiste que ne le sont les rois et les héros; mais, en fuyant par système les sujets élevés pour se consacrer exclusivement aux scènes du ruisseau,

Courbet serait bientôt un réacteur absurde, plus absurde même que ne l'est tel académicien qui nous fait rire avec ses Alexandre le Grand, ses Épaminondas, ses Phocion, ses Philoctète, ses Régulus tout nus ou drapés dans des couvertures de coton : lisez toge, chlamyde, péplum.

Les paysans, je les aime, pourtant je les connais; j'ai vécu dix ans au milieu d'eux, dans les champs paternels; j'ai gardé les troupeaux avec les pâtres, porté la soupe aux faucheurs et dansé dans les cuves avec les vignerons; mais ces braves gens ne sont pas toujours beaux, aimables, héroïques.

J'irai plus loin : je préfère le tableau des *Casseurs de pierres*, un chef-d'œuvre en son genre, aux fades et prétentieuses images tirées de la Bible, de Dante, de Shakspeare et de l'histoire par un infinité de pédants.

Je partage l'antipathie de Courbet pour les falsificateurs maniérés de la tradition et son amour pour les études contemporaines. Je fais ici moi-même tant bien que mal mes preuves de *réalisme*, mais je suis loin de ses partis. Comme lui, je n'ai pas un instant perdu de vue le modèle vivant et je m'attache à le rendre en toute franchise, peut-être avec trop de détails. Le critique est condamné à de rigoureuses lois, qui n'ont en aucun temps lié le peintre. L'histoire, l'histoire de l'art, elle-même, doit en quelque façon ressembler à l'autopsie, au témoignage judiciaire, pour ne pas tomber dans les *anas* et les caprices; tandis que la peinture n'est pas seulement un portrait isolé ou collectif, mais encore un rêve de l'imagination. Le peintre agrandit la vie, sans en altérer la forme, l'essence premières; l'historien n'a pas le droit d'inventer un caractère, de créer un tempérament; mais, en méprisant les traditions infidèles, en choisissant avec méfiance et lucidité les points incontestables pris d'après nature par des écrivains antérieurs, et en s'armant de ses propres intuitions, il réveille et ramène sous nos yeux les générations endormies.

Il n'est donc pas indispensable sous peine de lèse-vérité de se parquer dans le présent et de regarder le monde par un trou de taupe, que l'on appelle le *réalisme* ou la réalité. Un homme d'esprit aimera mieux s'entretenir en esprit avec les supériorités éteintes que de passer sa vie dans un champ avec le laboureur, dans une échoppe avec le savetier, dans un poêle avec le fumiste, ou même dans un salon avec un noble, un prêtre ou un bourgeois qui disent des sottises.

Pourquoi fermer aux artistes vivants l'histoire qui a versé dans l'intelligence des grands maîtres les plus généreuses inspirations? Véronèse, Rembrandt, Velasquez, dont notre ami Courbet reconnaît la valeur et l'autorité, ne se sont pas bornés à peindre des scènes de leur temps; ils ont fouillé dans la Bible, les annales et les épopées. Jésus-Christ, César, Charlemagne, Napoléon, ne sont pas des portraits de famille bourgeoise d'une ressemblance à garantir, mais des figures imposantes que l'artiste évoquera de siècle en siècle et que les générations jugeront tour à tour selon leur génie et leurs passions.

Quel spectateur ira s'informer des modèles qui ont posé devant Michel-Ange, et rechercher dans le *Jugement dernier* l'exactitude matérielle, le *réalisme*? Pourtant Michel-Ange était un *réaliste* et un fameux *réaliste*, qui avait étudié quatorze ans l'anatomie, le scalpel à la main! Allons, pas de ruses, pas de logomachies! Ce n'est point la critique qui impose à Courbet le titre de RÉALISTE, c'est lui-même qui l'inscrit sur son drapeau pour avoir un drapeau à lui seul et qui vient rallumer une querelle esthétique depuis longtemps éteinte. Les caravagesques et les raphaélesques, les disciples de Rubens et du Poussin, se disaient aussi *réalistes* et *idéalistes*. De nos jours, les classiques et les romantiques ont tiré trente ans leurs arguments opposés de la *réalité* et de l'*invention*. Est-il possible, pour faire de l'art vivant, de l'art nouveau, de l'art libre, de revenir à ces vieilleries? Dites : « Je suis le plus grand peintre de tous les temps, » et prouvez-le !

La profession de foi de Courbet, rédigée par une main amie, ne tient pas : si le mot RÉALISME avait un sens (et

Courbet reconnaît lui-même qu'il n'en a pas), il voudrait dire *négation de l'imagination* : alors l'homme, dépouillé de la plus haute de ses facultés, devient un être inférieur; ou bien : *Prééminence de la vérité palpable sur la fiction poétique.* Dans ce second cas, l'artiste, réduit à l'état de scribe sans idée, n'a plus qu'à dresser le procès-verbal de tout ce qu'il voit et de tout ce qu'il touche.

L'Imagination, maître peintre d'Ornans, est le principe des chefs-d'œuvre qui ont illuminé le monde. Elle traverse la vérité brutale pour saisir les derniers secrets de la création, fouille les replis du cœur humain, allume les passions qui se trahissent au dehors par la noblesse, la force, la majesté, la tendresse, la douceur ou la folie du geste, ce télégraphe rapide qui traduit avec tant d'énergie nos sentiments et nos pensées. C'est elle qui donne l'audace à l'écrivain, l'enthousiasme à l'artiste, et la grandeur d'âme aux héros. Sans imagination, tout est, dans cette vie, étroit, plat et morne; il faut mourir ! Si quelquefois elle produit en nous des ravages et des malheurs extraordinaires, ces malheurs, ces ravages ont toujours quelque chose de grand et de sacré. L'amour exclusif de l'exactitude est le fond du caractère des paysans et des bourgeois boursicotiers, *réalistes* dans la force du mot, qui comptent juste, ne regardent pas les nuages et ramassent dans la boue les sols tombés de la poche percée des rêveurs.

APPENDICES

I

EUGÈNE DELACROIX

Très peu de documents, en dehors des lettres qui suivent, nous sont parvenus sur les relations de Delacroix et de Théophile Silvestre. Chose singulière, son Journal, *du moins les parties de son* Journal *qui ont vu le jour — n'en gardent aucune trace, alors qu'il nous entretient si souvent de personnalités infiniment moins intéressantes que celle-là. N'est-il pas remarquable qu'il ne prononce pas non plus une seule fois le nom de Thoré (alias Bürger), celui de tous les critiques ses contemporains qui l'a pourtant le mieux compris, après Silvestre et Baudelaire? N'est-il pas frappant qu'il ait si peu parlé de ce dernier dont, il est vrai, —peut-être à cause de la grande différence d'âge — le génie et les tendances lui échappaient plus ou moins, mais qui pourtant était le seul à son époque qui fût tout à fait digne, avec Stendhal, de l'aborder d'égal à égal? Sans doute, malgré l'admiration passionnée que ces « critiques » professaient à son égard, Delacroix était-il surpris qu'ils découvrissent en son œuvre tant de choses qui y sont, certes, mais qui se déformaient profondément en traversant le double écran de leur sensibilité et de leur langage, grâce précisément à la qualité de ce langage et de cette sensibilité? Le fait est trop fréquent — sinon constant — pour nous surprendre. En tout cas, son silence presque complet à leur égard semble justifier en partie l'assertion de son élève Lassalle-Bordes, qui a écrit (voir* Lettres de Delacroix, Charpentier, éd., 1880, t. II, p. 24). qu'il donnait « le mot d'attaque à plusieurs critiques d'art dont il se servait, mais qu'il méprisait ». *Le mot est un peu gros sans doute — car un homme comme Delacroix ne pouvait « mépriser » un homme comme Baudelaire — mais il n'est pas à rejeter sans examen.*

Voici les quatre lettres de Delacroix à Th. Silvestre qui nous sont parvenues. Les premières suivent l'apparition des articles consacrés à Delacroix dans le présent volume, et la première édition de ce volume lui-même. La quatrième est d'un intérêt capital pour l'histoire de la formation du génie de Delacroix.

Ce 1er novembre 1853.

Cher Monsieur,

Je vous remercie de ce que vous dites fort bien sur les préjugés à l'égard du dessin et de la couleur. Je vous renouvelle donc mes remerciements bien sincères de ce que vous me dites de très obligeant. Je n'en ai jamais autant demandé à personne, pas même à vous, mais j'y suis bien sensible quand je le rencontre.

Votre très dévoué

EUG. DELACROIX.

Champrosay, ce 14 août 1854.

Mon cher Monsieur,

J'ai grandement à vous remercier d'une appréciation si favorable : c'est de l'apothéose de mon vivant. Malgré mon respect pour la postérité, je ne puis m'empêcher d'être fort reconnaissant à un aussi aimable contemporain que vous. Veuillez à votre tour ne point considérer comme une flatterie banale les compliments que je vous adresse ici sur la valeur que vous y montrez ; c'est un art de dire ce que vous voulez et d'exprimer les nuances, qui est fort rare dans ce temps-ci, quoique ce soit là une de ses grandes prétentions.

Recevez, etc...

E. DELACROIX.

Ce 3 décembre 1855.

Comment ne serais-je pas content, mon cher Monsieur? Vous me traitez comme je voudrais que cette postérité, pour qui vous savez que je professe beaucoup de respect, me traitât. J'ai reçu votre envoi avant-hier soir et ne l'ai lu qu'hier, c'est-à-dire ce qui me concerne. Vous auriez donc eu une lettre aujourd'hui seulement. J'avais l'intention de l'envoyer chez votre libraire.

Les remaniements que vous avez faits sont très heureux ;

vous avez gagné en unité. Cela avait, au reste, déjà toute
la verve que j'y trouve encore. Je vous remercie donc autant
que je le puis, et même avec confusion.

Je n'ai pas encore lu la biographie d'Ingres, c'est-à-dire
relue, car j'en suis encore à votre dernier envoi, dont je ne vous
ai rien dit cet automne parce que je suis parti très brusquement.
Déjà sur ce que vous m'en aviez dit à la volée, je vous avais
exprimé mon sentiment. Je vous avais supplié d'ôter les personnalités qui sont déjà une dérogation aux usages d'autrefois,
en parlant des vivants, même quand on en dit du bien. Avec cette
franchise que vous aimez et dont j'use quelquefois pour mon
compte, je vous disais que je regretterais que vous n'eussiez
pas fait des changements dans ce sens, pour vous, pour moi et
pour tout le monde.

Je vous réitère mes remerciements les plus reconnaissants;
prenez-les, comme mes critiques, comme l'expression sincère
de mes sentiments.

E. DELACROIX.

Paris, ce 31 décembre 1858.

Mon cher Monsieur, je reçois votre lettre de Londres et je la
trouve trop pressante, et pour la matière que j'ai à traiter et
pour l'état où je suis depuis trois jours par exception, car je me
portais à merveille depuis six mois; j'ai pris un malaise qui me
met à plat. Encore si vous m'aviez demandé ce renseignement
pour une époque un peu plus reculée, j'aurais pu choisir mes
moments. Au reste, ce que vous me demandez, c'est ce que j'ai
le plus de plaisir de faire. L'époque de ma vie où j'ai vu l'Angleterre et le souvenir de quelques amis d'alors sont très doux
pour moi.

Presque tous ont disparu. Parmi les artistes anglais qui m'ont
fait l'honneur de m'accueillir — tous avec la plus grande bonté,
car j'étais alors à peu près inconnu — je crois qu'il n'en reste
plus un seul. Wilkie, Lawrence, les Fielding, grands artistes, un
surtout, *Copley*, dans le paysage et l'aquarelle, Ettie, mort je
crois, récemment, m'ont montré la plus grande complaisance.
Je ne parle pas de Bonington, mort aussi dans sa fleur, qui était
mon camarade, et avec lequel — ainsi que Poterlet, autre mort
prématurée, en qui la peinture a perdu beaucoup (celui-ci était
Français) — je passais ma vie à Londres au milieu des enchan-
tements que donnent dans ce pays-là, à un jeune homme ardent,

la réunion de mille chefs-d'œuvre et le spectacle d'une civilisation extraordinaire. Je ne me soucie plus de revoir Londres; je n'y retrouverais aucun de ces souvenirs-là, et surtout je ne m'y retrouverais plus le même pour jouir de ce qui s'y voit à présent. L'école même est changée. Peut-être m'y verrais-je forcé de rompre des lances pour Reynolds, pour ce ravissant Gainsborough que vous avez bien raison d'aimer. Non pas que je sois l'adversaire de ce qui se fait maintenant dans la peinture en Angleterre. J'ai été frappé même de cette prodigieuse conscience que ce peuple peut apporter, même dans les choses d'imagination : il semble même qu'en revenant à rendre excessifs des détails, ils sont plus dans leur génie que quand ils imitaient les peintres italiens surtout et les coloristes flamands. Mais que fait l'écorce ? Ils sont toujours Anglais sous cette transformation apparente. Ainsi, au lieu de faire des pastiches purs et simples des primitifs Italiens, comme la mode en est venue chez nous, ils mêlent à l'imitation de la manière de ces vieilles écoles un sentiment infiniment personnel; ils y donnent l'intérêt provenant de la passion de peindre, intérêt qui manque en général à nos froides imitations des recettes et du style des écoles qui ont fait leur temps.

Je vous écris sans m'arrêter et je vous lance tout ce qui me vient. Mes impressions de ce temps-là seraient peut-être un peu modifiées aujourd'hui. Peut-être trouverais-je dans Lawrence une exagération de moyens d'effet qui sentent un peu trop l'école de Reynolds; mais sa prodigieuse finesse de dessin, la vie qu'il donne à ses femmes qui ont l'air de vous parler lui donnent comme peintre de portraits une sorte de supériorité sur Van Dyck lui-même, dont les admirables figures posent tranquillement. L'éclat des yeux, les bouches entr'ouvertes sont rendus admirablement par Lawrence. — Il m'a accueilli avec beaucoup de grâce; c'était un homme gracieux par excellence, excepté pourtant quand on critiquait ses tableaux. Deux ou trois ans après mon voyage en Angleterre, j'y envoyai plusieurs tableaux, entre autres *La Grèce sur les ruines de Missolonghi* et le *Marino Faliero*. Ce dernier tableau attira beaucoup son attention. On m'a assuré qu'il avait manifesté l'intention de l'acquérir. Il mourut à peu près dans ce temps. J'ai eu de lui une lettre en huit pages à propos d'un petit article (1) que j'avais fait dans la *Revue de Paris* sur son portrait du pape. J'eus

---

(1) Voir Eug. Delacroix : *Œuvres littéraires* (Crès et Cⁱᵉ, éd., t. II).

l'imprudence de la montrer, avant de l'avoir bien lue moi-même, à un fougueux amateur d'autographes à qui je n'ai jamais pu la reprendre.

Wilkie fut également pour moi aussi aimable que le comportait son caractère réservé. Un de mes souvenirs les plus frappants est celui de son esquisse de *John Knox prêchant*. Il en a fait depuis un tableau qu'on m'a affirmé être inférieur à cette esquisse. Je m'étais permis de lui dire en la voyant, avec une impétuosité toute française, « qu'Apollon lui-même prenant le pinceau ne pouvait que la gâter en la finissant ». Je le revis depuis, quelques années après, à Paris. Il vint me voir et me montrer quelques dessins rapportés d'un grand voyage d'Espagne d'où il revenait. Il me parut entièrement bouleversé par les peintures qu'il y avait vues. J'ai admiré qu'un homme d'un génie aussi réel, et parvenu presque à la vieillesse, pût être influencé à ce point par des ouvrages fort différents des siens. Au reste il mourut peu après dans un état mental, m'a-t-on assuré, fort ébranlé.

Constable, homme admirable, est une des gloires anglaises. Je vous en ai parlé et de l'impression qu'il m'avait produite au moment où je peignais le *Massacre de Scio*. Lui et Turner sont de véritables réformateurs. Ils sont sortis de l'ornière des paysagistes anciens. Notre école, qui abonde maintenant en hommes de talent dans ce genre, a grandement profité de leur exemple. Géricault était revenu tout étourdi de l'un des grands paysages qu'il nous a envoyés.

Je ne me suis pas trouvé en Angleterre en même temps que Charlet et Géricault; je n'ai pas besoin de vous dire ce qu'on doit penser de ces deux hommes. Vous connaissez ma grande admiration pour l'un et pour l'autre. Charlet (1) est l'un des plus grands hommes de notre pays; mais on ne dressera jamais chez nous une statue à un homme qui n'a fait autre chose que de jouer avec un petit bout de crayon pour faire de petites figures. Le Poussin a attendu deux cent cinquante ans cette fameuse souscription à sa statue, laquelle, je crois, n'existe pas encore, grâce à l'insuffisance de fonds. S'il eût brûlé seulement deux villages, il n'eût pas attendu aussi longtemps.

Je fais des vœux pour que vous ameniez ici les beaux ouvrages dont vous me parlez. Notre école a grand besoin de se voir infuser un peu de sang nouveau. Notre école est vieille et il

---

(1) EUG. DELACROIX : *loc. cit.*

semble que l'école anglaise soit jeune. Ils semblent chercher le naturel et nous ne sommes occupés qu'à imiter des tableaux. Ne me faites pas lapider en me prêtant au dehors ces sentiments qui sont, hélas ! les miens...

Le petit tableau que je vous ai fait attendre si longtemps, à mon grand regret, est achevé depuis quelque peu, et je le remettrai aux mains d'une personne accréditée suffisamment, si vous ne préférez attendre votre retour. Vous avez bien fait de me mettre sur un chapitre que j'aime. Voilà quatre pages d'un malade que ces souvenirs ont un peu reposé. Je serais très heureux que tout cela puisse vous être utile. Vous connaissez ma reconnaissance et le plaisir que j'ai à vous être agréable.

Votre tout dévoué.

EUG. DELACROIX.

*
* *

« M. Delacroix, a dit Gœthe (1), est un grand talent qui a, dans Faust, précisément trouvé son vrai aliment. Les Français lui reprochent trop de rudesse sauvage, mais ici elle est parfaitement à sa place. On espère qu'il reproduira *Faust* tout entier, et j'attends surtout avec joie la cuisine des sorcières et les scènes du Borchen. On voit que son observation a sondé profondément la vie, et pour cela une ville comme Paris lui offrait les meilleures occasions. »

Je dis alors que de tels dessins contribuaient énormément à une intelligence plus complète du poème. « C'est certain, dit Gœthe, car l'imagination plus parfaite d'un tel artiste nous force à nous représenter les situations comme il se les est représentées à lui-même. Et s'il me faut avouer que M. Delacroix a surpassé les tableaux que je m'étais faits de scènes écrites par moi-même, à plus forte raison les lecteurs trouveront-ils toutes les compositions pleines de vie et allant bien au delà des images qu'ils se sont créés. »

Et ailleurs :

« Il est bien curieux que l'esprit d'un artiste ait trouvé dans cette œuvre tant de plaisir, et se soit si bien assimilé tout ce qu'elle renfermait de sombre dans sa conception première qu'il a pu tracer les principales scènes avec un crayon aussi tourmenté que la destinée du héros. M. Delacroix est un peintre d'un incontestable talent mais il est accueilli comme le sont souvent

---

(1) Voir t. I, p 29

les jeunes gens par nous autres vieillards ; les connaisseurs et les amis de l'art ne savent pas trop, à Paris, ce qu'il faut dire de lui, car il est impossible de ne pas lui reconnaître des qualités, et cependant on ne peut louer sa manière désordonnée. Faust est une œuvre qui va du ciel à la terre, du possible à l'impossible, de la grossièreté à la délicatesse, toutes les antithèses que le jeu d'une audacieuse imagination peut créer y sont réunies ; aussi M. Delacroix s'est senti là comme chez lui et dans sa famille. Ses dessins éteignent l'éclat de tout ce qui les entoure ; ces pages si nettes du texte disparaissent, et l'esprit, ramené dans un monde ténébreux, ressent de nouveau toutes les anciennes émotions que nous donnait l'histoire fantastique de Faust. Je ne veux pas en dire davantage, mais je désire que ce remarquable travail produise sur tous ceux qui l'examineront le même effet que sur nous et leur donne autant de plaisir. » (*Conversations de Gœthe avec Eckermann*, vol. I. p. 249, et vol. II, p. 387. Ed. Charpentier, 1863.)

*_**

T. I, p. 33. — *Les relations intellectuelles et mondaines de Stendhal et de Delacroix, sans avoir été très suivies, ni très chaleureuses, sont loin d'avoir été banales. En tout cas, chez deux hommes de cette qualité, les échos en demeurent passionnants. Delacroix paraît avoir eu pour Stendhal plus de sympathie et d'admiration que Stendhal n'en montre pour lui, si l'on en croit les témoignages écrits qui nous restent de l'un et de l'autre.*

En effet, Delacroix est revenu, à diverses reprises, dans son Journal *et ses autres écrits, sur l'opinion qu'il avait de Beyle.* « C'est un morceau de génie, l'un des plus poétiques et des plus frappants que j'aie lus », *disait-il de la page consacrée par lui au* Jugement dernier *de Michel-Ange, dans* l'Histoire de la peinture en Italie (*voir* Delacroix, *Œuvres littéraires*, (Crès et Cie, éd., vol. II, p. 222, et, dans le même ouvrage, Vol. II, p. 234, *où il dit regarder Stendhal* « comme l'écrivain qui a peut-être le plus de cachet avec le meilleur français qu'il soit possible de parler... »). *Dans son* Journal (vol. I, pp. 55, 411, vol. II, pp. 178, 276, 365, vol. III, pp. 101, 414), *il le cite à plusieurs reprises avec sympathie, sauf la première fois — il n'avait alors que vingt-six ans, où il écrit* (vol. I, p. 55) : « ... ce Stendhal est un insolent, qui a raison avec trop de hauteur et qui parfois déraisonne », *jugement acceptable après tout.*

Plusieurs fois, dans ce même Journal (loc. cit.), *il revient sur une phrase, admirable d'ailleurs, que lui* « écrivait Beyle » : « Ne

négligez rien de ce qui peut vous faire grand », *ce qui semble prou-*
ver que celui-ci le considérait tout au moins comme digne de le com-
prendre. Je sais bien qu'il a écrit sur Delacroix (Mélanges d'art
et de littérature, p. 179), *certaines choses aigres-douces, à sa ma-*
nière, notamment qu'il a « beau faire », *qu'il ne peut l'admirer,*
qu'il voit en lui « un élève du Tintoret » *dont* « les figures ont du
mouvement », *qu'il a* « toujours cette immense supériorité sur
tous les auteurs de grands tableaux qui tapissent les grands
salons, qu'au moins le public s'est beaucoup occupé de son
ouvrage ». *Mais n'a-t-il pas écrit ailleurs* (cité par Th. Silvestre,
p. 408 du Catalogue de la Galerie Bruyas) : « En général, tous
ces peintres m'ont l'air d'ouvriers habiles, mais dépourvus
d'esprit et encore plus d'âme ; ils ne voient la dignité que dans
l'affectation. J'excepte, bien entendu, Eugène Delacroix, duquel
ces animaux de l'Institut ont refusé trois tableaux par envie, les
chiens. » *Et d'autre part, ne lit-on pas, dans les* Mémoires d'un
touriste, *ces deux phrases significatives :* « la France a produit
Lesueur et Prudhon, et parmi nous Eugène Delacroix ; l'on n'y
est donc pas totalement privé de quelque lueur de goût naturel
pour cet art (la peinture). *Et :* « j'oubliais les batailles d'Eugène
Delacroix qui eussent émerveillé Giotto. »

En tout cas, les plus intelligents entre les critiques contempo-
rains de Delacroix et de Stendhal — j'ai nommé Th. Silvestre et
Baudelaire — ont été frappés des analogies que présentaient ces
deux magnifiques esprits. Il est intéressant, à ce point de vue, de
rapprocher le texte de Th. Silvestre qui sert de prétexte à cette note,
de celui de Baudelaire dans son Essai intitulé : L'Œuvre et la vie
d'Eugène Delacroix (pp. 21 et 22 des *Variétés critiques,* éd.
Crès et Cie, de cette même *Bibliothèque Dionysienne*).

**

Commentaire du Catalogue Bruyas (page 206, Michel-Ange
dans son atelier, 1853,) *par Th. Silvestre* (1) :

Ce tableau dont personne encore n'a signalé de variante est,
croyons-nous, unique dans l'Œuvre du Maître. Encore se
trouve-t-il oublié dans le catalogue déjà cité de M. Ad. Moreau,
mentionnant seulement la lithographie, p. 122, n° 39, en ces
termes :

« Il (Michel-Ange) est assis sur un escabeau dans son atelier
au milieu des statues ébauchées, la tête enveloppée d'une

---

(1) Voir T. I, p. 23.

écharpe, un manteau jeté sur ses épaules, le ciseau à ses pieds. »

Sous les traits plus ou moins ressemblants de Michel-Ange, Eugène Delacroix a voulu peindre ses propres sentiments, ses propres pensées et quelques indices à peine, mais très reconnaissables, de son propre maintien noble, expressif, et supérieurement aisé, en tout état d'humeur. Delacroix, étant seul ou en compagnie, savait mieux que personne se tenir n'importe où sans pédanterie, sans contrainte et sans laisser-aller, même sur un petit banc de promenade ou de jardin. Voyez-le, en Michel-Ange, méditant sur cet escabeau.

Les jambes de Michel-Ange sont bien celles de Delacroix : jambes fluettes, jambes de Valois, qui l'ennuyaient ainsi que son petit nez court, comme Michel-Ange fut ennuyé lui-même de sa petite taille et de son nez, cassé par l'affreux coup de poing de Torreggiano.

A ce Michel-Ange au repos, reconnaissez aussi Delacroix fatigué, abattu et chagrin. Chez tout autre peintre de nos jours, cette main, posée sur la cuisse gauche, sentirait l'embarras, le sans-gêne ou le débraillé. Ce cache-nez, ce fameux cache-nez du frileux Delacroix, Delacroix l'a mis au cou de Michel-Ange comme à son propre cou ; autre moyen de s'identifier avec lui, et d'une touchante intimité. Sous les selles tournantes de l'atelier de Michel-Ange, il y a des livres, comme il y en avait toujours au pied des chevalets de Delacroix, grand liseur, surtout en ses moments tristes, quand l'ambition d'exceller et le *connais-toi toi-même* le tourmentaient le plus et faisaient à son effervescence naturelle, si féconde, des périodes sèches. C'est alors qu'il invoquait les vieux maîtres et qu'il méditait, pour se consoler, sur la haute raison de Michel-Ange et sur les temps d'arrêt forcé de son génie (1); c'est alors qu'il arrosait son imagination de lectures pour en faire surgir les idées latentes, comme on arrose le sol pour découvrir le point précis où les trésors sont enfouis.

Ces lectures, qu'il appelait aussi des *sursum corda* et des viatiques, le sauvaient très vite de cette mélancolie stérile et narcotique qui s'appelle à la fois la langueur, la paresse et l'ennui. Les grands écrivains emportaient son âme sur ces hauteurs où passent les grands souffles.

Aussi grandissait-il d'ouvrage en ouvrage, alternativement enthousiasmé par les grands peintres et par les grands poètes, souvent plus admirable qu'eux par ses admirations.

____

(1) Voir dans les *Œuvres littéraires de* DELACROIX son essai sur *Michel-Ange* (t. II, p. 19).

Michel-Ange dans son atelier est l'identification méditatrice et ardente d'Eugène Delacroix avec le grand Florentin. Aussi ce tableau ne sent-il ni la recherche ni le labeur; il coule de source. C'est la confession indirecte mais sincère de Delacroix, sous le nom et le masque de Michel-Ange, d'ailleurs peu ressemblant. Se sentant encore méconnu, parfois molesté, même à l'apogée de sa réputation, Delacroix mire sa tristesse présente dans la tristesse passée d'un génie légendaire. Michel-Ange, découragé, a laissé tomber son ciseau : absorbé dans ses réflexions, il tourne le dos à son *Moïse*, faiblement indiqué de souvenir par Delacroix, et à sa *Vierge*, ébauchée d'après un bronze du cabinet de M. Thiers; indication et ébauche dont Michel-Ange ne serait pas content.

Voici, au reste, pourquoi Delacroix nous cache et nous montre à la fois si bien son découragement à lui dans la tristesse de son *Michel-Ange* :

Affligé, lassé d'entendre dire que son dessin était *incorrect*, sa couleur *chatoyante* et son travail *fougueux*, pour toutes qualités, Delacroix protestait à ce sujet avec une extrême véhémence, et cherchait à prouver de mille façons que tout ce qu'il faisait était fait avec tout le sang-froid et toute la préméditation possibles. Les accusations d'incorrections et de fougue persistant, Delacroix en devenait souvent fort sombre, lui qui riait et savait si bien rire des hommes et des choses. Le mot *fougue*, qui pourtant lui revient de droit naturel, l'horripilait; il ne voulait aucunement que l'on prît ses plus belles inflammations pour des ardeurs inconscientes; il ne souffrait pas que l'on supposât animal ce feu sacré qui le dévorait.

Après ces irritations, il tombait dans de noires pensées, se rappelait les génies méconnus, désolés par leur temps : Le Tasse, Michel-Ange et tant d'autres, Michel-Ange entre tous.

Alors il déclamait contre la sottise privée et la sottise publique les vers les plus secs et les plus violents des plus âcres poètes, particulièrement de Voltaire, l'éternel insulteur du public, dont il fut et sera toujours l'idole féroce :

> *Laisse là le vil peuple et ses indignes cris !*

disait-il d'un ton et d'un geste superlativement altiers, qui contrastaient beaucoup avec ses petites cautèles mondaines.

Ce n'étaient là que les lancinations de son génie blessé.

Après avoir foudroyé de l'œil et de la lèvre ce qu'il appelait les *mirmydons*, Delacroix ajoutait, fort calme et se croisant les bras, ce vers de Piron :

> *Que peut contre le roc une vague animée?*

S'il n'aimait pas que l'on parlât de son incorrection et de sa fougue, il n'aimait pas non plus qu'on louât sa facilité :

« Mon cher Monsieur, dit-il un jour à quelqu'un, on s'avisa (toute distance respectueuse gardée) de faire ce même compliment à Michel-Ange. Savez-vous ce que ce grand homme répondit ?

— *Je travaille avec le marteau de Vulcain ;* c'est-à-dire que je forge mes ouvrages à grand'peine.

— *Nul bien sans peine*, disait aussi Puget.

— *J'ai horreur de la nature*, répliquait une autre fois Michel-Ange à un quidam qui le louait seulement comme un grand anatomiste. Il faut bien réagir quelquefois à outrance contre de pareils jugements. »

« On peut bien croire, dit Georges Sand, que l'inintelligence du siècle a fait mortellement souffrir Delacroix, cette âme enthousiaste des grandes choses. Heureusement, la charmante gaîté de son esprit l'a préservé de la souffrance qui aigrit...

...Souffrant, malingre, brisé en apparence, il a poursuivi sa carrière, riant des sots dédains, ne rendant jamais le mal pour le mal, malgré les forces charmantes d'esprit et de savoir-vivre qui l'eussent rendu redoutable dans ces luttes sourdes et terribles de l'amour-propre ; se respectant lui-même dans les moindres choses, ne boudant jamais le public, exposant chaque année, au milieu d'un feu croisé d'invectives qui eût étourdi ou écœuré tout autre ; ne se reposant jamais, sacrifiant ses plaisirs les plus purs, car il aime et comprend admirablement les autres arts, à la loi impérieuse d'un travail longtemps infructueux pour son bien-être et son succès : vivant en un mot au jour le jour, sans envier le faste ridicule dont s'entourent les artistes parvenus, lui dont la délicatesse d'organes et de goûts se fut si bien accommodée pourtant d'un peu de luxe et de repos (1) !...

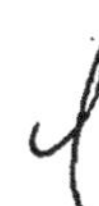

Voici un trait plus heureux de l'illustre écrivain, dans une lettre écrite à nous-même :

« Cette aimable causerie et cet enjouement de Delacroix, qui sont dus à l'obligeance du cœur dans l'intimité, cachent un fond de mélancolie philosophique, inévitable résultat de l'ardeur du génie aux prises avec la netteté du jugement ».

Vous la reconnaissez ici, cette « mélancolie philosophique » de Delacroix, peint par lui-même en Michel-Ange.

Cette allusion ou cette confession unique par le pinceau, Dela-

____

(1) GEORGE SAND : *Histoire de ma vie.*

croix l'a souvent faite par la plume, malgré ses propres paradoxes sur *l'impuissance de l'art d'écrire.*

Après tout, Delacroix aimait mieux ressembler à Michel-Ange qu'à M. Émile de Girardin ; et c'est précisément par la plume, outil toujours rebelle et souvent impossible pour lui, quoi qu'on dise, que Delacroix s'attache à nous le prouver, ici-même :

« Tout le monde, écrit-il *(pro domo sua)*, peut voir au Musée de Paris dans les deux seules figures que nous possédions de ce grand homme (Michel-Ange) un effet de cette fougue extraordinaire qui le portait à laisser toujours dans ses marbres quelque chose d'*incomplet*... Dans l'une, le pied est engagé dans le socle ; et le support de la figure, qui devait représenter un animal, est à peine indiqué. Dans l'autre, il est évident que la pose très tourmentée du corps vient de ce qu'il dut prévoir dès le commencement que la matière manquerait d'un côté. Effectivement, toute la partie supérieure de droite laisse voir l'écorce du marbre à laquelle il arrivait à chaque instant. Aussi laissa-t-il la tête *à peine ébauchée ;* mais il y a dans ces traits couverts encore d'un voile une âme, une grandeur qui ravissent.

Une manière si différente de celle que suivent les sculpteurs *raisonnables* le menait encore et *inévitablement* à un autre *défaut* dont les artistes moins pressés se garantissent aisément. *Les incorrections sont si nombreuses qu'elles sautent aux yeux des plus ignorants.* Mais qu'y faire ? Ces artistes, *si sobres de défauts,* portent la même économie dans *l'invention des beautés* qui nous charment chez *des esprits plus hasardeux.*

C'est une grande question, qui a été beaucoup agitée et qui le sera tant qu'il y aura des esprits calmes et des esprits faciles à exalter, la question de savoir *si les défauts déparent une œuvre de génie,* ou si la *correction* donne à une médiocre conception un degré de mérite suffisant (1)... »

Voilà déjà quelques traits pudiques, mais fort transparents, d'Eugène Delacroix s'identifiant avec Michel-Ange ; traits encore plus voulus que précis. Nous les avons soulignés en pensant à ce mot de Gœthe : « nos désirs donnent la mesure de nos facultés. » Pour lier plus étroitement sa propre fierté et ses propres chagrins aux chagrins et à la fierté de Michel-Ange, Eugène Delacroix prend pour épigraphe ou plutôt pour miroir ce passage du grand sculpteur et du grand poète :

« *J'ai du moins cette joie, au milieu de mes chagrins, que personne ne lit sur mon visage ni mes ennuis ni mes désirs. Je ne*

---

(1) Voir Eug. Delacroix : *loc. cit.,* t. II, p. 19 : Michel-Ange.

crains pas plus l'envie que je ne prise les vaines louanges de la foule ignorante... et je marche seul dans les routes non frayées. »

D'allusion en allusion personnelle, Delacroix essaie de parachever par la plume, « impuissante » à son dire, mais plus explicite pourtant que le pinceau, excepté chez lui, le portrait moral du grand homme dont il se fait dans ce tableau l'immortel Sosie :

« L'activité de l'esprit de Michel-Ange, ajoute Delacroix (1), le forçait à travailler sans cesse ; mais, à tout moment, le découragement s'emparait de lui, et les idées de dévotion, se joignant à cette disposition de son esprit, lui faisaient regarder comme vains et regrettables tous les moments qu'il ne consacrait pas au ciel. Je ne citerai qu'un seul de ses sonnets qui peignent avec une magnifique simplicité cette situation de son âme : c'est le plus connu ; mais il y en a d'autres aussi touchants qu'il faut renoncer à traduire, tant ils ont de mérite par le style et la délicatesse des idées :

Porté sur une barque fragile au milieu d'une mer orageuse, je termine le cours de ma vie ; je touche au port où chacun vient rendre compte du bien et du mal qu'il a fait. Ah! je reconnais bien que cet art, qui était l'idole et le tyran de mon imagination, la plongeait dans l'erreur : tout est erreur, ici-bas.

Pensers amoureux, imaginations saines et douces, que deviendrez-vous, maintenant que je m'approche de deux morts, l'une qui est certaine, l'autre qui me menace? Non, la sculpture, la peinture ne peuvent suffire à calmer une âme qui s'est tournée vers toi, ô mon Dieu! et que le feu de ton amour embrase! »

Que les esprits dégagés de préjugés vulgaires se moquent s'ils le veulent de ce sublime génie, doutant aux portes du tombeau s'il a bien employé sa vie, et effrayé devant le jugement de Dieu. Je me figure le grand Michel-Ange durant ces instants où, l'imagination obsédée par les créations de Dante ou par la lecture des livres saints, sa main dessinait, à la clarté de la lampe, quelques-unes de ces figures gigantesques dont l'impression ne s'efface jamais, quand on les a une fois senties. Durant ses grands travaux, il dormait peu, toujours vêtu pour être prêt à chaque instant à obéir à l'inspiration. Je me le figure, à une heure avancée de la nuit, pris de peur lui-même au spectacle de ses créations ; jouissant le premier de la terreur secrète qu'il voulait éveiller dans les âmes, aux images terribles de destruction et de vengeance de la Religion. J'aime encore à l'imaginer dans ces moments où, fatigué de n'avoir pu arriver par la peinture à la sublimité de

---

(1) Voir EUG. DELACROIX : *loc. cit.*

ses idées, il essayait, dans l'inquiétude de son esprit, d'appeler à son secours la poésie. C'était alors l'expression d'une mélancolie profonde, ou bien ses agitations, son effroi en pensant à la vie future; les regrets du bel âge, la crainte de l'obscur et affreux avenir. »

Ici, et malgré ces belles paroles, il n'y a plus entre Michel-Ange et Delacroix la moindre ressemblance. Michel-Ange l'écrase de toute la hauteur de sa raison et de sa foi. Bien que l'imagination d'Eugène Delacroix ait *escaladé les hauteurs de la Religion*, comme dit Baudelaire; bien que, par cette imagination même, jointe à son naturel si pathétique et à son idéal si respectueux, Delacroix ait fait d'admirables et touchants tableaux religieux, il vécut et mourut à peu près en sceptique, dans le culte de l'art pour l'art. Seul, l'*oestnans jecur* le sauvait du voltairianisme.

Mais si la foi religieuse ne l'avait guère exalté, il ne pouvait en dire autant de son imagination. Déjà mis à l'index en 1827 pour son *Sardanapale*, et comparant cette première période de ses dégoûts au premier découragement de Michel-Ange, forcé de suspendre quelques années ses travaux, Delacroix écrivait :

« L'imagination, quand pour comble de malheur ce don fatal accompagne le reste, consomme sa ruine, achève de flétrir, de briser en tous sens l'âme infortunée. L'amour de la gloire, passion menteuse, feu follet ridicule qui conduit toujours droit au gouffre de tristesse et de vanité! (Plus tard, il appelait la gloire : cette ambroisie des âmes.) Je ne parle pas de l'amour, qui a les peines les plus cuisantes, mais qui a vraiment quelques instants rafraîchissants. Malheureusement le souvenir ne fait que nous poignarder. Si j'ai des enfants, je demanderai au ciel qu'ils soient bêtes et qu'ils aient du bon sens. De travaux et d'encouragements je n'en dois attendre aucun. Les plus favorables pour moi s'accordent à me considérer comme un fou intéressant... Je suis complètement découragé (1). »

Derniers traits de cette identification d'Eugène Delacroix avec Michel-Ange : Delacroix avait pour projet de pendentif monumental l'Apothéose de Michel-Ange (2) même. Michel-Ange fut toujours vivant et présent pour Delacroix qui disait :

« Je suis, par le droit de postérité, par le droit de l'esprit, le contemporain des âmes les plus reculées... et j'ai pris pour

____

(1) Voir EUG. DELACROIX : *loc. cit.*, t. II, p. 226.
(2) Pastel figurant à la Galerie Bruyas (N. de l'E.).

moi, avec le souvenir constant de Michel-Ange, la devise du Tasse : *col senno et la mano.* »

T. I, p. 23 et 49. — *Commentaire du* Catalogue Bruyas Chasse aux loups, aquarelle d'après Rubens, 1864) :

« Delacroix, dit Charles Baudelaire, avait deux manières très distinctes de copier : l'une libre et large, faite moitié de fidélité, moitié de trahison, et où il mettait beaucoup de lui-même. De cette méthode résultait un composé bâtard et charmant, jetant l'esprit dans une incertitude agréable. C'est sous cet aspect paradoxal que m'apparut une grande copie des *Miracles de saint Benoît,* de Rubens.

« Dans une autre manière, Delacroix se fait l'esclave le plus obéissant et le plus humble de son modèle; et il arrivait à une exactitude d'imitation dont peuvent douter ceux qui n'ont pas vu ces miracles. Telles, par exemple, sont celles faites d'après deux têtes de Raphaël qui sont au Louvre, et où l'expression, le style et la manière sont imités avec une si parfaite naïveté, qu'on pourrait prendre alternativement les originaux pour les traductions ».

En ceci, Baudelaire est lui-même assez paradoxal. Les copies de Delacroix, trop personnelles, sont parfois l'altération la plus abusive possible des originaux, ou tout au moins des fantaisies très hasardées. Souvent, et par exemple dans cette *Chasse aux Loups,* Delacroix retraçait un Rubens d'après la première gravure touchée, et le coloriait de souvenir, avec des variations imaginées. C'était faire du Rubens d'après Delacroix, bien plus que du Delacroix d'après Rubens.

Ces sortes d'exercices, tantôt amusements mnémotechniques, tantôt pensums laborieux, sont ordinairement des interprétations, faites au petit bonheur du moment, et non pas des traductions.

Delacroix se cherchait et s'essayait, pour ses propres *Chasses,* dans les diverses *Chasses* de Rubens. Les commentaires écrits qu'il en faisait le prouvent.

Sur la *Chasse aux Loups,* nous n'avons de Delacroix que ce morceau d'aquarelle; mais voici les notes qu'il prenait sur d'autres *Chasses* de Rubens. (*Suivent des réflexions de Delacroix qu'on trouvera à la page 244 du tome I du* Journal.)

T. I, p. 31. — *Commentaire du* Catalogue Bruyas (p. 272 : Marocains courant la poudre, fantasia [1832]).

« Des cavaliers, dit Delacroix, partent tous à la fois en poussant des cris et en agitant leurs armes; ils sont ordinairement

servis à merveille par l'ardeur et l'émulation de leurs chevaux.
Quelquefois, le caprice de ces derniers donne lieu à des accidents.
Au bout de la carrière, chaque cavalier tire son coup de fusil en
arrêtant tout court sa monture pour aller recharger. Cette dernière manœuvre n'est pas non plus sans inconvénient, à cause
des accidents de terrain et de l'impétuosité des chevaux, très
difficiles à comprimer brusquement, malgré la violence du mors.

Cela s'appelle *courir la poudre*. »

La poudre *parle*, et le vertigineux élan des cavaliers en ligne
fait trombe. Une autre trombe de nuages enflammés, fuligineux
et pulvérulents les couronne; sorte d'apothéose atmosphérique,
redoublant l'effet de ce tableau d'une vélocité qui tient des
visions fantastiques.

La fusillade faisant de l'air une fournaise, les cris surexcitants
des cavaliers farouches, dressés sur leurs étriers, mettent des
ailes aux sabots de ces chevaux buveurs d'air et de poudre,
plus vifs que la poudre, plus vites que l'air, brûlant l'espace,
brûlés par le soleil. L'impétuosité qui les fait voler dans le feu,
comme des dragons et des hippogriphes, fixe à jamais dans notre
admiration la merveilleuse outrance d'Eugène Delacroix.

Qui ne retrouve ici l'ineffaçable impression de l'artiste, tirant
du Maroc bien des chefs-d'œuvre, dont celui-ci n'est pas le
moindre?

Les chevaux du Maroc ont sous le ciel natal un caractère particulier d'énergie et de fierté qu'ils perdent en changeant de
climat; il leur arrive assez souvent de se débarrasser violemment
de leur cavalier, pour se livrer entre eux de sanglantes batailles,
qui durent des heures entières, ils se prennent à belles dents
comme des tigres, et rien ne peut les séparer : les souffles rauques
et enflammés qui sortent comme la respiration des locomotives
de leurs naseaux écarlates, leurs crins épars ou empâtés de sang,
leurs jalousies féroces, leurs rancunes mortelles, tout en eux,
formes, attitudes et caractère, tout en eux est poésie.

« On ne sait pas, écrit Théophile Gautier, comment Delacroix a pu saisir ces silhouettes fugitives : il faut se dépêcher de
regarder cette peinture, car elle passe au galop. »

Th. Thoré ajoute : « On disait près de moi, comme une critique :
aucun de ces chevaux ne touche la terre...

— Je le crois bien, ils volent. »

La *Fantasia* marocaine de cette Galerie est une variante de
celle du prince Demidoff, mais bien supérieure au tableau
primitif, et par l'impression et par l'exécution, enfin par sa

conservation parfaite. Voici, d'ailleurs, comment elle en diffère :

Ici les chevaux courent, volent, de gauche à droite, en profil ; effet plus rapide de flèches. Le cavalier seul, en avant, qui fait cabrer et pivoter son cheval sur les pieds de derrière pour le ramener à la charge, n'est pas dans la toile du prince, toile plus en large et moins en hauteur que celle-ci.

Dans la *Fantasia* de M. Demidoff, les chevaux viennent vers nous presque de face, moins lancés sans doute, mais avec le plus bel effet collectif de naseaux rouges, d'yeux de braise, de poitrails tumescents, enfin de jambes de devant rythmées comme au revers d'une médaille antique, mais avec tout l'emportement moderne.

Le tableau de M. Bruyas, absolument inaltéré, paraît même embelli par le temps ; celui de M. Demidoff, très craquelé, très endommagé, a subi déjà maintes restaurations : nous avons vu nous-même Eugène Delacroix dans son atelier soigner avec la plus vive inquiétude ce tableau, cet enfant malade, qu'on venait de lui rapporter.

« Au nombre des premières peintures que j'ai faites en mêlant du vernis de copal à mes couleurs, disait Delacroix à M. Andrieux son élève, le *Combat du Giaour et du Pacha* et *les Marocains courant la poudre*, de M. Bruyas, se sont particulièrement bien conservés. »

Le copal avait à la fois pour Delacroix la vertu d'accélérer son travail, suivant son entrain, en séchant vite ses couleurs, de fixer tout de suite les accents de sa touche, et de préserver par la suite son tableau en durcissant, en cristallisant pour ainsi dire la peinture. Le copal devient en effet une sorte de cristal rocheux, inattaquable aux restaurateurs et aux ravageurs de tableaux. « Il faudrait tout vernir au copal », disait Delacroix qui plus tard regrettait ce moyen, par lui-même quitté parce qu'il en avait oublié la juste dose.

Diaz, lui, n'était pas du tout de cet avis.

Ceci soit dit en passant et non pour nous mêler de la cuisine des peintres, de leurs procédés purement pratiques. Ces moyens professionnels les regardent ; nous n'avons qu'à voir leur but, leurs résultats : seule manière de ne pas confondre dans l'œuvre de l'artiste son génie, ses outils et ses drogues.

T. I, p. 45. — *Commentaire du* Catalogue Bruyas (p. 61 : Falaise d'Etretat, aquarelle).

Delacroix, par malheur, ayant peint fort peu de marines, il semble intéressant de donner, à propos de cette toile célèbre, où

tout l'impressionnisme est en puissance, les réflexions qu'une
Étude de même nature a inspirées à Théophile Silvestre :

Cette aquarelle est à la fois le portrait du lieu, le portrait du
temps qu'il fait, et le portrait des sensations du peintre. Un
moment délivré de Paris, de son atelier et de tout souci, Delacroix en vacances au bord de la mer, délecté par l'air, la lumière
et l'espace, fit en se jouant et pour son seul plaisir cette petite
image, qui est d'un grand charme pour tout le monde.

Par cette matinée d'été, si douce et si limpide, la mer se
retire, expirant sur le sable fin sa dentelle d'écume, aussitôt
déchirée qu'étendue. De l'entrée de la plage au jabot de la
vague, la mer en est à sa quatrième étape sensible de retraite.
Les varechs et les goëmons ont marqué les heures écoulées du
jusant. Les petits tas coniques de détritus marins, empilés
par les cultivateurs, qui en fument leurs champs ou en tirent
la soude, sont égouttés par le sable et racornis par le soleil.
La déclivité concave du lit de la mer rend extrêmement sensible
son *retrorsum*, sa rentrée en elle-même. Plus loin, deux pro-
meneurs et un bateau à sec, à peine perceptibles.

Dans le ciel, d'une fluidité sans fond et d'une courbure infinie,
d'un calme et d'un silence absolus, on entendrait l'aile d'une
mouette, même le bourdonnement d'un moucheron. Il n'y a
rien dans le firmament que le firmament. L'espace et la lumière
dorment. Dans cette sérénité muette de l'air, le moindre bruit
de l'eau est une grande voix. L'effusion lumineuse n'a même
pas de soubresauts, tout le long de cette falaise abrupte, dont
la croûte terrestre et le gazon rôti semblent à la fois un chaume
de cabane et une peau de bête fauve. On pourrait noter là un
peu de maigreur d'exécution ; mais l'ensemble est bien beau.

Eugène Delacroix rappelle ici quelque peu Bonington, qui
l'avait, fort jeune, initié à l'aquarelle pour lui rendre plus facile
et plus prompte l'expression de ses impressions. Mais Delacroix,
tout en reconnaissant à Bonington le vif sentiment de l'espace,
ne le rappelle ici qu'en le dominant de toute sa hauteur de
peintre et de poète.

T. I, p. 59. — *Commentaire du* Catalogue Bruyas (p. 320 :
Tigre en arrêt, prêt à s'élancer, dessin. Donné à M. Théophile
Silvestre par Jenny Le Guillou).

Ce dessin à la mine de plomb, minutieusement fini, est, par
cela même, un morceau très rare de l'œuvre de Delacroix,
l'ennemi naturel de la calligraphie prudhommesque dans le
dessin. « Ne voyant, nous disait-il lui-même, la nature entière

qu'à l'état de croquis, » il n'a pas fait, en sa vie, quatre dessins aussi arrêtés, surtout aussi posément écrits que celui-là, sans perdre à la fois la patience et l'expression.

Nous croyons nous rappeler que Delacroix se résignant, une bonne fois pour toutes, à cette délinéation préméditée et lente, fit ce tigre pour un de ses amis de collège, afin de le convaincre en s'appliquant beaucoup, qu'il savait dessiner un peu.

Ce tigre, en arrêt devant l'invisible proie flairée dans ce buisson, va bondir sur elle; il bondit avec un rauque et grinçant miaulement. On l'entend, ce miaulement, à première vue de cette gueule, et on subit le violent frisson de tout son corps. Ce dessin, si expressif et si suggestif, rend à la fois l'instinct, le geste, le fait et les suites du fait de l'animal. La tête et la queue disent tout. La vie et la férocité font comme un double courant électrique dans tout son corps, du bout de la queue au bout des griffes. Pourtant la ligne de l'épine dorsale semble laborieuse et lourde. Ce trait est même surchargé de quelques *repentirs*. Les yeux, quoique très bizarres et même hors de leur plan naturel, ajoutent à la cruelle physionomie de la bête, ainsi que la mâchoire, outrée et comme brisée par la violence de l'artiste. Les pattes, par impression contraire, sont d'une précision et d'un aplomb parfaits; mais les rayures de la robe, mesquines et multipliées, manquent de vérité. Ce sont des hachures arbitraires et presque mécaniques.

Après avoir beaucoup étudié d'après nature au Jardin des Plantes, Delacroix s'était mis à faire de mémoire plus d'animaux au coin de son feu que devant les fosses et les cages des bêtes : il tirait des lions et des tigres de son chat. Delacroix n'avait pas, il est vrai, pour les chats, le même amour que M. Ingres qui, pour jouer avec eux, en mettait plusieurs à la fois dans son lit; mais Delacroix se plaisait fort à les étudier, à les croquer dans toutes leurs poses, toutes leurs mines et tous leurs rêves. Il n'en avait qu'un chez lui, un chat de gouttière, le plus beau, le plus vrai, le seul vrai de tous les chats. Les angoras ne sont que des fourrures.

Un jour, le chat de Delacroix, *qui était une chatte*, fit ses petits dans une armoire à dessins. Dès ce moment, l'artiste aima mieux loger beaucoup de tigres et de lions dans sa tête qu'un seul chat dans son atelier.

Dans sa belle imagination, les animaux n'étaient au moins ni mesquins, ni languissants, ni froids; tandis qu'au Jardin des Plantes ils ont souvent, presque toujours, la nostalgie des montagnes, des forêts ou des steppes, sans compter la captivité

qui les stupéfie, la règle qui les mate, la toilette qui les marty-
rise, et cet éternel tournoiement de l'ennui, sans espace et sans
horizon.

***

*Nous croyons enfin devoir reproduire ici quelques lignes que
Théophile Silvestre place à la fin de ses Commentaires sur les
tableaux de Delacroix à la* Galerie Bruyas *et qu'il intitule :* Exposition et vente posthumes : Conclusion, *en les datant des* 17, 18
et 19 *février* 1864 (voir T. I. p. 38.)

Eugène Delacroix avait dit en se redressant sur son lit, la veille
de sa mort :

« Je sais que tous les ouvrages que je laisse dans mon atelier
ne sont pas en état d'être vus du public. Je les faisais moins
pour lui que pour moi. Je veux pourtant que tout cela soit
montré et mis en vente. Ce que le public n'en pourra pas saisir,
les artistes le comprendront. Les plus pauvres d'entre eux,
qui ne sont pas les moins intelligents, pourront au moins avoir
quelque souvenir de ma main, quelque parcelle de moi-même.
Qu'on expose tout; qu'on vende tout. Je veux enfin être jugé.
Je ne crains pas de l'être. »

Et le Maître, parlant ainsi, se sentait comme enlevé en apothéose.

L'exposition et la vente de son œuvre posthume fut une apothéose, en effet : Tout ce qui l'avait méconnu, contesté, même
bafoué, le glorifia, l'acclama le premier des peintres de son
temps. On étouffait, on s'écrasait dans cette salle de l'Hôtel
Drouot en s'y enlevant à prix d'or non seulement des embryons
délaissés de tableaux et des esquisses retouchées par des mains
insolentes, mais encore les moindres taches de couleur et les
pires griffonnements.

« Qui les finira ? » dit Théophile Gautier, ces ouvrages inachevés de Delacroix, dispersés par la vente posthume ? Personne, à moins d'effronterie, de fraude et de sacrilège. Eugène
Delacroix n'a jamais pu faire d'élèves, malgré l'immense prestige
qu'il a eu, qu'il a, et qu'il aura toujours. On pourra le défigurer, le
fausser encore : on l'a fait; on le fait chaque jour; mais l'imiter,
jamais ! Génie à la fois primitif et raffiné, il resta fièrement seul
à l'œuvre, au milieu d'une génération hypocrite et banale. Il ne
laissa pas même, comme Rembrandt, un seul petit Flinck; et
ceux qui oseront essayer de le suivre se jetteront dans les abîmes,
n'ayant rien de son esprit ni de sa force, qui lui permirent tant

d'écarts. A quoi servent, d'ailleurs, les imitateurs, la menue monnaie, qui pis est, la fausse monnaie des grands hommes ?

Delacroix eût sans doute péri à la tâche, avant l'heure et dans la misère, si son esprit n'eût fait oublier ses peintures aux Princes et aux Mécènes qui, même en les louant, en avaient peur. En lui, l'homme du monde sauva le peintre...

Pensif, nerveux, souffrant, hâtif, emporté, inventif et prestigieux, Delacroix s'exaltait, s'hallucinait sur toutes les choses visibles; et, au lieu d'en faire toujours l'histoire naturelle, plus ou moins dramatique, il lui arriva souvent d'en ébaucher l'Apocalypse, la vision transportée. Il n'avait que le désir ardent de l'ordre, ce premier trait du beau, et le regret intime de la correction, qui est le cachet de sa perennité. Dans les *Convulsionnaires de Tanger*, un de ses plus violents ouvrages, on sent qu'avec un grain de véhémence de plus il eût fini par perdre tout pouvoir et défigurer la forme humaine.

Malgré tout, Eugène Delacroix reste le peintre moderne le plus ému et le plus émouvant. N'est-on pas toujours remué, entraîné, enlevé par tout ce qui l'agite, l'entraîne, l'enlève ? On chérit la plupart de ses personnages non seulement pour leur beauté, mais encore et surtout pour leur caractère, pour leurs passions si visibles, si agissantes. Les plus grands poètes, les plus hautement imaginatifs, ne sont-ils pas précisément comme lui les plus poignants de réalité ? Dante est aussi vivant dans sa forêt douloureuse, dans sa bûche qui pleure au feu que dans son Ugolin se lamentant sur la mort de son fils.

Oui, tout ce qui vit, même ce qui n'est plus, vivait dans l'âme de cet homme si frêle et si vivace, qui prodiguait à tout la vie et disait avec le poète : « La poussière que nous foulons aux pieds fut autrefois vivante et malheureuse. »

Suivent des citations de Baudelaire et de Paul de Saint-Victor et le dernier alinéa de la monographie de Th. Silvestre sur Eugène Delacroix, T. I, p. 37 du présent ouvrage.)

BARYE, MILLET, ROUSSEAU, DECAMPS

T. I, p. 105. Plusieurs de ces Études de Barye figurent au Musée de Montpellier Galerie Bruyas, ainsi que quelques bronzes. Voici ce que dit Th. Silvestre de ces œuvres.

— Lion cherchant une proie, aquarelle (p. 89 du Catalogue).

Ce lion cherche, flaire, rêve dans ce désert fauve, hérissé par espaces de quelques cactus, et longe doucement, lentement, la chaîne ébréchée de rochers qui barre l'horizon d'un ciel torride. Il semble pourtant bien bonasse, mais il est d'autant plus terrible ce lion flâneur, sournois et affamé.

— Tigre à l'affut, aquarelle (p. 89 du Catalogue).

Ni l'animal, ni le paysage ne sont ici plus rassurants ; la force, la souplesse, la férocité et la faim conspirent avec la solitude. C'est encore un site des plus âpres de la forêt de Fontainebleau traduit en jungle de l'Inde ou de l'Afrique. Ce tigre, rôdeur et méditatif, est venu tout le long de ces roches en dents de scie, profilées sur le ciel, et d'où s'échappent quelques rares plumets d'arbres. L'attitude, les formes, l'équilibre, la silhouette et le caractère de l'animal sont superbes. Malgré son immobilité statuaire, le seul frisson de sa queue donne à tout son corps la vie la plus intense : il a vu, entendu ou flairé quelque chose, ne fût-ce que le vol de ces oiseaux de proie qui passent au-dessus des rochers, dans la zone la plus livide de ce ciel blanchâtre, violâtre, verdâtre et attristant. Attristant, car le ciel et le paysage sont le double miroir des sensations, des idées, des passions, des actions de l'homme et de la bête, de tout ce qui vit, de tout ce qui respire et de tout ce qui pense.

— Lion qui marche, bronze, (p. 95 du Catalogue).

On peut dire de lui ce que Frédérick Lemaître disait à Lamartine : « Vous êtes beau, vous êtes grand, vous êtes magnanime. » Pourtant, ce lion n'est pas de grande dimension : un enfant l'emporterait dans sa main ; tant le caractère agrandit la forme ! Voyez cependant le *Lion de la Colonne de Juillet*, aussi de Barye, et de dimensions au moins triples : n'est-il pas infiniment plus petit que celui-ci, bien qu'il marche plus agité, reniflant le sang et la victoire ? C'est que les conditions de la beauté correcte ne sont pas les mêmes que celles de la beauté monumentale. L'air et l'espace sont les grands rongeurs de la forme. Avec la désinvolture grandiose de Delacroix, Barye triompherait à la Colonne de Juillet. Avec sa forme rigoureuse, il triomphe ici.

**

D'autre part Théophile Silvestre a extrait, pour ce même Catalogue de la Galerie Bruyas, *d'un article de Decamps (voir t. I, p. 123) dont la monographie figure comme celle de Barye dans son ouvrage, les lignes suivantes :*

La sculpture académique, comme la peinture, descend chaque jour d'un degré et perd, dans chaque lutte qu'elle peut soutenir au Salon, un peu du champ qu'elle occupait seule depuis trente ans. Un jeune homme est venu apporter dans l'art des principes si simples, si nouveaux, qu'à peine a-t-il eu le temps de se faire comprendre, et déjà les déserteurs de la rhétorique se pressent sur ses traces : c'est que, dégoûté de la roideur géométrique de la sculpture de l'Institut, il en a appelé de la routine des professeurs à l'imitation de la nature ; et l'inspiration naïve et spirituelle qui caractérise les ouvrages de M. Barye était trop puissante pour ne pas frapper vivement les yeux de la foule ; aussi l'impression a-t-elle été universelle ; et il a eu le rare privilège de prêcher la vérité sans que sa parole ait à peine été contestée.

**

Cette opinion de Decamps sur Barye est d'autant plus intéressante à connaître que ce très grand sculpteur — le plus grand de l'école française, à notre avis — fut l'un des artistes les plus isolés de son temps. Ses relations avec les écrivains paraissent avoir été à peu près nulles. Les artistes eux-mêmes ne l'ont que peu fréquenté, sauf précisément ceux de Barbizon auprès desquels il allait faire des études de forêt. Bien que Delacroix ait parfois

travaillé avec lui, il l'exécute dans son Journal *d'un mot aussi bref qu'injuste :* « Barye mesquin dans ses lions. » (t. III, p. 208). *En revanche il existe, à l'annexe du* Catalogue Bruyas, *une lettre de Millet adressée précisément à Théophile Silvestre, où le peintre de Barbizon rend hommage au maître* « animalier », *tout en répondant sans doute à une demande de questionnaire ou d'entrevue qui eut une suite, puisque Silvestre écrivit sur Millet l'article que nous avons exhumé pour ce livre et qui ne figurait dans aucune des éditions précédentes.*

Barbizon, 25 avril 1872.

Monsieur,

Croyez-moi très honoré et flatté de la demande que vous me faites par votre lettre du 8 avril. J'ai seulement le grand regret de ne pouvoir faire immédiatement ce que vous désirez à cause des demandes nombreuses qui m'ont été faites depuis mon retour ici.

Vous pouvez cependant bien croire que je n'oublierai point l'objet de cette demande, et que je m'en occuperai très activement aussitôt que j'aurai la possibilité de le faire.

Vous pouvez bien croire aussi que je serai très heureux de toute occasion qui me fera faire personnellement votre connaissance.

Ce que vous me dites des œuvres de Barye ne m'est point un étonnement, et c'est bien ainsi que je pense de lui. C'est un des artistes les mieux taillés pour l'accomplissement des grandes choses. Je suis très heureux de vous voir faire quelque cas des petites choses que vous avez de moi.

Recevez, je vous prie, Monsieur, l'assurance de ma très grande considération.

J. F. MILLET.

On peut s'étonner du ton quelque peu cérémonieux de la précédente lettre. Les relations de Millet et de Silvestre n'étaient en effet pas nouvelles. Quatre ans plus tôt, Silvestre s'était occupé de faire décorer Millet, et, aussi étrange que cela puisse paraître, il y avait réussi. Il nous reste une lettre assez prudhommesque — destinée, il est vrai, aux pouvoirs publics — où il parle à Millet de ses démarches. Le contraste est surprenant entre le début des deux missives : « mon cher Millet », *ici et* « Monsieur » *là. Et Millet avait dix ans de plus que Silvestre !*

Valmondois, 30 juillet 1868.

Mon cher Millet,

Voici la note que je viens d'envoyer à qui vous savez !

« Si S. M. daignait nommer chevalier de la Légion d'honneur le peintre J.-F. Millet, maître d'un grand renom et d'un talent plus grand encore, cet acte de haute équité et de haut goût effacerait heureusement l'effet produit depuis quelques années par l'oubli ou l'erreur de l'Administration des Beaux-Arts.

J.-F. Millet se distingue, au premier rang des artistes vivants de l'Empire et du siècle, par la puissance de son œuvre et l'élévation de son caractère. Toutes les sommités artistes qui ne doivent leur gloire qu'à elles-mêmes, Eugène Delacroix, Barye, Decamps, Rousseau, etc., lui ont rendu témoignage avec l'élite des critiques et du public. On le surnomme le Michel-Ange des paysans.

Rappelant les vieux maîtres, même dans ses plus humbles sujets, non par imitation, mais par une sorte de consanguinité intellectuelle, il trouve le beau dans la simplicité, la force et la grandeur. Les artistes frivoles, les maniéristes énervés et corrupteurs de foules peuvent le contester ; les intelligences saines et vigoureuses l'admirent.

Observateur profond, logicien serré, exécutant de premier ordre, pour lui, la vérité, la poésie et l'art ne sont qu'une seule et même chose.

L'opinion vient à lui. A l'Exposition universelle de l'an dernier, le Jury international lui a donné la première médaille d'or. Son concurrent direct était M. Menzel, le peintre ordinaire et comblé d'honneur de S. M. le roi de Prusse.

J.-F. Millet est le peintre épique de la France laborieuse et dévouée, dont la sueur et le sang sont, pour ainsi dire, mêlés au pain de la nation.

Les paysans de J.-F. Millet ne sont, en effet, ni des rustiques d'opéra ni des Jacques de roman, hélas ! trop à la mode, si pervertis et si pervertissants, ce sont les cultivateurs et les soldats qui, dans les sillons, au scrutin et à l'armée, sont le vivant rempart de l'Empire.

On a dit que J.-F. Millet laissait percer ses tendances révolutionnaires dans ses tableaux. Cela n'est ni vrai, ni même bien trouvé. Il suit les laboureurs qui, semant le blé, donnent la vie, et non pas les tribuns qui, ne semant autour d'eux que des mots, c'est-à-dire du vent, ne récoltent que des tempêtes. »

Comme personne autre que vous et moi, et le tiers en question, n'est dans la confidence, adviendra que pourra. On a fait son devoir. Il le fallait. J'ai bon espoir.

Tout à vous et aux vôtres, moi et les miens.

Th. SILVESTRE.

Tout compte fait, je crois qu'il convient d'antidater la lettre de Millet, qui doit être de 67. En effet, l'article de Silvestre est de 67, et, dans cette lettre soi-disant de 72, Millet a l'air de ne pas connaître Silvestre, ou de ne pas se souvenir de ce qu'il a fait pour lui. C'est d'autant plus invraisemblable qu'il existe trois autres lettres relatives à cet article, deux reproduites par M. Moreau-Nélaton dans son livre sur Millet, *l'une reproduite par le* Catalogue Bruyas, *toutes les trois de* 1867.

Barbizon, 23 avril 1867.

Mon cher Sensier,

Ce que vous m'apprenez est, comme vous le dites, du nouveau et du vif. D'abord, ne prenez point, je vous en prie, trop de fatigue ; car, des entrevues comme vous en avez eues avec M. Silvestre ne se passent pas toujours avec un très grand calme. Je m'en fie très bien à tout ce que vous avez pu lui dire ; et puisqu'il faut aussi vous en dire mon avis, vous avez bien fait d'appuyer sur le *rustique* ; car, en somme, si ce côté ne marque pas un peu dans ce que j'ai fait, c'est que je n'ai rien fait du tout. Je repousse de toutes mes forces le côté *démoc*, tel qu'on l'a compris en langage de Club, et qu'on m'a voulu attribuer. J'aurais seulement voulu faire penser à l'homme voué à gagner sa vie à la sueur de son front. Que cela soit dit aussi, car je n'ai jamais eu l'idée de vouloir faire un plaidoyer quelconque. Je suis paysan paysan. Vous savez, du reste, aussi bien que moi mes goûts et mes tendances.

Quant aux explications à donner sur mes *manières de peindre*, ce serait peut-être long à dire ; car je ne m'en suis pas occupé, et, si *manières* il y a, cela n'a pu venir que de la façon d'entrer plus ou moins dans mon sujet, des difficultés de la vie, etc. Si je vais jeudi soir à Paris, comme c'est probable, ne pourriez-vous pas demander à M. Silvestre de venir chez vous dans la soirée, et tous les trois nous pourrions causer ; car il faut quelquefois des explications assez longues pour tirer une conclusion fort correcte. Si son article ne peut attendre jusque-là, tirez-vous-en tous les deux comme vous pourrez.

S'il est besoin que cela soit dit, il s'est trouvé un homme (Jean Rousseau), qui a aperçu très distinctement dans le fond des *Glaneuses* « les guillotinés de 93 ». Paul de Saint-Victor les a trouvées des pauvresses très féroces « montées sur leurs ergots ». Je ne sais pas les années des éreintements de ce dernier, mais il y en a un sur l'*Homme à la houe* et le *Berger*. Il ne faut peut-être pas trop appuyer sur tout cela ?

Seconde lettre, toujours à Sensier :

Barbizon, 30 avril 1867.

J'ai trouvé Silvestre chez Rousseau et, comme Rousseau avait à sortir, nous l'avons quitté. Silvestre a tenu à m'emmener chez lui pour faire certaines vérifications de descriptions de nos tableaux, et cela n'a pas été inutile. A part certaines choses, ses descriptions sont assez bien ; mais elles inclinent toujours dans le sens que vous lui connaissez. J'ai tâché discrètement et timidement d'insinuer certaines choses dans le sens où je les aimerais mieux voir comprises ; mais, quand il est directement question de soi, on a l'air de faire le difficile et le dégoûté. Son paysan à lui est un peu celui que voyait Proudhon. Un détail qui n'a pas d'importance pour le public, qui n'en aurait peut-être que par rapport à mes goûts à moi, c'est que, dans le *Planteur de pommes de terre*, il a vu de la vieille peau de mouton dans ses sabots. Si j'ai essayé d'y mettre quelque chose, cela a dû être de la paille. Dans mon endroit, un homme qui aurait mis sur ou dans ses sabots de la peau de mouton aurait été un objet de risée et aurait été tout de suite qualifié de « metteur de poule à couver » ou de « colin femmette ». Somme toute, j'aimerai toujours mieux mes tableaux décrits par vous que par qui que ce soit. J'ai laissé passer ce petit détail, n'osant plus faire de rectification. Les choses qu'il m'a lues n'étaient, il est vrai, que ses notes ; il ne m'a rien lu de définitivement écrit...

Troisième lettre, cette fois à Silvestre :

Barbizon, 29 mai 1867.

Mon cher Monsieur Silvestre,

Il faut enfin que je vous dise combien j'ai été touché de vos articles sur moi. Je ne parle pas seulement des bonnes choses que vous m'attribuez et qui m'ont rendu un peu honteux, car comment être sûr d'avoir les reins suffisamment fermes pour les soutenir convenablement (1) ? Mais vos considérations sur l'art du premier article, beaucoup de choses dans ceux où il est question de moi, la fin du troisième entre autres, devraient être gravées comme Job souhaitait qu'on grave ses paroles : avec du fer sur une lame de métal.

Ce que vous avez écrit sur les galeries Pommesfelden et Salamanca est d'une indignation superbe ; c'est bien flagellant, je souhaite d'une façon très ardente une chose qui malheureusement ne se réalisera pas, qu'il se trouve seulement encore deux hommes avec vous aimant le bien et détestant le mal, auxquels leur zèle donne la force que vous avez avez *(sic)* pour bien manier le fouet. Le temple serait vite purgé.

Obligez-moi, je vous en prie, de m'envoyer à mesure que cela paraîtra vos articles sur Rousseau, car vous avez, j'imagine, sur lui de belles choses à dire.

Mon cher Monsieur Silvestre, croyez-moi bien à vous.

J.-F. MILLET.

*_**

Rousseau n'eut pas de chance avec Silvestre. Les articles auxquels Millet fait allusion ne parurent pas, nous ignorons pour quelle raison. Quelques mois après la lettre précédente, Millet écrivait à Silvestre le billet suivant, paru dans le Figaro *du 24 décembre 1867 :*

Barbizon, 22 décembre 1867.

Mon cher Silvestre,

Je suis si tremblant que je peux à grand'peine tenir la plume. Notre pauvre Rousseau vient de mourir ce matin à neuf heures. Son agonie a été très douloureuse. Il a essayé bien des fois de parler ; mais toutes ses paroles ont été étouffées par le râle.

Prévenez tous ceux que vous croyez devoir prévenir, et entendez-vous avez Sensier. Je lui écris en même temps qu'à vous.

A bientôt, mon cher Silvestre, et à vous.

J.-F. MILLET.

---

(1) Allusion probable au « Public des Expositions » voir t. I, p. 1.

En tout cas, Rousseau n'en voulut pas à Silvestre de n'avoir pas réalisé ses projets à son égard. Voici un passage du testament de Rousseau, instituant d'autre part Théophile Silvestre son légataire universel, conjointement à Alfred Sensier, qui en fait foi.

Si les circonstances leur permettent *(à ses légataires universels)* de faire, de l'ensemble de ces sujets *(photographies choisies de son œuvre)* une publication soit dans le genre du *Livre de vérité* de Claude Lorrain, soit dans le genre du *Liber Studiorum* de Turner, mon désir exclusif est que l'introduction de cet ouvrage soit écrite par M. Théophile Silvestre.

L'étude publiée par le Figaro *et reproduite dans notre* Tome I *(p. 109) constituait évidemment la première partie d'un opuscule qui n'a pas, à notre connaissance, été publié et dont nous n'avons pu retrouver la trace. Ce « chapeau » imprimé par* le Figaro *en tête de l'article de Silvestre ne laisse aucun doute à cet égard.*

M. Théophile Silvestre achève en ce moment une Étude explicite et étendue sur Théodore Rousseau, qui paraîtra prochainement. Nous tirons, d'une première et hâtive épreuve de son travail, le portrait abrégé que voici (t. I, p. 185).

Telles furent les relations de Silvestre avec l'école de Barbizon, qui était d'ailleurs une annexe du romantisme — sa maison des champs, dirons-nous —, une sorte de trait d'union entre l'impressionnisme et lui. Et c'est pourquoi nous avons fait entrer dans le 1er *volume les études consacrées à* Millet *et à* Rousseau. *Si Delacroix n'a pas été les visiter dans leur ermitage, bien qu'il aimât la peinture de Rousseau, de Millet et même de Dupré, et qu'il en parle, dans son* Journal, *avec sympathie (voir t. I, pp. 303, 420, 422, t. II, p. 162, t. III, p. 391), Barye, Decamps, Diaz, Daumier servaient, pour ainsi dire, d'agents de liaison entre le foyer parisien, dont il était l'étincelle animatrice, et les anachorètes de la forêt. Millet, au reste, professait la plus vive admiration pour Delacroix. Quant à Rousseau, voici un fragment d'une de ses lettres qui nous renseigne sur les sentiments que lui inspiraient l'homme et l'œuvre :* ... « Au Jardin des Plantes, quand on a perdu un bel animal, ce qu'on voit de mieux à faire, c'est de l'empailler ; il représente encore quelque chose. L'éléphant du Cabinet d'histoire naturelle est, il me semble, assez respectable.

Avec les œuvres d'Ingres, on pourrait faire un musée qui aurait de l'analogie avec le Cabinet d'histoire naturelle. Tout y est respectable : sans quelques aptitudes sérieuses qu'on ne saurait n'y point voir et qui ne se démentent jamais, on ne peut manquer de faire de bonnes œuvres ; mais de grandes, c'est autre chose; le don de création personnelle me semble lui être absolument refusé; c'est pourtant là l'important et, s'il faut que je vous le dise, j'aime mieux celui qui m'éclabousse un peu en battant l'eau, que celui qui met un couvercle sur sa citerne, de crainte que le moindre souffle d'air vienne la vider.

Ingres, pour moi, ne représente plus, à un degré affaibli, que le bel art qu'on a perdu.

Faut-il vous dire que je lui préfère Delacroix avec ses exagérations, ses fautes, ses chutes visibles, parce qu'il ne tient à rien qu'à lui, parce qu'il représente l'esprit, la forme, le verbe de son temps, maladif et trop nerveux peut-être, parce que son art souffre avec nous, parce que, dans ses lamentations exagérées et ses triomphes retentissants, il y a toujours le souffle de la poitrine, son cri, son mal, et le nôtre.

Nous ne sommes plus au temps des Olympiens comme Raphaël, Véronèse et Rubens, et l'art de Delacroix est puissant comme une voix de l'enfer du Dante, l'enfer de notre siècle.

Voilà pourquoi je préfère Delacroix à Ingres, et je ne vous parle ici que de la partie morale et non de la technique de l'homme.

III

INGRES ET « LES PEINTRES D'HISTOIRE »

Voici ce que pensait de David (1) *Théophile Silvestre. Cette opinion, formulée à la p.* 231 *du* Catalogue Bruyas, *sous le titre de* Génie et caractère de David *et extraite par Silvestre de son article* La critique d'art et l'École française (voir notre Avant-propos et l'Introduction au t. II) — *est intéressante, et même indispensable à connaître, si l'on songe à la part prépondérante qu'eut le peintre de la République et de l'Empire sur la formation artistique non seulement d'Ingres, mais de tous les artistes du XIX*e *siècle, et en particulier de ceux dont il est question dans cet ouvrage :*

Déjà privé de la double originalité de l'idée et de l'exécution, l'artiste de notre temps semble aussi perdre de jour en jour l'énergie du tempérament, l'effervescence du cœur et des entrailles, effervescence qui, par moments, peut rendre sublimes les natures robustes, et qui fit par exemple de Louis David un peintre épique. Les idées, les pratiques de David n'étaient certes pas nouvelles; admirateur encore plus passionné de l'héroïsme des anciens que des formes de l'art antique, il fit dans l'école française une restauration grecque et romaine. Doué d'une âme altière, il évoqua les fiertés, les grandeurs, les glorieuses brutalités de Sparte et de Rome, avec un fanatisme au moins égal à celui de son ami Marat, dont il a peint l'effrayante image d'une touche immortelle. Il montra les héros antiques, guerriers farouches, législateurs austères, comme des ancêtres brusquement sortis du tombeau pour imposer de vive force aux races dégé-

---

(1) T. II. p. 10.

nérées la grandeur d'âme, le sacrifice stoïque, et fit de leurs actions des allégories enlevantes : le *Serment des Horaces*, c'est le patriotisme armant les citoyens; *Brutus* assis au pied de la statue de Rome pendant que le licteur décolle ses enfants, c'est l'inflexibilité de la loi, c'est la Convention au cœur de fer, immolant tout sentiment humain à son idéal de Justice; et la *Mort de Socrate*, c'est la vertu s'immolant à la vérité.

Affolé des époques les plus dures, les plus sauvages de l'histoire, l'artiste essayait, à l'exemple des tribuns de son temps, de raviver au cœur de la France nouvelle le féroce orgueil de la Grèce antique et de la vieille Rome. Au point de vue de l'histoire, la tentative de David était un anachronisme; au point de vue de l'art, la reprise des formes grecques et romaines était une redite. Mais, grâce à la force du tempérament, à la violence de l'impression, David est resté malgré tout un maître impérissable; ses figures hautaines feront toujours battre les cœurs mâles; ses toiles héroïques sont comme les échos de la grande voix de Plutarque.

Le génie de David ne tomba pas avec l'enthousiasme révolutionnaire. Nature éprise avant tout de la force et de la grandeur, David devint naturellement le peintre de l'Empire. Son archaïsme, sa sécheresse et son aigreur ne peuvent faire oublier dans ses ouvrages cette qualité qui domine tout, dans l'art comme dans la vie : le caractère. Le *Couronnement de Napoléon* est un spectacle solennel; la *Distribution des Aigles* est encore une scène des plus imposantes; et le portrait de *Bonaparte passant les Alpes* exprime fièrement toute l'audace et toute la noblesse du sujet. A la physionomie tranquille du héros, on le voit sûr d'avance de ses victoires, au frissonnement du cheval fougueux qui le porte, à l'agitation de ce manteau ramené autour de la tête pensive du conquérant comme le manteau de César au passage du Rubicon; à l'émotion soudaine de l'air, on sent qu'un souffle extraordinaire, le souffle des Destinées, passe sur ces hauteurs et pousse le génie en avant.

David trouva l'école française en désarroi et ne vit dans l'Académie que la sentine des Beaux-Arts : il la balaya et prit la direction absolue de l'enseignement. Mais ses élèves, qui n'avaient ni sa flamme ni sa vigueur, ne suivirent de son système que la lettre morte et de ses procédés que les affectations. Par la manie des sujets grecs et romains, l'exagération en peinture des formes statuaires, le mépris aveugle de la couleur, et, sous prétexte d'austérité dans la pensée, de virilité dans l'exécution et de sobriété dans l'effet, ils finirent par dépouiller l'Art de tous ses charmes. Leurs tableaux froids et nus furent surnommés par dérision des *tableaux spartiates*.

Dans son article sur La critique d'art et l'École française, *Th. Silvestre poursuivait ainsi* :

Ces pâles successeurs de David, devenus plus ou moins célèbres, sont morts en débitant leurs recettes pédantesques, et en disputant, non sur l'art, mais sur des détails techniques, comme des artisans jaloux et bornés. Regnault, Lethière, Girodet, hommes d'un talent froid et obstiné, n'ont, après David, laissé sur l'école française aucun rayon de lumière ; Guérin vivra plutôt dans l'histoire par l'honneur d'avoir été le maître de Géricault et de Delacroix que par la valeur de ses propres ouvrages ; Gérard semble aussi condamné à l'oubli : artiste facile, spirituel, léger, il s'énerva dans les plaisirs, dans les intrigues de cour, et mit à la mode les ruses, les servilités, les grâces qui font trop souvent de l'artiste moderne un histrion et un parasite.

Un peintre plein de grâce, de douceur et de mélancolie proscrit par les tyranneaux académiques de l'école de David, c'était Prudhon. Cet homme sensuel, délicat et fragile, qui devait plus tard mourir de ses chagrins d'amour, se cachait timidement dans la misère, d'où la généreuse main de l'impératrice Joséphine le tira. Il n'avait pas non plus, à vrai dire, l'originalité ; son œuvre est un alliage séduisant de la simplicité de l'antique, de la suavité du Corrège et de la gentillesse des maîtres galants du XVIIIᵉ siècle. Artiste exquis, mais renfermé dans les sensations égoïstes de l'art pour l'art, il ne pouvait exercer une grande influence sur le siècle. Le seul effet qu'il produit encore et qu'il produira toujours, c'est une rêverie gracieuse et tendre. Il était de la famille des petits poètes, qui se tiennent soigneusement à l'écart des idées et des agitations du monde et qui se terrent nonchalamment dans leurs émotions solitaires. Les orgueilleux disciples de David qui se croyaient, comme leur maître, non seulement de grands artistes, mais les éducateurs de l'humanité, méprisaient Prudhon.

Gros, le maître le plus illustre qui ait grandi à l'ombre des lauriers de l'Empire, a retracé d'une main triomphante les pages les plus radieuses et les plus sombres de cette merveilleuse épopée. *Arcole, Aboukir, les Pyramides, Jaffa, le Champ d'Eylau*, ont toute la grandeur des chants épiques, dont la mémoire ne périt qu'avec les nations qui les ont inspirés. Nature ardente, nerveuse et sujette aux défaillances, Gros est un des rares artistes modernes qui avait apporté quelque nouveauté dans l'école française. Un moment, prêt à subir l'archaïsme et la sèche exécution de David, vices tout à fait contraires à son amour de la vie réelle et à son goût passionné pour la splendeur, il eut enfin le bonheur de s'en tenir à la représentation des grands spectacles qu'il avait sous les yeux. Suivant en enthousiaste la marche de nos armées, il les peignit dans la furie de leur élan, dans l'éclat de leurs victoires et dans la sinistre beauté de leurs revers. Au lieu de couvrir le soldat français du bouclier antique ou de l'armure du moyen âge, il le montra tel qu'il est, plus intrépide, plus touchant que les héros des temps passés, car il présente son corps simplement couvert d'un frac ou d'une tunique à la pointe des baïonnettes et à la grêle des balles. Il ne monta pas non plus nos cavaliers sur les chevaux de marbre du Parthénon, dont les formes et la tournure sont tout idéales, mais sur des chevaux violents, frémissants, nourris dans les prairies et abreuvés dans les fleuves de la France. Il sut donner à ces nobles animaux quelque chose de la fierté de l'homme : ils partagent, avec une expression d'héroïsme vraiment sublime, l'ardeur ou l'abattement du soldat, ils vivent de sa vie, de ses dangers, et meurent de sa mort.

Gros n'inventa pas de procédés pratiques ; la série des découvertes de métier semble être épuisée par les grands peintres vénitiens, espagnols et flamands ; mais il remit en honneur les larges perspectives, les colorations intenses et variées de ces maîtres vénérables, insultés tous les jours par les pédants étroits et secs de nos académies.

Aussi les batailles de Gros ne ressemblent-elles pas à des bas-reliefs enchâssés dans un mur ; ils *(sic)* déploient dans la profondeur de l'espace leurs charges impétueuses, leurs évolutions solennelles avec une liberté, une ampleur, une réalité saisissantes. Le ciel, le paysage ajoutent au caractère de l'action des effets joyeux ou lugubres. Le ciel clair, inondé de lumière, retentit triomphalement, aux *Pyramides,* de l'acclamation des soldats ; le ciel noir et chargé de neige s'étend comme un grand crêpe sur le champ de carnage d'*Eylau,* où deux armées sont couchées pêle-mêle, par tas énormes, et à demi recouvertes d'un linceul de frimas. Et — trait d'inspiration et de génie ! — l'artiste résume toutes les tristesses de l'homme et de la nature dans une seule physionomie, celle de l'empereur Napoléon, arrêté au milieu de ce charnier, levant les yeux et la main au ciel, l'âme navrée par les horreurs de la guerre.

Gros a surpassé David, en ce sens qu'il a pris au vif ses héros, et que David exhumait la plupart des siens de la tradition : il fallait au cœur impressionnable de Gros, non pas les enthousiasmes rétrospectifs, mais les réelles et palpitantes émotions de son temps. Son génie s'éteint avec le soleil de l'Empire. Il ne fait plus dès lors que des ouvrages languissants : la faveur publique l'abandonne; et plus tard, il est pris d'un tel affaiblissement moral, qu'il se donna la mort pour un article de journal écrit contre lui par un méchant peintre.

*_**

On trouve à l'annexe du Catalogue Bruyas *une lettre intéressante d'Ingres à Théophile Silvestre, qui n'a jamais écrit une monographie sans « interviewer » auparavant, avec une malice et parfois une cruauté dont on trouve tant d'exemples dans cet ouvrage, l'artiste dont il se préparait à faire le portrait et à juger l'œuvre. Voici cette lettre, assez noble d'ailleurs, mais qu'Ingres dût regretter plus tard :*

Monsieur,

Vous connaissez l'éloignement que j'éprouve à favoriser une publication quelconque à mon sujet de mon vivant; mais, tout en regrettant de m'être engagé contre mes sentiments dans l'entreprise que vous avez faite, je ne puis vous refuser une dernière entrevue. Seulement, Monsieur, le moment est bien mal choisi pour moi, attendu que je me trouve dans les très grands embarras d'un déménagement considérable et je pars pour la campagne en attendant que le nouvel appartement que je dois occuper puisse me recevoir.

Je ne puis donc vous donner rendez-vous avant 14 jours.

Je suis fâché de ce retard, Monsieur, qui vous contrariera sans doute, ce que je regrette.

Recevez tous mes remerciements, Monsieur, pour les égards bienveillants que vous voulez bien me témoigner, et croyez à ma parfaite considération.

23 août 1844.

INGRES.

Théophile Silvestre faisant allusion par deux fois (voir Eug. Delacroix, t. I, p. 68 et Ingres, t. II, p. 33) *aux Légendes d'Atelier de Laurent-Jean, il nous a paru intéressant de reproduire ici la page consacrée à Ingres par ce critique, dans un opus-*

*cule devenu à peu près introuvable aujourd'hui. Ce morceau n'est
peut-être pas très, très spirituel, mais il donne le ton des polémiques
de l'époque et des excès de langage où l'antagonisme existant
de fait entre les deux chefs d'école entraînait parfois leurs disciples :*

M. INGRES
peintre et martyr.

LÉGENDE

Florissait vers l'an 1840 de l'ère vulgaire.

Au commencement du XIXe siècle, Louis David étant grand
prêtre de l'art, un homme sorti de l'ombre inventa la peinture
sans lumière et sans couleur... Mais pour écrire dignement une
vie si douloureuse, il faudrait se servir de larmes amères en
guise d'encre, et sans douter de leur capacité lacrymatoire,
les yeux d'un roi n'y suffiraient peut-être pas.

Ce grand artiste, dont l'existence entière fut abreuvée de
commandes gouvernementales et flétrie des distinctions les
plus flatteuses ; — ce martyr de la peinture qui fut constamment
en butte aux honneurs de toutes sortes et qu'on persécuta sans
relâche des éloges les plus hyperboliques ; — cette grande vic
time à laquelle on sacrifia toutes les gloires artistiques de son
temps : c'est Jean-Auguste de Montauban, surnommé Ingres par
ses contemporains.

La question si longtemps controversée de savoir si Ingres
était le véritable nom de notre martyr, ou simplement un so-
briquet comme le *Tintoret*, par exemple, vient d'être enfin
victorieusement résolue dans ce dernier sens par un laborieux
et patient élève de l'École des Chartes. Dans une notice pleine
d'érudition, ce Michelet moderne commence par se poser cette
insidieuse proposition.

DEMANDE. — Quels sont les deux principaux caractères du
talent de M. Ingres ?

RÉPONSE. — Comme couleur, c'est l'aspect cendré, et comme
dessin c'est l'appropriation constante et sans gêne de tout
ce que ce grand peintre trouvait sous sa main, ne le trouvant
pas dans son génie.

Or, s'écrie tout joyeux notre jeune savant, en décomposant
le mot Ingres, on trouve *en gris* ou *singer*. Évidemment, ajoute-
t-il, il est impossible de ne pas reconnaître dans ce mot symbolique une appréciation ingénieusement anagramatique de
Jean Auguste, dit Ingres.

En admettant qu'au XIX⁰ siècle l'expression *singer une œuvre* ait eu la signification que nous donnons aujourd'hui à *s'inspirer d'un maître*, on doit avouer que cette explication ne manque pas d'une vraisemblance qui frôle la certitude.

Quoi qu'il en soit, de même que Simon Barjonne est invoqué par les fidèles sous le pseudonyme de Pierre, c'est sous le nom d'Ingres que nous devons vénérer notre héros, modèle inimitable de courage et de résignation. Sans jamais se détourner de sa peinture froide et terne, à chaque nouvelle faveur qui le venait frapper, saint Ingres confiait mystérieusement ses poignantes douleurs à la presse entière, et répétait ces belles paroles de l'*Imitation*, en sanglotant sur les coloristes de toutes les écoles :

« Que deviendrais-tu, mon pauvre Raphaël, si ceux qui te protègent ne savaient pas souffrir pour toi ? »

Car, comme chacun sait, M. Ingres était aussi fort sur le chapitre des sanglots que sur celui de l'*imitation*.

Et dans les passages les plus terribles de sa vie, même dans le moment où on le menaçait de le faire pair de France, jamais notre martyr ne voulut sacrifier aux faux dieux.

Or, pour ce grand artiste, les faux dieux étaient : la couleur, la vie, le mouvement et l'effet; Rubens le mettait en fureur, l'école espagnole pâlissait sous son regard farouche, le seul nom de Rembrandt lui semblait une injure, et quand un de ses élèves se permettait de lui parler de Paul Véronèse, la porte de l'atelier se fermait pour toujours sur le malheureux blasphémateur.

L'intolérance la plus féroce était donc la vertu la plus saillante de notre saint, qui ne reconnaissait à l'art qu'un seul prophète en une seule personne. Ce prophète, c'était lui. Raphaël devait se contenter de l'humble rôle de précurseur.

Comme le Dieu de Moïse, M. Ingres formait toutes ses créatures à son image; mais, plus despote que Jéhovah, il ne leur accordait pas le libre arbitre.

Au milieu de son atelier s'élevaient deux arbres : l'un triste, rabougri et d'un feuillage pâle, rapportant de l'ingrisme (1); l'autre puissant, coloré, touffu, plein de sève et de lumière, ployait sous le poids splendide de peintures éblouissantes.

A sa leçon de chaque jour, saint Ingres disait doucement à ses disciples bien-aimés : « Vous êtes entièrement libres, mes agneaux, de manger tant qu'il vous plaira des fruits de ces deux

---

(1) Espèce de fruit sec et poussiéreux.

arbres. Mais cependant, celui de vous qui toucherait à l'arbre de la lumière et des coloris pourrait fort bien s'en trouver mal. Allez, dessinez et ne peignez plus. »

Et si, par hasard, tenté par cette Eve séduisante, la couleur, un jeune Adam se permettait de flairer un tantinet les fruits de l'arbre défendu, un billet rageur le chassait le soir même du paradis ingriste. Cette tyrannie découlait naturellement du caractère de M. Ingres, et, à ce propos, nous demandons la permission de mettre ici une

LÉGÈRE DISSERTATION

HUGOTICO-PHILOSOPHIQUE

Artistes, guerriers, savants, poètes et rois, tous ceux enfin qui ont tracé dans l'histoire un sillon lumineux, se divisent en deux catégories bien distinctes :

Les natures et les volontés.

Les natures rapportent, les volontés produisent.

Une nature aura beau lutter contre elle-même, elle se verra toujours forcée d'obéir à son instinct. Un prunier jalousant des poires pourra fort bien sécher d'envie sur pied, mais il ne rapportera jamais autre chose que des prunes.

Les volontés, au contraire, produisent artificiellement tout ce qu'elles désirent. C'est la différence qui existe entre la patience et le génie.

Louis XIV et François Ier étaient des natures royales, comme Rubens, Rembrandt et Prudhon étaient des natures artistiques.

Louis XI, Richelieu et Philippe II d'Espagne n'étaient que de grandes volontés, de même que MM. Ingres et Hugo. Chez ces hommes-là, l'obstination et le calcul remplacent le sentiment, et l'inspiration arrive toujours froidement, comme une preuve à la fin d'une règle de trois.

Quand une forte volonté s'unit à une nature puissante, on obtient pour total le génie : Homère, Raphaël, Napoléon.

Si nous mettons le père Homère à la tête de cette glorieuse trinité, ce n'est certes pas pour nous poser en helléniste, mais cela donne à cette légende un certain parfum XIXe siècle qui n'est pas à dédaigner. Grâce à Dieu et à l'ennui, nous sommes délivrés aujourd'hui de ce ridicule si commun, au temps de M. Gustave Planche. Homère par-ci, Homère par-là, Homère partout; ce qui se consommait d'Homère à cette époque-là était vraiment effrayant. On se battait à coups d'Homère, tout en sachant fort bien de chaque côté que les armes n'étaient pas chargées à science. Cela ne tirait donc pas à conséquence. On citait familièrement ce vieillard, aussi vénéré qu'inconnu, comme on exaltait *Obermann*, qu'aucune créature humaine n'a jamais essayé de lire. C'était simplement un pédantisme sans frais, que se toléraient mutuellement les poètes et les critiques d'alors. On rencontrait bien parfois encore de dignes gens, qui croyaient entrevoir l'*Illiade* et l'*Odyssée* à travers ces épaisses glaces dépolies qu'on appelle des traductions ; mais ceux-là étaient plus à plaindre qu'à blâmer, et mieux valait encore la prétention des autres, car alors c'était tomber vraiment d'ignorance en Bitaubé. D'ailleurs, il est clairement prouvé à cette heure qu'Homère se nommait D... et publiait des almanachs sous le règne de M. Guizot.

Cette maladie de l'hellénisme était toutefois si contagieuse, que M. Ingres lui-même en fut gravement atteint, mais non convaincu, nous devons le dire à sa louange : quelques ennemis jaloux l'accusent de s'être plu à laisser flotter de nombreux doutes à ce sujet. *Il se contentait*, disaient-ils, *de sourire modestement, quand ses flatteurs se plaignaient de ses longues nuits passées à ruminer sur Porphyre et Tryphiodore.*

Impartiale comme la mort, notre plume doit le défendre contre cette injuste accusation. Non, M. Ingres n'a jamais lu Homère ; non, M. Ingres n'a jamais su le grec ; et si parfois il se débattait faiblement sous cette calomnie, il ne faut voir dans ce timide embarras que la crainte polie de blesser ses louangeurs. Il eût été plus beau, nous l'avouons à regret, de déclarer franchement la vérité. Mais en tout cas, il pouvait dire sans crainte à ses contemporains : *Que celui de vous qui reconnaît ne pas connaître Homère me jette la première traduction à la tête.*

Et personne ne l'eût blessé.

Qu'un peintre sache ou ignore le patois des personnages qu'il peint, c'est chose complètement indifférente. Raphaël eût été certes fort embarrassé pour demander ses bottes dans la langue de la Vierge, et M. Girodet, qui traduisait Anacréon comme le premier venu, n'en comprenait pas plus l'art grec pour cela. Mais cette flatterie à l'endroit de notre martyr avait une grande valeur en raison des niaises théories artistiques qui circulaient alors. De bons critiques soutenaient qu'on devait étudier le sentiment plastique d'un peuple dans sa littérature, et sa littérature dans ses monuments. En vertu de cette absurdité siamoise, les pianotistes repassaient toute l'histoire d'Angleterre, pour exécuter philosophiquement des variations sur l'air de *Marlborough* ;

et l'on voyait de jeunes peintres apprendre la Bible par cœur, pour faire en somme des Abraham avec des têtes de porteurs d'eau. De leur côté, les écrivains composaient, à force de descriptions architecturales, de pittoresques romans, intéressants comme des états de lieux, et amusants comme des cathédrales.

Tout cela était fort peu joyeux, mais enfin c'était la mode.

AXIOMES

Cinq minutes de contemplation devant la Vénus de Milo en apprendront plus sur le sentiment de l'art grec qu'un demi-siècle usé sur Platon et Timée de Locres. Voilà pour l'absurdité *littéraire*.

Enfermons un Anglais pendant six mois dans le Vatican; qu'il se repaisse à loisir des merveilles de l'art italien; puis voyons s'il se servira de la langue du Tasse pour commander le bifteck qu'il aura noblement gagné par une si longue admiration. Voilà pour l'absurdité *artistique*.

Mais puisque nous parlons grec :

Α'λλος : autres; αλλοιόω : je change.

Pour en revenir à notre saint :

Une volonté de fer, doublée et chevillée d'une patience de religieux, voilà les deux seules qualités qui ont fait un grand artiste de M. Ingres, comme elles en eussent fait au choix un grand médecin ou un grand banquier. La nature ne l'avait doué d'aucune faculté spéciale; mais sur cette volonté vivace on pouvait greffer de l'horlogerie, des mathématiques, de l'archéologie, de la jurisprudence ou de la musique; et M. Ingres aurait rapporté des montres, à répétition surtout, des triangles, des dissertations sur les vieux pots cassés, des arrêts cassables ou des festivales avec une égale supériorité.

Une seule ville se dispute l'honneur d'avoir vu naître M. Ingres. Cette cité, florissante autrefois, mais si pauvre aujourd'hui qu'on n'y rencontre pas un seul mendiant, c'est Montauban (Mons Alba). Dans le langage du pays, *alba* signifie *saule pleureur* (1). Un artiste aussi larmoyant que notre saint devait nécessairement pousser ses premiers cris dans un lieu consacré à cet arbre sensible.

Un peintre, Toulousain mais honnête, engendra donc M. Ingres à Montauban vers 1781; et M. Ingres n'engendra personne; car le Seigneur, qui avait de grandes vues sur lui, ne voulut

---

(1) Historique. Voir tous les dictionnaires, même les meilleurs.

jamais le distraire par les vulgaires occupations de la paternité.

Or, le jour de la naissance de Jean-Auguste, aucune étoile n'ayant appris aux peintres qu'un roi leur était né, les trois mages du temps, Vien, Greuze et Joseph Vernet restèrent tranquillement chez eux.

Comme tous les hommes marqués du sceau fatal de la célébrité, M. Ingres eut une enfance très remarquable. Tout petit, il se drapait déjà dans ses langes avec un goût très pur, et se mouchait également dans le style de Phidias, c'est-à-dire sans le secours d'un mouchoir, luxe barbare que les Grecs ont toujours ignoré.

Plus grand, on le voyait jouer mélancoliquement à la toupie sur la belle promenade de *la Falaise ;* et dans les poses raphaéliques qu'il se donnait pour lancer son joujou, on lisait si clairement sa vocation, qu'une bohémienne lui prédit un jour qu'il deviendrait mestre-de-camp des armées du Roi.

Dans les beaux jours d'été, Jean-Auguste allait flâner poétiquement sur le penchant des collines pour y dénicher des fruits. Le spectacle sublime des cîmes pyrénéennes qui déchirent l'horizon de leurs dents neigeuses éveillait en sa tendre âme tous ses instincts d'artiste. Dans ces moments inspirateurs, il tirait de sa poche un flageolet modeste comme celui de Daphnis et se mettait à moduler en champêtres accords l'air *j'ai du bon tabac,* ou celui du *roi Dagobert.*

Bref, en étudiant le flageolet, le jeune Ingres devint d'une telle force sur le violon que son père se décida à l'envoyer à Paris étudier la peinture chez M. David. Notre martyr atteignait alors sa seizième année. et il fallait enfin prendre un parti violent. Après un déluge de larmes qui grossirent le Tarn d'une façon dangereuse, Jean-Auguste s'arracha des bras de sa famille pour aller se blottir tristement dans un coin de la patache de Paris.

Aujourd'hui on montre encore religieusement aux voyageurs qui traversent Montauban un dessin au charbon, fait par M. Ingres la veille de son départ, sur le mur de l'hôtel du *Lion d'or.*

Cette compositon vraiment homérique, dans laquelle on reconnaît aisément la première pensée de la *Stratonice,* exécutée quarante ans plus tard, ce précieux croquis révélait déjà pour tout artiste le talent à la fois naïf et élégant de son illustre auteur.

C'est à la première couchée de son voyage, dans la petite ville de Cressensac, que M. Ingres eut la célèbre vision qui décida de son avenir.

Couché depuis cinq minutes à peine entre les draps humides de l'auberge du *Cheval gris*, notre jeune artiste ronflait déjà avec la candeur de son âge; lorsqu'un fantôme pâlement lumineux surgit au pied de son humble couchette. Tremblant de frayeur, Jean-Auguste vit bientôt cette vague apparition se condenser en un beau jeune homme qui prononça lentement ces paroles en italien :

« Jeune rapin :

« Je m'appelle Raphaël et ne te veux pas de mal, écoute-moi donc sans peur. Depuis la mort de Poussin, l'art français est dans une voie mauvaise que Louis David ne rendra pas meilleure. Bien que je méprise souverainement Watteau, Boucher et Coustou, ces gens-là du moins avaient un sentiment à eux, tandis que l'école qui pousse n'aura pas même ses défauts à elle. J'en excepte toutefois le petit Gros et un nommé Prudhon, qui ne manquent pas d'un certain talent. L'imitation pétrifiée de l'art romain mal compris finira par ennuyer tellement le siècle qui va s'ouvrir, qu'une réaction terrible aura nécessairement lieu. On se jettera alors dans un dévergondage de couleur si horrible, que Rubens lui-même en rougira de honte. Pour arrêter cette invasion de coloristes barbares dont l'Attila s'appellera Delacroix, il faut un homme intolérant, patient, convaincu, ne voyant qu'un côté de l'art, le contour; cet homme, ce sera toi. Pour cela, il faut te borner à copier servilement quelques vases étrusques, et une dizaine de bas-reliefs grecs; exalter sans cesse Phidias, que tu ne comprendras pas, puis moi, que tu ne comprendras guère; et ne jamais faire surtout un bout de draperie sans me consulter. Je te permets même de m'emprunter quelques figures quand tu seras trop embarrassé. A défaut de pouvoir approcher de mes qualités, exagère mes défauts, et cela reviendra absolument au même pour ton succès. Adieu donc, jeune rapin, *tâche d'imiter mon faire et porte-toi bien.* »

Et l'apparition disparut comme elle était arrivée.

A son réveil, M. Ingres se rappela parfaitement ce discours, moins toutefois la dernière phrase, qu'il entendit de cette façon : *tâche de m'imiter, mon* frère, etc... Mais comme il ne savait pas alors un seul mot d'italien, cette erreur est parfaitement excusable.

Cependant, c'est ce malheureux quiproquo, selon nous, qui a perdu M. Ingres. Dans l'intime conviction de la parenté avec Raphaël, il ne s'est jamais gêné le moins du monde pour puiser dans les œuvres de ce maître tout ce dont il avait besoin. Et cela se conçoit, entre parents on doit agir de cette façon, aussi, lorsqu'il était embarrassé pour une pose, pour une tête, pour un accessoire même, vite il fouillait dans la succession de Raphaël, en se disant : « Parbleu, je serais bien bon de chercher ailleurs ; en choisissant ce qui me plait dans la défroque de mon frère, *je n'emprunte pas, j'hérite.* »

Et, grâce à cette sublime distinction, saint Ingres s'est mis parfois à hériter avec une telle ardeur, qu'il avait l'air de se constituer lui-même le légataire universel du revenant de Cressensac.

Plein de confiance en lui et en son visiteur nocturne, voilà donc Jean-Auguste réduit à écouter les tolérantes leçons du premier peintre de son temps, et contraint de mener cette heureuse existence d'étudiant, prologue si charmant de la vie d'artiste, que les actes suivants semblent toujours auprès décolorés et tristes.

C'est à dater de cette époque qu'une sombre fatalité s'empare de M. Ingres, pour ne plus l'abandonner dans une des plus brillantes carrières qu'aucun peintre ait jamais parcourues. Il n'avait pas encore passé trois années chez M. David, qu'une première persécution éclata contre lui sous la forme d'un second prix. Douze mois plus tard,

> *Le siècle avait un an, Rome remplaçait Sparte,*
> *Victor Hugo poussait pour chanter Bonaparte.*

et M. Ingres remportait le grand prix de Rome à vingt ans. Le supplice qui lui fut infligé à cette occasion consistait à être nourri, instruit et logé pendant cinq ans sous le plus beau ciel du monde, le tout aux frais de cette généreuse princesse : la nation.

Le tableau qui valut cette douleur à notre saint est encore visible à l'œil attristé, dans la salle des concours. C'est une espèce de bas-relief gris mal composé, et au milieu duquel Achille nu, maigre comme une danseuse, se donne la plus ridicule tournure qui se puisse inventer. Sauf un Ulysse copié exactement du Phocion antique, rien de passable dans cette œuvre ne motivait réellement l'injuste arrêt du jury d'alors. Il est donc impossible de ne pas reconnaître là le doigt maudit de la fatalité.

Une fois à Rome, M. Ingres prit tellement goût à son malheur, que, sa peine expirée, il oublia complètement son ingrate patrie jusqu'en 1824. C'est dans ce dur exil qu'il enfanta son *Œdipe*, étude sèche et roide ; — l'*Odalisque*, une de ses meilleures figures,

Francesca et Paolo, groupe d'amoureux transis, qu'un jaloux n'aurait jamais chagrinés en les voyant si froidement épris ; — *une botte d'apôtres s'étouffant autour d'un Christ passablement sournois*, pour l'église de la Trinité-du-Mont ; — *la Chapelle Sixtine, Charles V, l'Arétin, Henri IV*, charmants petits tableaux supérieurs de beaucoup aux grandes toiles de notre martyr.

Et enfin, ces fameux portraits à la mine de plomb qu'on trouve si admirables, précisément depuis qu'on n'en trouve plus.

Ne se nourrissant que de viandes cuites, de légumes parfaitement assaisonnés et de poisson frais, M. Ingres vivait si inconnu dans son austère retraite, que sa réputation fut bientôt immense en Italie, et que dès 1810 le bruit de ses mortifications parvint jusqu'au roi de Naples. Ce potentat farouche eut alors la barbarie de lui commander un tableau : le *tu Marcellus eris*, et poussa même, dit-on, la cruauté jusqu'à le payer fort cher.

Accueilli avec une haute distinction dans les meilleures familles de Rome, M. Ingres se dit, vers 1813, qu'il n'était pas bon que l'homme fût seul, et une jeune fille qu'il aimait devint Mme Ingres, c'est-à-dire la plus simple, la meilleure et la plus dévouée de toutes les femmes.

Tant de malheurs auraient abattu un artiste moins résigné que Jean-Auguste qui semblait retremper son courage dans l'adversité. Un grand manteau bleu, fleurdelysé et surmonté d'une neige de Raphaël passablement alourdie, préséda son retour en France. L'État acheta la chose, logea l'auteur aux Quatre-Nations, lui confia un plafond du Louvre dont il fit, d'ailleurs, une œuvre remarquable, et les portes de l'Institut s'ouvrirent à deux battants devant sa grandeur Ingres d'Urbin.

La prophétie de Cressensac était donc accomplie. De ce moment, notre martyr régna despotiquement sur l'art français, sans partage ni conteste. De jeunes fanatiques chevelus s'enrôlèrent sous son intolérance et se posèrent en gardes du corps de sa gloire ; et ses élèves seuls eurent le droit de visiter la ville éternelle aux dépens de la partie.

Aussi prudent que le cauteleux fils de Laërte, jamais M. Ingres ne laissa percer la pensée, qu'il n'avait peut-être pas, sur les questions politiques de son temps. Une simple historiette donnera, du reste, une idée complète de l'impartiale réserve qu'il observait à cet égard.

C'était par une belle matinée d'août 1830 ; le grand pontife de la peinture prenait son modeste café au lait, en regardant par la croisée son élève chéri, M. Flandrin, qui s'amusait, dans la cour, à dessiner au fusain une bataille sur le mur. Tant que les personnages qui poussaient sous les doigts du jeune ingriste restèrent nus, M. Ingres se plut à ce divertissement, qu'il encourageait même de ses conseils. Mais, horreur ! sur la tête d'un combattant vint reposer un tricorne de gendarme ; puis un torse se couvre d'un habit de garde royal ; évidemment le doute n'est plus permis, c'est un épisode de juillet qui va s'étaler audacieusement devant les fenêtres du déjeuner. Hors de lui, la tête perdue, M. Ingres s'élance alors, une éponge à la main, sur le corps du délit, le barbouille avec indignation, puis se retournant vers le coupable, il lui dit d'un ton sévère :

« Sachez, Monsieur, qu'il ne faut jamais se moquer des vaincus, parce qu'ils peuvent revenir ; ni des vainqueurs, parce qu'ils sont les plus forts. »

Cette sentence, digne de Démosthène, résume admirablement les opinions politiques de M. Ingres.

Notre directeur se dédommageait toutefois, dans son atelier, de cette tolérance politique, en exagérant beaucoup les conseils du Sanzio. Non content de nommer Rubens le Génie du mal, et de proscrire en bloc les écoles hollandaise, vénitienne, espagnole et flamande, il voulut faire remonter la peinture aux plates productions des artistes du XIVe siècle, et ses élèves furent aussi ridicules par leurs prétentions à la simplicité que l'avaient été leurs romantiques devanciers en visant constamment à la couleur fougueuse. A la naissance d'un art, certaine maladresse peut à la rigueur se tolérer sous le nom de naïveté ; mais quand il est vieux, et que toutes les ficelles du métier sont connues de tous, afficher ce pédantisme d'ignorance, c'est se conduire comme une grand'mère qui jouerait la prude, ou comme un tambour-major qui boirait de l'eau-de-vie avec un biberon Darbo.

Si l'amour de la persécution ne l'avait pas tourmenté si fort, M. Ingres aurait pu se croire assez heureux à cette époque ; mais un triomphe tranquille ne faisait pas son affaire, et il souffrait vraiment trop de ne pas souffrir du tout. Son *Saint Symphorien* vint par bonheur le tirer de cette torturante béatitude. Au milieu du concert de louanges soulevées par ce malheureux tableau, un des plus mal composés de notre peintre, une humble voix fit modestement observer que, parmi tous ces messieurs qui se fatiguaient à faire les Hercules sur cette toile, certain licteur avait peut-être trop de muscles pour un Romain seul. Abomination de la désolation ! Là-dessus M. Ingres met le Louvre en interdit, ferme son atelier, jure qu'il n'exposera plus rien pour un public si profane, et déclare qu'à l'avenir il faudra se borner à l'adorer sans le voir, absolument comme le Grand Lama. Son désespoir fut même si grand qu'il hésita, dit-on, entre le suicide et la direction de l'École de Rome ; mais ses sentiments religieux le tirèrent de cet humble doute, et, décidé à boire le calice jusqu'à la lie, il accepta cette dernière humiliation, qui consiste en un palais, une voiture et d'assez beaux appointements, toujours sous le ciel pur de la belle Italie.

A la nouvelle de ce départ, Paris tomba dans une consternation profonde. De nombreuses députations allèrent, au nom de la critique, implorer le pardon de M. Ingres, en lui promettant qu'elle ne le ferait plus. Mais il fut inexorable et s'éloigna en pleurant sur son pays déchu.

Cet événement eut un si grand retentissement que M. Hugo composa, à cette occasion, une ode sublimement longue, dont il ne nous reste heureusement que quelques strophes. Ce fragment est cependant suffisant pour nous donner une idée de l'étrange poésie qui se consommait à cette époque.

GRISAILLE

I

Quand il pleut en mon âme, abîme gigantesque,
Et que les bruits humains se sont effacés presque
    Dans une brumeuse rumeur,
Mon crâne lumineux d'obscurité se couvre,
Et mon esprit béant, comme un coffre qu'on ouvre,
    Grand Ingres ! comprends ta couleur.
Va ! ne te heurte pas aux critiques amères,
Comme toi j'ai saigné de géantes misères,
    Mais, dans mon gigantal mépris,
Dédaignant les clameurs comme un sphinx impassible,
Je veux, dans mon orgueil, demeurer insensible
    Aux rossignols comme aux cricris.
D'ailleurs, on ne peut pas décapiter ta gloire,
Tant que le *gris* vivra dans l'humaine mémoire
    On parlera de tes pinceaux.
Et le jeune avenir, sans nous porter envie,
Se dira : « Tout, hélas ! n'est pas rose en la vie ! »
    En contemplant tes froids tableaux.

II

Oui, c'est un monstrueux blasphème
Qu'en ces jours chauves de talents
On blâme ta peinture blême,
Emblême de nos tristes temps.
Lorsque tout est sombre sur terre,
Ton noble et grave caractère
Ne doit-il pas rester sévère
En voyant les grands cœurs aigris ?
Le monde est noir comme un cyclope,
Le ciel est blanc au télescope
Et c'est être encore philanthrope
Que de voir les hommes en gris.

III

Quand, au ciel pur de l'art, ton front digne d'un monde
Brille avec des éclairs autour,
Comme un astre sans feu ni lieu, qui vagabonde,
Tu..... avec.......... vautour
Un spectre, oh ! .....affreux..... sa faim géante
.....granit ....âme béante
.... croix ;
Je le crois, je le crois, je le crois, je le crois !

Un autre document précieux sur ce douloureux départ se trouve dans un volume des Mémoires d'outre-ennui de M. de Chateaubriand. Ce grand poète, pour consoler le grand peintre, lui adressa une des mille copies de la fameuse lettre qu'il improvisait toujours dans les circonstances solennelles :

« Qui aurait dit, Monsieur, il y a trois cent trente-deux ans, que, du fond de sa solitude, un pauvre écrivain comme moi oserait écrire deux lignes à un génie tel que vous ? Mais que voulez-vous ? L'âge rend hardi ; et puis, quelque grands que soient les événements, Dieu est toujours plus grand qu'eux. Si mon fameux bâton de pèlerin n'était pas usé par la publicité, croyez, Monsieur, que je vous l'eusse offert de grand cœur, pour vous soutenir dans votre pieux voyage. Après tout, dans ces temps-ci, ce que les grands hommes ont de mieux à faire, n'est-ce donc pas de partir ? J'espère bientôt aussi, etc... etc... » *(Pour la fin, voir toutes les lettres du même à d'autres.)*

Justement indigné d'un acharnement si odieux contre sa gloire, voilà donc notre saint se bannissant une seconde fois de sa France chérie. La dictature de l'école de Rome aurait pu adoucir, il est vrai, une âme moins ulcérée que la sienne ; mais M. Ingres méprisait trop pour cela les vanités mondaines, et s'il consentit à jouir largement de tous les avantages attachés à une royauté si enviée, on ne doit considérer cette humble condescendance que comme le dévouement sublime d'un noble cœur stoïquement résigné.

C'est vers cette époque, selon de savants archéologues, que fut exécuté un portrait mystique, attribué par les uns à M. Flandrin, apôtre ; par les autres à M. Jourdy, qui n'avait pas encore renié son maître. Cette religieuse peinture est la seule représentation arithmétique de M. Ingres qui soit parvenue jusqu'à nous. On a longtemps parlé d'un portrait fort maniéré de ce maître fait par lui-même dans son premier exil ; mais toutes nos recherches ont été vaines à ce sujet. Cependant, comme tout ce qui concerne les élus tirés par Dieu de la multitude intéresse vivement les nations, nous croyons rendre service à l'avenir en reproduisant le signalement de M. Ingres, découvert par nous dans les archives mystérieuses de la police, série des *Passeports*, casier 190, 461, 700. 180. 521.

« Nous invitons les autorités civiles ou non à laisser, etc... ; le sieur Ingres, académicien d'un mètre soixante-trois centimètres. Cheveux noirs *séparés sur le front.* — Taille *boulotte.* — Bouche *moyenne et sérieuse.* — Redingote *noire.* — Petites moustaches *idem.* — Yeux vifs *et bruns.* — Pantalons d'avoué *(lustrine foncée).* — Voix *cléricale.* — Lunettes *rondes.* — Teint *méridional.* — Visage *lunaire.* — Défaut particuliers : *Une forte croix d'honneur à la boutonnière, et un gros grain de beauté sur la joue gauche.* »

De 1836 à 1841, l'existence de M. Ingres fut remplie par de si nobles travaux, qu'un artiste moins courageux aurait infailliblement succombé sous la tâche laborieuse que notre martyr s'imposait tous les jours. Chaque matin, simplement vêtu d'un court mantelet de sa femme, le roi de l'école se promenait lentement quelques heures dans les superbes jardins de la villa, entouré de MM. Flandrin *bis*, Papety, Murat et Jourdy, ses disciples préférés.

Comme les sages du Portique, il laissait échapper en marchant, de ses lèvres éloquentes, les plus admirables instructions.

Treize chats, élevés par lui dans le palais et dans l'horreur de Rubens, recevaient alors de ses mains leur pâture de la journée. Ces intéressants animaux furent quelque temps la seule joie et l'innocente consolation de M. Ingres. Mais, hélas ! ce bonheur fut court, comme tous les bonheurs de ce monde. Nourris dans la solitude, ces chats ingrats devinrent bientôt d'une telle férocité, que M. Ingres fut contraint de s'en débarrasser en les expédiant au Jardin des Plantes de Paris, où le public les admira longtemps sous dénomination de *Tigres d'Ingrerie*.

Vers midi, M. Ingres se reposait un instant devant l'ébauche de sa *Stratonice*, tableau de chevalet qu'il mit six ans à terminer. Il grattait légèrement l'ouvrage de la veille, refaisait juste la même chose, passait chez ses élèves, leur débitait emphatiquement quelque axiome anatomique, comme « le *nombril* est l'œil du torse », et rentrait tranquillement dîner.

Les belles soirées étaient consacrées aux découvertes d'antiquités. Suivi de ses disciples, M. Ingres s'égarait dans les mines de la ville éternelle, et pas un tesson, pas un fer à cheval n'échappait alors à son regard investigateur. Plusieurs amphores, sur lesquelles M. Raoul Rochette parvint à déchiffrer le nom de Bordin, vinaigrier, deux tire-bouchons étrusques, un faux-col sabin et une pierre entièrement fruste qu'on peut voir à l'école des Beaux-Arts, sous le nom de *Vénus à la borne*, furent les plus précieux des résultats fouilles artistiques de M. Ingres.

C'est ainsi que M. Ingres passa les cinq premières années de son exil. Inflexible dans sa rancune contre la critique, il se renferma tout ce temps dans son oisiveté, comme Achille dans sa tente, et la France fut punie par où elle avait péché.

LA CÈNE DES INGRISTES

Cependant, voyant approcher la fin de sa dictature, saint Ingres voulut se ménager un triomphe facile en se manifestant à un ingriste selon son cœur, et Paris reçut alors l'avis qu'on l'admettrait quatre heures à contempler deux petites toiles de ce maître, rue Saint-Lazare n° 11. *Demandez M. Mario, au premier.*

Cette tactique fort ingénieuse pour entretenir la ferveur des fidèles, en échappant à tout contrôle, n'obtint pourtant pas le succès qu'attendait son inventeur. La France s'émut même si peu de la *Stratonice* et de l'*Odalisque*, deuxième du nom, que, froissé de nouveau, leur auteur ne pouvait se décider à quitter la villa Médicis pour son insouciante et coupable patrie.

Le nouveau directeur de l'école se présentait chaque jour pour prendre possession du pouvoir, et chaque jour de nouvelles excuses lui étaient adressées. Fatigué de ces lenteurs, M. Schutz confia mystérieusement un matin, à M. Ingres, qu'il était fort question en France de la nomination de M. Horace Vernet à la pairie, et que, sans nul doute, d'autres artistes seraient également appelés à cet honneur. Cette adroite confidence lui réussit tellement, que, dès le soir même, M. Ingres adressait ses adieux à la capitale du monde chrétien.

Le retour de notre martyr fut fêté sur toute la ligne par le ban et l'arrière-ban des fidèles; mais, en fait de pairie, M. Ingres, comme sœur Anne, ne voyait rien venir. Il fallait donc frapper un grand coup, et ce fut alors que se trama dans l'ombre le fameux banquet ingriste à six francs par tête, somme énorme pour l'époque. Nous empruntons au *Moniteur* de 1841 les principaux détails de cette ovation, la plus glorieuse des temps modernes.

Or, le 15 juin, le dîner étant cuit, les ingristes se tournèrent vers leur Messie, et lui demandèrent où il voulait être apothéosé. Et il leur répondit : « Allez voir le pair Pastoret, et dites-lui que ma pairie est proche. »

Ce chef des anciens fit alors décorer la salle Montesquieu. Des théories de jeunes traiteurs couvrirent les tables éclatantes de maigres volailles aux grandes pattes noires, de Syracuse à douze, et de quartiers de sangliers domestiques.

Deux hérauts splendidement vêtus, l'élégant Chalamet à la voix flûtée, et le puissant Comayras aux vastes poumons, proclamaient à la porte les plus beaux noms de l'aristocratie intellectuelle. Semblable aux immortels, le beau Cantagrel recevait les contre-marques.

La foule turbulente des gentils se plaça avec le plus respectueux désordre, et le prince du Feuilleton alla chercher le Messie, qui, depuis deux heures, attendait cette surprise dans le passage voisin.

Et le Messie parut !

Ce fut alors un tumulte flatteur ! De jeunes hommes d'un port distingué réclamaient leurs numéros, d'autres demandaient des fourchettes, beaucoup s'indignaient de la minorité des bouteilles, quelques-uns même crièrent : « Vive M. Ingres ! » Enthousiasme unanime et touchant.

Or, quand il fut entouré de ses apôtres, M. Ingres rompit un pain de seigle cuit sous la cendre et leur dit : « Prenez et peignez, car ceci est ma couleur. »

Puis il ajouta, en leur montrant une multitude de gravures anciennes : « Prenez et copiez, car ceci est mon dessin. »

Et lorsqu'ils mangeaient gloutonnement, il leur dit : « En vérité, je vous le dis, l'un de vous me trahira pour la pairie. »

Horace Vernet, qui s'emparait en ce moment d'un morceau de nougat, lui demanda : « Maître, est-ce moi ? »

Et il lui fut répondu : « Vous l'avez dit. »

En ce moment, le silence était si profond que, selon la belle parole de Bossuet, on aurait entendu voler un mouchoir.

Puis l'on frappa sur la table des apôtres, et le pair Pastoret entama la série des toasts.

AU MESSIE

« A vous, ô Ingres, non pas comme grand peintre, je ne m'y connais pas, mais parce que vous êtes une bonne pâte d'homme, et que votre vie n'a pas été mauvaise. » (*Applaudissements de M. Jadin.*)

RÉPONSE DU MESSIE

« Mes amis, mes chers amis, ne me parlez pas de moi, ne me parlez pas de Raphaël, ne me parlez pas de l'Italie : mais parlez-moi de notre musée de Versailles et de la pairie. Vive la pairie et le musée de Versailles ! » (*L'émotion était si grande à ce moment que M. Delaroche en profita pour nettoyer ses lunettes.*)

UN INCONNU

« A l'art, cette chair de la pensée ! à M. Ingres ! Puisse la gloire, cette porte qui roule sur les gonds de l'avenir, s'ouvrir large devant son nom !! »

TOAST JANIN

« Car, je me demande si c'est bien moi qui vous parle ? Si c'est bien vous qui écoutez ? si c'est bien lui que nous fêtons ? Moi si simple, si naïf et si gros, si simple, si gros et si naïf; moi qui vous aime comme vous m'ignorez; moi qui ne parle jamais que de moi; moi qui ne sais pourquoi je me lève ici, pourquoi je vous parle, pourquoi vous m'écoutez, pourquoi je suis parmi vous, avec vous, au milieu de vous, pourquoi nous sommes réunis, lui, vous et moi, moi, vous et lui, vous, lui et moi ? Ce n'est pas pour le dîner, il est exécrable; les mets chauds sont froids, les mets froids sont chauds, et le vin est plat; c'est la faute de Cantagrel, c'est la faute de Comayras; c'est notre faute à tous, à Cantagrel à Comeyras, à vous et à moi. Nous avons pourtant aboulé six francs chacun, et six francs, c'est là notre adversaire de tous les instants; c'est contre six francs que nous luttons tous chaque jour, et bienheureux sommes-nous quand l'écu n'est pas le plus fort; et encore notre président ne voulait-il pas nous enthousiasmer à raison de vingt francs par tête ? En voilà un drôle de Pastoret. Mais j'ai dit merci, et vous m'avez tous dignement soutenu; honneur à vous ! honneur aussi à M. Ingres, ce grand talent dont la moitié fait à l'autre des répliques si amères ! honneur à nous tous ! A vous, Delaroche, consciencieux Delavigne de la peinture; au grand Flandrin et au petit Flandrin, toujours frères, et jamais coloristes; et à tous ces jeunes hommes de tant de cœur, de tant de style, de tant d'âme et de tant d'esprit qui pleins de talent, tombent au milieu de nous sans crier gare ! à vous, ô Massol, qui chantez si faux; à vous, ô Delsarte, qui ne chantez pas du tout; à vous, ô grand Berlioz, en habit bleu de ciel ! oui, c'est une belle assemblée; mais pourquoi Molière n'est-il pas ici ? Molière dans la salle Montesquieu; Molière, Montesquieu et Ingres, quels hommes et quels noms ! Et comme Molière eût compris M. Ingres, et comme M. Ingres eût compris Molière ! Et Ergaste, donc ! et Cléante ! et don Juan ! et Orgon ! et Clitandre ! et Aminte ! et Célimène ! et Oronte ! et Philinte ! et Gironimo surtout ! Mais, hélas ! Molière est mort, et avec Molière Ergaste, et avec Ergaste don Juan, et avec don Juan Orgon, Clitandre, Aminte, Gironimo, Célimène, Mlle Mars, Oronte, Alceste, et une maxime qui n'est pas neuve; il ne nous reste que M. Ingres et la salle Montesquieu; ménageons les voûtes de celle-ci et la sensibilité de celui-là; modérons nos acclamations, et, par pitié pour le cœur de l'homme, soyons cruels pour l'artiste; disons-lui... »

A cet instant, Berlioz, qui redoutait un toast en douze colonnes, leva son harmonieux bâton. Sur ce signe, cinq gaillards entonnèrent un *De profondis* allemand. J. J. se rassit tranquillement; mais, au milieu de cette musique, un mauvais plaisant répandit le bruit que la nomination de M. Horace Vernet était signée. A cette nouvelle, M. Ingres se précipita en pleurant dans les bras du pair Pastoret *(tableau)*.

Cette touchante cérémonie termina noblement la vie publique de notre martyr. De ce moment, il continua prudemment sa petite exposition à domicile; une *vierge* et le portrait de *Chérubini, couronné par Mlle de Renneval, en costume de gloire,* obtinrent ainsi un immense succès à gloire close... Mais M. Ingres parvint-il enfin à la pairie qu'il bravait si courageusement ? Voilà sur quoi l'histoire se tait. Espérons-le toutefois, car, comme le chante Guillaume Tell, à propos du vieux Meethal, l'*honneur du canton* :

> *C'était aux palmes du martyre*
> *A couronner tant de vertus!*

***

Ce salon de 1827 constitua le champ de bataille décisif, ainsi que le note Th. Silvestre, où les prétendus classiques et les prétendus romantiques s'affrontèrent. On sait que la lutte se circonscrivit en réalité entre Ingres et Delacroix. Devéria, dont Th. Silvestre prononce ici le nom, devait être écarté très vite. Th. Silvestre exécute sommairement les quelques œuvres de lui, d'ailleurs sans importance (dessins rehaussés) qui figurent à la Galerie Bruyas *(p. 451 et 453 du Catalogue) :*

« Dans ce dessin appelé « confidences », *ait-il de l'une*, il y a peu d'impression et peu de caractère. Exécution enjolivée, maniérisme et fausse poésie. »

« Ce dessin, *dit-il de l'autre*, fut commencé dans les Pyrénées, mais terminé et signé en Écosse. Ni Écossais, ni Pyrénéen. Mêmes défauts qu'au n° 78, p. 451, et aggravés par le désir de plaire. »

***

On le voit, Silvestre n'avait pas le moindre préjugé d'Ecole. Il aimait ou n'aimait pas. L'émule de Delacroix exécuté, au tour de l'élève d'Ingres duquel, à ce propos, et par contraste, il parle avec moins d'injustice, sinon plus de sympathie. Voici ce qu'on trouve dans le Catalogue Bruyas, *à propos d'*Hippolyte Flandrin *(p. 498) :*

Nous appelons École un certain nombre d'artistes, formés, disciplinés par un maître, héritant de ses idées, son style, et poussant à bout ses qualités ou ses défauts. Le Maître est-il donc toujours une personnalité originale et puissante ? Cela s'est vu, cela se voit plus rarement. Dans la tradition esthétique, depuis Phidias jusqu'à Rembrandt, depuis Louis David jusqu'à Eugène Delacroix, maîtres et disciples, semblables aux coureurs de Lucrèce, se passent l'un à l'autre le feu sacré. M. Ingres, étant un jour sorti de son petit panthéon de rondes bosses pour prendre des mains de David le flambeau de Raphaël, l'a laissé tomber, et M. Hippolyte Flandrin a ramassé aux pieds de son maître une mèche qui fume encore désagréablement.

M. Ingres est, en comparaison de son élève Flandrin, une écrasante personnalité. Au moins, M. Ingres a-t-il donné de temps en temps à ses portraits quelque chose de l'âpreté, de la violence de son caractère. Impuissant et faux en quelques parties de la peinture, il lui arrive de prendre un bout de revanche ; après avoir tronqué tel côté d'un type, il peut ajouter à tel autre, outre-passer la vérité, au lieu de rester à plat au-dessous d'elle : n'a-t-il pas su faire, par exemple, de Chérubini, un homme plus exalté, un caractère plus acerbe encore qu'il ne le fut de son vivant ?

Rappelez-vous les répliques revêches de ce musicien à l'empereur Napoléon Ier, qui l'appelait « Monsieur Chérubin » et vous verrez que, malgré les vices naturels et les aberrations systématiques de son dessin et de sa couleur, M. Ingres a bien saisi, bien accusé son homme. Ces deux artistes, ces deux vanités aigres, se comprenaient parfaitement.

Enfin, il a exprimé quelquefois et tenté toujours d'exprimer quelque chose dans ses portraits, le Maître de M. Flandrin !

L'instinct et la science de la couleur lui manquent ; mais au moins en essaye-t-il ce qu'il en peut essayer, même en le faussant ; et son tableau se trouve colorié courageusement.

C'est de la crudité ; mais quelle franchise et quelle audace ! Rien d'escamoté. M. Flandrin, lui, esquivant tout cauteleusement, peureusement, altère chacun des tons de la gamme chromatique et finit par tout ramener à une harmonie assez douteuse de blanc et de noir, entremêlée de teintes de plomb et d'ardoise sans transparence. Sa peinture semble une drogue évaporée ou tournée...

Les portraits de M. Flandrin sont moins des peintures que des dessins estompés ; ces petits roses, ces petits violets pourraient être reproduits au crayon sans rien perdre de leur valeur. Prenez une feuille de papier gris, de *papier Ingres*, comme on l'appelle dans le commerce, et un crayon : vous rendrez au plus juste toutes les tonalités de M. Flandrin.

L'empereur Napoléon III posa devant M. Hippolyte Flandrin, dans un petit atelier, préparé tout exprès aux Tuileries. J'avais dit dans un journal étranger, avec quelques réflexions qui me reviennent ici, que le portrait serait manqué. C'était la vérité par anticipation, mais la vérité pure. Quoique les fantaisistes parlent beaucoup d'inspirations heureuses et d'imprévu, la logique des arts est aussi serrée et même plus subtile que celle des sciences exactes. Connaissant de longue date le tempérament, les procédés et les ouvrages de M. Flandrin, il ne fallait pas être prophète pour voir son portrait fait, avant même qu'il ne fût commencé. Les chefs-d'œuvre ne sont pas produits par hasard.

La routine scholastique rendait impossible à M. Flandrin l'indépendance et la fermeté de l'observation. Un grand personnage écrasera toujours les talents accoutumés à la servitude académique. En peignant le souverain, et même un simple particulier, le disciple ingriste ne pensait qu'à son maître, qu'à ses recettes ; et, au lieu de saisir un caractère, il essayait des lignes...

₊

L'opinion de Théophile Silvestre sur Paul Delaroche ne diffère de celle de Delacroix (1) *que dans sa manière de l'exprimer* (p. 422 du Catalogue Bruyas) :

Paul Delaroche est, dans l'art, *un juste milieu,* comme on disait sous l'avant-dernier règne. Pour intéresser avant tout le public avide d'émotions théâtrales, il se fit peintre mélodramatique ; et comme la peinture n'a qu'un moment de l'action à saisir, Paul Delaroche en choisit la catastrophe, le *cinquième acte.*

Doué d'une forte et froide préméditation, mais dépourvu de vocation spéciale, de science et de style, il portait avec les plus douloureux efforts la grande renommée que lui avaient faite les bourgeois importants et les prudhommes officiels. Il voyait dans les artistes et les amateurs clairvoyants autant de dragons de l'Apocalypse. Les soucis qu'il se donnait pour donner foi en son génie accusaient précisément toute sa faiblesse.

Être pénétré et jugé empoisonnait toute sa vie. Sans naïveté, sans expansion, même sans puissance de main, et pas du tout fait pour remplir le moindre espace monumental, Delaroche était un des plus propres et des plus soigneux calligraphes de

---

(1) Voir t. I, p. 56.

l'Art, écrivant l'anglaise maigrement, et sans un trait hardi ni grand.

Dans son art, il affectait la ligne d'Ingres, et, dans ses poses, la mèche de cheveux légendaire de Napoléon Ier.

Ce jugement sévère est suivi (p. 423 du Catalogue), *d'un certain nombre d'aphorismes de Paul Delaroche qui les dicta à Théophile Silvestre pour son volume inédit de* l'Histoire *des Artistes vivants* (voir Avant propos) :

« Pauvres aphorismes, il faut le reconnaître, » *remarque Théophile Silvestre.*

IV

HORACE VERNET

*L'Affaire de l'*Histoire des artistes vivants *passa au Tribunal de la Seine le 26 juillet 1856 et aboutit à l'interdiction, pour Théophile Silvestre, de reproduire dans son livre les lettres d'Horace Vernet déjà publiées par lui dans* l'Illustration *des 5 et 12 avril et dans* la Presse *des 8, 9, 10 et 11 avril 1856. Théophile Silvestre adressa à la Cour un* Mémoire (1) *trop long pour que nous le reproduisions ici en totalité, mais dont nous extrayons les passages suivants qui nous paraissent constituer le complément indispensable des pages qu'il lui consacre d'autre part :*

. . . .

En essayant de peindre d'après nature nos artistes vivants, à tort ou à raison célèbres, je n'ai fait tout simplement que profiter d'une autorisation qu'ils m'ont eux-mêmes personnellement accordée. Ils ont bien voulu poser devant moi, me raconter leur vie, m'expliquer leurs principes, leurs œuvres. J'ai fait des portraits à la plume, comme ils font des portraits au pinceau.

Voici d'ailleurs en quels termes je prévenais chacun de mes personnages, dès le 15 octobre 1852 :

« Monsieur, en me livrant à des recherches sur l'histoire des artistes morts, j'ai trouvé beaucoup de contradictions et d'incertitudes dans les documents qui nous sont restés. J'espère me rendre plus utile en faisant des études moins incertaines sur les artistes qui vivent de nos jours.

Par l'indépendance, la sincérité, le désintéressement le plus absolu et les renseignements les plus positifs qu'il me sera possible de recueillir, j'ai la confiance d'arriver à écrire un livre plus

---

(1) Imprimerie Pillet fils aîné, 1857.

utile, plus sérieux et surtout plus honnête que ne le sont les feuilles volantes de la critique contemporaine, trop souvent condamnée à suivre les spéculations du journalisme et de la librairie. Également éloigné de la servilité et du fanatisme, en un mot de tout parti pris, je n'ai d'autre ambition que celle d'être juste et lucide dans mes jugements. Pour atteindre ce degré de conviction et d'impartialité au-dessous duquel tout livre est un acte public d'impudence, et quelquefois un mauvais service rendu à la société, je dois absolument, vous le sentez bien, Monsieur, consulter personnellement les artistes. Les moments d'entretien qu'il leur plaira de m'accorder à leurs heures perdues vaudront à mon livre un caractère de vie et d'authenticité, que seul je ne pourrais lui donner, quelle que soit, d'ailleurs, ma connaissance des ouvrages modernes les plus célèbres. Je ne crois pas avoir le droit, pour quelque motif que ce puisse être, de m'exposer volontairement à présenter sous un faux jour les talents divers de leurs auteurs, à rien altérer de leur pensée et de leur tendance originale.

Vous aurez, Monsieur, une place importante dans mon recueil : aussi me permettrez-vous, je l'espère, de vous consulter. Je compte trop sur la libéralité de votre intelligence, sur la franchise de vos convictions pour ne pas être assuré, d'avance, d'être bien compris et bien accueilli de vous. »

On le voit, je n'ai sollicité traitreusement ni pris de force aucun de mes modèles. Je n'aurais pu tromper, d'ailleurs, leur subtilité, bien supérieure à la mienne. Je n'ai pas non plus abusé du privilège que s'arrogent si souvent les peintres eux-mêmes, de flatter, d'embellir avec complaisance des gens vulgaires, grossiers et quinteux. Si j'ai montré mon antipathie pour des réputations usurpées et trop bruyantes, que de fois ne me suis-je pas laissé emporter par l'admiration ou entraîner par l'indulgence ? J'ai pourtant cherché de mon mieux à donner cette juste mesure de mes contemporains :

Ingres, imitateur étroit et obstiné; Delacroix, génie admirable par l'invention et tourmenté par les difficultés du métier; Decamps, dont l'esprit s'est épuisé à poursuivre des ruses de pratique; Courbet, exécutant robuste, qui compromet ses moyens naturels par des combinaisons triviales ou bizarres; Barye, notre meilleur statuaire; Préault, plus artiste par les aspirations que par les œuvres, papillon qui vole d'une aile fatiguée vers une gloire impossible; Diaz, peintre de bonne race, mais gâté par la vogue; Corot, âme douce et timide, fuyant les agitations humaines pour surprendre les secrets de la nature; Rude, qui mêlait aux préoccupations de l'art toutes les illusions du patriotisme; Chenavard, qui n'a plus d'illusions; Horace Vernet, l'historiographe des régiments et des gardes nationales, un peintre comme il n'en fut jamais, comme il n'en sera plus, daguerréotype vivant qui voit et reproduit tout sans penser.

L'homme, hélas! se croit toujours grand et beau; j'ai pu blesser quelqu'un de ces nobles artistes, mais aucun ne s'est plaint, sauf M. Horace Vernet. Si je les ai blessés, ils me rendront du moins cette justice que je les ai toujours pris en face, jamais par derrière. Je les mets tous, du premier au dernier, au défi le plus absolu de dire que je leur ai promis, en quelque moment que ce puisse être, une louange ou un blâme. L'écrivain qui prostitue sa pensée ou qui fait de sa plume un instrument d'intimidation est le plus vil des hommes.

La huitième livraison de mon livre venait de paraître quand M. Horace Vernet me fit dire : « Je me mets entièrement à la disposition de M. Silvestre; qu'il vienne me voir à l'Institut, qu'il vienne ! » Bientôt j'entre de plain-pied dans l'intimité de M. Horace Vernet. Il me faisait mille compliments, trop de compliments sur mes travaux. Il vantait surtout mon étude d'après nature de M. Ingres, dont je n'aime ni le talent ni le caractère, et il ne cessait de déchirer l'auteur du *Martyre de saint Symphorien* avec une verve fort plaisante. Il me félicitait aussi d'avoir donné une leçon de moralité aux artistes avides d'argent par la publication des lettres du sculpteur Pradier. J'étais bien loin de penser alors que, peu de jours après, M. Horace Vernet me pousserait lui-même à publier sa propre correspondance et m'intenterait ensuite un procès étrange, parce que j'ai bien voulu me faire l'exécuteur complaisant de ses volontés.

Je voyais M. Vernet presque tous les jours; il m'attirait auprès de lui avec une rare affabilité; je ne le flattais pas, c'est lui qui me flattait. Je m'apercevais bien qu'il voulait ainsi me pousser doucement à écrire des dithyrambes sur son caractère et ses ouvrages. Je lui passais ces innocentes manœuvres, et je disais gaiement à mes amis : « M. Horace Vernet me prend pour son évangéliste ! »

Un avocat a bien travesti mon rôle devant les premiers juges : il m'a montré sollicitant, avec une habileté toute politique, la confiance et l'amitié de M. Horace Vernet, *depuis longtemps blasé*, dit-il, *sur le plaisir banal qu'on peut éprouver à voir imprimer sa vie et ses œuvres;* il m'a fait voir triomphant *de la résistance* de l'illustre artiste par ma *ténacité* et par mes *obsessions.* Mais M. Horace Vernet n'est ni si pudique, ni à ce point blasé sur les éloges. C'est une vive joie et non pas un *banal plaisir* qu'il éprouve à voir son nom imprimé et répandu.

« Rubini, écrivait-il de Saint-Pétersbourg le 27 mars 1843, gagne cinquante mille francs ici par soirée, *mais il n'a pas le plaisir de voir courir après un morceau de papier qui porte son nom*... Quand il a fermé la bouche... votre serviteur de tout mon cœur !... Il ne laisse qu'un souvenir bon à ceux qui l'ont entendu, et rien qui lui survive. »

« Voilà pourquoi les hommes célèbres aiment tant les écrivains ! » s'écriait Me Crémieux, qui s'entend si bien aux fines allusions.

Non, non, avocat Cauvain, je n'ai jamais sollicité la bienveillance ou l'amitié de qui que ce soit : homme obscur ou homme illustre, avec la ténacité que vous m'avez imputée, dans le fol espoir de m'humilier par un mensonge de métier ! Seule, la niaiserie provinciale peut aimer à courir après les célébrités. Je connais trop d'ailleurs leurs caprices et leurs misères !

Faibles ou forts, les écrivains, chacun le sait, ont beaucoup fait pour la renommée de nos artistes, beaucoup trop fait, peutêtre. M. Vernet n'avait pas besoin de mes éloges ; pourtant il m'humiliait parfois en les recherchant. Espérait-il que je défendrais aveuglément son talent dont lui-même, dans les lignes suivantes, reconnaît les erreurs et le déclin ?

« Je suis convaincu, écrivait-il à M. Delaroche (15 avril 1852), que l'affaiblissement dans lequel je suis tombé est prématuré ; que si les circonstances déplorables qui depuis une année ont changé mes rapports avec la société ne s'étaient pas présentées ; je suis persuadé, dis-je, qu'il m'aurait été possible de soutenir plus longtemps le rang que mes travaux m'avaient assigné. Qu'un si triste exemple vous serve d'avis, mon cher Delaroche... Aujourd'hui, l'école est une armée qui manque de chef. La puissance de Ingres s'est écroulée sous le poids de son absolutisme, dans le coin où son outrecuidance l'a relégué...

Grâce à l'aspect boueux et plombé du Salon, mon tableau, la *Prise de Rome*, qui remplit lui-même pas mal de ces conditions, est sans doute celui qui attire le plus les regards. En le considérant il n'éborgne pas, et on le quitte sans émotion fâcheuse. Je sens que bientôt il faudra en finir, avant que flétri par la vieillesse ou par anticipation, la triste solitude ne vienne fermer la boutique. J'ai promis quelques tableaux, je vais les faire. La montre marche toujours, mais les aiguilles ne marquent plus rien ; autrement dit, ma vieille triture est encore là, mais n'indique plus ce que je voudrais faire comprendre. »

Eh bien, messieurs, ce que M. Horace Vernet voudrait si bien faire comprendre, ce que sa *vieille triture*, c'est-à-dire ses procédés de peintre usé n'indiquent plus, c'est là justement ce qu'il me priait d'exprimer au public, la plume à la main. » « Vieux peintre, je succombe, un jeune écrivain me soutiendra ! » Voilà sa pensée. Qui se montrait intéressé et servile dans ces relations ? Horace Vernet, vous l'avez dit.

Cependant, tout allait encore bien entre M. Horace Vernet et moi. Je n'ai pas besoin d'entrer dans le détail de ses conversations. Il me parlait des arts, des artistes, de sa famille, de ses bonnes fortunes, de la religion, du gouvernement, de ses voyages, de ses rapports avec les souverains, de l'armée, de la garde nationale, des Juifs, des Arabes, de la chasse, de l'équitation. Il passait de la marine aux finances, de la diplomatie au conseil d'État. Il se répandait sur toutes choses avec une légèreté, une verve intarissables, entremêlées de calembours grivois, de coq-à-l'âne, de pantomimes et de pirouettes. Après m'avoir montré les cadeaux reçus des souverains, il me lisait les lettres qu'il écrivait aux ministres et aux princes pour leur donner quelquefois des leçons. Venaient enfin les confidences, les lamentations du roi Louis-Philippe, les manœuvres de Ingres, les pièges tendus à Abd-el-Kader, les menaces faites à M. Thiers, les épouvantes de M. Odilon Barrot, le ménage de Rossini, la jeunesse de M. Émile de Girardin, etc...

Ennuyé enfin par ces effroyables salmigondis de commérages innocents, obscènes ou meurtriers, je le ramenai à l'histoire de l'art. Je l'interrogeai avec méthode sur ses principes et sur ses procédés. Je reconnus bientôt que cette tête affolée, dans laquelle semblent bourdonner des milliers d'insectes, ne pouvait suivre aucune méthode, aucune idée. L'esprit de suite, je l'ai dit ailleurs, lui est impossible ; tout raisonnement l'importune, l'irrite ; il faut le laisser battre les champs à sa guise et passer d'un sujet à l'autre en papillonnant. Quand j'eus compris ce caractère dont les impressions diverses sortent toujours au hasard comme les numéros d'un loto, je dus renoncer à mettre moi-même dans mes questions un ordre qui le gênait et le fatiguait. Je n'obtenais guère de lui, malgré sa bonne volonté, que des oui, des non, des peut-être, et quelques détails sans importance.

(Suit ici l'offre de la correspondance, comme dans le passage du livre (p. 59) *commençant par les mots :* « j'ai eu l'honneur de vous prévenir plusieurs fois... » *et finissant par les mots :* « si je décampe avant lui de ce monde. »)

La correspondance en dépôt chez Mᵉ Yver fut apportée à

M. Horace Vernet, mais comme l'artiste venait spontanément de résoudre un voyage à Hyères, au lieu de la mettre sous mes yeux ou dans mes mains — selon son dire —, il en confia le dépouillement exclusif à un parent, ancien journaliste, M. Huguet, son conseiller intime. Ce monsieur m'en apporta avec beaucoup de zèle les fragments par lui triés, transcrits par le scribe ordinaire de M. Horace Vernet, et marqués de points de suspension, qui représentent les passages supprimés des confidences de l'illustre artiste. M. Horace Vernet, revenu d'Hyères, me remit de sa propre main d'autres fragments également expurgés.

M. Horace Vernet m'offrit en outre un cahier dans lequel se trouvaient encore quelques lettres de lui, copiées par Madame sa sœur, que je n'ai pas l'honneur de connaître. « Prenez encore, dit-il, tout ce qui vous plaira dans ce cahier. Permettez-moi seulement d'en sceller quelques pages que personne ne doit lire. Elles sont bonnes pour ma sœur qui est une dévote. » Et M. Horace Vernet scella devant témoins ces pages dans lesquelles sans doute il avait joué, pour plaire à son cœur, des sentiments qu'il ne professe pas. Peu de jours après je lui rendis devant témoins ce cahier scellé.

— Comment trouvez-vous mes griffonnages ? me dit l'illustre académicien. — Fort bien, lui répondis-je ; ils vous peignent à merveille. — On ne me connaît pas encore sous tous mes aspects, ajouta-t-il ; on s'imagine bonnement que je ne suis rien de plus qu'un peintre. Mais j'ai d'autres facultés, voyez-vous ; je n'étais pas un trop mauvais ambassadeur de France en 1830 : demandez plutôt à M. Guizot. Le roi Louis-Philippe connaissait parfaitement mes ressources quand il ne vit que moi seul capable de fondre la glace entre l'empereur de Russie et lui.

. . . .

Cette satisfaction naïve que l'illustre artiste tirait de ses idées me porta à lui dire : « Je ne veux pas, dans l'étude que j'ai à faire sur votre compte dans l'*Histoire des artistes vivants*, paraphraser vos lettres ou les résumer. Un moyen me paraît plus simple : j'écrirai ce que je pense, ce que je sais de votre vie, de votre caractère et de vos ouvrages, et je disposerai ensuite, si vous le voulez bien, vos correspondances et vos documents à la fin de mon Étude en pièces justificatives. Le public vous connaîtra mieux en vous lisant qu'il ne vous connaîtrait par tout ce que je pourrais écrire moi-même.

Vous avez peut-être raison, me répondit M. Horace ; mais faites attention que je ne suis pas un très fort littérateur ; vous aurez donc la bonté de m'enlever les *cuirs*, les fautes de français. Huguet, mon neveu, officier comptable du *Conservatoire des arts et métiers*, qui a fait le triage de ces lettres, a eu le soin d'en enlever déjà les fariboles les plus fortes... Allez, allez toujours ! Au reste, je ne suis pas fâché de dire mon mot au public, surtout en ce moment-ci ? Je ne suis pas trop content d'avoir vu Ingres mis au-dessus de moi par le discours du prince Napoléon, à la distribution des récompenses de l'Exposition universelle. Lui fait grand officier ; moi resté commandeur : lui, le seul représentant des traditions du beau, allons donc, vieux cuistre ! vieux sournois ! Que ne l'envoyait-on, ce moine d'académie, là où je suis allé, moi, de si bon cœur, en Afrique ou dans les marais de la Dobrutska ! Mais j'ai bec et ongles, et je m'en sers à l'occasion contre le premier venu, petit ou grand . . . .

. . . .

V

COROT

T. II, p. 79. *Commentaire* du Catalogue Bruyas (p. 159 : *Souvenir de Ville-d'Avray*, 1870) :

Ceci n'est plus du naturel voilé, c'est du métier visible ; ce n'est pas le certain du site, suggéré par l'incertain poétique du pinceau ; c'est l'incomplet, prouvé par la hâte de son relâche-ment.

Cette esquisse cursive ou sténographique est, après tout, un bon document de Corot au déclin, produisant trop, n'accusant rien, vendant beaucoup, donnant le reste.

A la suite de ce commentaire figure, dans le Catalogue, cette sorte d'interview de Corot, publiée en 1863 (1) :

Voyez-vous, c'est charmant, la vie d'un paysagiste : on se lève de bonne heure, à trois heures du matin, avant le soleil ; on va s'asseoir au pied d'un arbre, on regarde et on attend.

On ne voit pas grand'chose d'abord, la nature ressemble à une toile blanchâtre, où s'esquissent à peine les profils de quelques masses ; tout est embaumé, tout frissonne au souffle fraîchi de l'aube. *Bing!* le soleil s'éclaircit... le soleil n'a pas encore déchiré la gaze derrière laquelle se cachent la prairie, le vallon, les collines de l'horizon... les vapeurs nocturnes rampent encore comme des flocons argentés sur les herbes d'un vert transi. *Bing!... bing!...* un premier rayon de soleil... un second rayon de soleil... les petites fleurettes semblent s'éveiller joyeuses... elles ont toutes leur goutte de rosée qui tremble... les feuilles

______

(1) J GRAHAM : *Un Etranger au Salon.*

frileuses s'agitent au souffle du matin... Sous la feuillée, les oiseaux invisibles chantent... Il semble que ce sont les fleurs qui font leur prière... Les amours à ailes de papillons s'abattent sur la prairie et font onduler les hautes herbes... On ne voit rien... Tout y est... Le paysage est tout entier derrière la gaze transparente du brouillard, qui monte... monte... monte... aspiré par le soleil... et laisse, en se levant, voir la rivière lamée d'argent, les prés, les arbres, les maisonnettes, le lointain fuyant... On distingue enfin tout ce que l'on devinait d'abord.

Bam!... le soleil est levé... *Bam!* le paysan passe au bout du champ avec sa charrette attelée de deux bœufs... *Ding! Ding!* c'est la clochette du bélier qui mène le troupeau... *Bam!* tout éclate, tout brille... tout est en pleine lumière... lumière blonde et caressante encore. Les fonds, d'un contour simple et d'un ton harmonieux, se perdent dans l'infini du ciel, à travers un air brumeux et azuré... les fleurs relèvent la tête... les oiseaux volètent de-ci, de-là... Un campagnard, monté sur un cheval blanc, s'enfonce dans le sentier encaissé... les petits saules arrondis ont l'air de faire la roue au bord de la rivière.

C'est adorable !... et l'on peint... et l'on peint !... Oh ! la belle vache alezane, enfoncée jusqu'au poitrail dans les herbes humides... je vais la peindre... Crac ! la voilà ! Fameux ! Dieu, comme elle est frappante !... Voyons ce qu'en dira ce paysan, qui me regarde peindre et n'ose pas approcher. Ohé ! Simon !

Bon, voilà Simon qui s'avance et regarde.

— Eh bien, Simon, comment trouves-tu cela ?

— Oh ! dam ! m'sieu... C'est biau, allez ! ...

— Et tu vois bien ce que j'ai voulu faire ?

— J'crois ben que j'vois c'que c'est... C'est un gros rocher jaune que vous avez mis là.

Boum! Boum! midi ! Le soleil embrasé brûle la terre... *Boum!* tout s'alourdit, tout devient grave... Les fleurs penchent la tête... les oiseaux se taisent, les bruits du village viennent jusqu'à nous. Ce sont les lourds travaux... le forgeron dont le lourd marteau retentit sur l'enclume... *Boum!* Rentrons... — on voit tout, rien n'y est plus...

Allons déjeuner à la ferme. Une bonne tranche de la miche de ménage, avec du beurre frais battu... des œufs !... de la crème... du jambon !... *Boum!* Travaillez, mes amis, je me repose... je fais la sieste... et je rêve un paysage du matin... je rêve mon tableau... plus tard, je peindrai mon rêve.

Bam! bam! le soleil descend vers l'horizon... Il est temps de retourner au travail... *Bam!* le soleil donne un coup de tam-tam...

Bam ! il se couche au milieu d'une explosion de jaune, d'orange, de rouge-feu, de cerise, de pourpre... Ah ! c'est prétentieux et vulgaire, je n'aime pas ça... Attendons... Asseyons-nous là, au pied de ce peuplier. Auprès de cet étang, uni comme un miroir...

La nature a l'air fatigué... Les fleurettes semblent se ranimer un peu... Pauvres fleurettes !... elles ne sont pas comme nous autres hommes qui nous plaignons de tout. Elles ont le soleil à gauche... elles prennent patience... Bon, se disent-elles, tantôt nous l'aurons à droite... Elles ont soif... elles attendent !... Elles savent que les sylphes du soir vont les arroser de vapeur avec leurs arrosoirs invisibles... Elles prennent patience en bénissant Dieu...

Mais le soleil descend de plus en plus derrière l'horizon... *Bam !* il jette son dernier rayon, une fusée d'or et de pourpre qui frange le nuage fuyant... bien ! le voilà tout à fait disparu... bien, bien, le crépuscule commence... Dieu ! que c'est charmant ! Le soleil a disparu... il ne reste dans le ciel adouci qu'une teinte vaporeuse de citron pâle, dernier reflet de ce charlatan de soleil, qui se fond dans le bleu foncé de la nuit en passant par des tons verdâtres ou turquoise malade, d'une finesse inouïe, d'une délicatesse fluide et insaisissable... Les terrains perdent leur couleur... Les arbres ne forment plus que des masses brunes ou grises... Les eaux assombries reflètent les tons suaves du ciel... On commence à ne plus voir... On sent que tout y est... Tout est vague et confus... La nature s'assoupit... Cependant l'air frais du soir soupire dans les feuilles... Les oiseaux, les voix des fleurs, disent la prière du soir... La rosée emperle le velours des gazons... Les nymphes fuient... se cachent... et désirent être vues...

Bing ! Une étoile du ciel qui pique une tête dans l'étang... Charmante étoile dont le frémissement de l'eau augmente le scintillement, tu me regardes... tu me souris en clignant de l'œil... *Bing !* Une seconde étoile apparaît dans l'eau, un second œil s'ouvre. Soyez les bienvenues, fraîches et souriantes étoiles... *Bing ! bing ! bing !* trois, six, vingt étoiles... tout s'assombrit encore... L'étang seul scintille... C'est un fourmillement d'étoiles. L'illusion se produit... Le soleil étant couché, le soleil intérieur de l'âme, le soleil de l'art se lève... Bon ! voilà mon tableau fait !

Cette interview valut à Corot la lettre suivante de Théophile Silvestre :

Cher grand Maître,

La *Journée d'un paysagiste*, ce gentil et amusant morceau,

non de vous mais d'après vous, c'est encore vous. C'est bien votre humeur enjouée, votre verve comique. Mais on vous imprime des tas de petits points partout, vous qui ponctuez comme Charlet, qui ne ponctuait pas. On vous fait aussi *rêver* votre tableau et peindre votre *rêve, au soleil intérieur de l'âme,* au *soleil de l'art,* etc...

Il y a là plus de littérature que de Corot.

Je vous ai pourtant fait compliment du chef-d'œuvre ; mais vous ne m'en avez dit ni oui, ni non, Maître naïf, profond et malin.

Enfin, Théophile Silvestre a fait suivre ces documents de la très intéressante notice suivante :

L'apparition de deux ou trois paysages de Constable au Salon de 1824 fut pour Corot une révélation et, pour la jeune école française, une révolution. Paul Huet, Jules Dupré, Troyon, Théodore Rousseau et même Delacroix, impressionnés déjà par Lawrence, Bonington et surtout par Géricault revenu d'Angleterre, se sont tous ressentis, quel que fût alors leur âge, de cette subite invasion de l'art anglais dans l'art français, d'ailleurs déjà renaissant, et sans grand préjudice pour leur originalité personnelle.

Délivré, du coup, des routines de Michallon, de Bertin et de son admiration pour Aligny, Corot étudia quelque temps seul, d'après nature, dans les environs de Paris, particulièrement à Ville d'Avray, encore à présent son lieu de prédilection.

En Italie, il étudia quelques années, non pas à l'École de Rome, mais en plein air, en pleine liberté, de ville en ville, de région en région ; tantôt frappé par l'ensemble grandiose des sites, tantôt par leurs détails si fermement écrits. Les superbes études qu'il y fit resteront ; entre autres le *Colisée* et *Rome vue du Campo-Vaccino,* où l'on sent comme un souffle et un rayon de Claude ; *Florence, prise du jardin Boboli ;* et les *Terrains de Volterra,* d'une accusation si énergique, si variée et si juste, que toutes les valeurs y semblent distinctes, mais reliées, comme les pièces d'une mosaïque.

Corot, exposé par tempérament et par réflexion, presque par système, à exagérer la douceur, la mollesse, la vaguesse des formes et des aspects de la nature, prit en quelques parties de l'Italie un accent tranché, une certaine sécheresse, qui pouvaient à la rigueur le ramener à la dureté métallique, subie chez Michallon et chez Bertin, et nous laisser, au lieu d'un Corot, un second Aligny. Mais Venise le guérit de cette tendance accidentelle, si contraire d'ailleurs à sa propre organisation. Ses études peintes, ses dessins et ses croquis innombrables dans le Tyrol, en Suisse, puis dans les diverses provinces de la France, le maintinrent à la fois ferme et doux; enfin, vingt ans de ciel du nord, à Paris, à Ville d'Avray et dans les vallées de la Seine et de l'Oise, ne pouvaient manquer de le rendre à ses préférences innées et excessives pour les aspects les plus doux, les plus incertains et les plus vaporeux.

Depuis 1827 jusqu'à présent, Corot, infiniment moins impressionné que Delacroix, mais tout aussi assidu à son œuvre, n'a presque pas manqué une exposition publique de peinture. Quelle abondante, quelle surabondante production, surtout ces derniers temps! Il en restera toujours de belles choses, petites et grandes, soit achevées, soit rudimentaires; car il y a dans le moindre tableau, dans le moindre ébauche de Corot un charme, un naturel et un savoir indéfinis par lui, indéfinissables pour nous.

Moins ému que charmé, il nous charme plus qu'il ne nous émeut; mais il nous plaît toujours par son naturel, même par ses fantaisies composites, non sans monotonie toutefois. Sa parfaite observation de la *loi des valeurs* (1) est, dans tout ce qu'il fait, le trait le plus frappant de la nature et de l'art.

Les deux extrêmes de son ton général une fois établis, ses valeurs intermédiaires y prennent leurs places relatives; et, se subdivisant à l'infini, s'appellent et se répondent dans l'harmonie parfaite.

Sa peinture est douce, sans chocs contrastés; le mariage des couleurs y est poussé si loin, que le ton pur s'affaiblit en nuances infinies dans une harmonie presque monochrome et légèrement voilée. Ces tableaux ne sautent pas vivement aux yeux : une espèce de fumée grise, vapeur, ou poussière, rampe sur les térrains, passe lentement sur les eaux, enveloppe les arbres, émousse les rayons lumineux. Déchirons ce léger voile : d'immenses profondeurs, où tout se baigne dans les ombres transparentes et les tièdes clartés, s'ouvrent à nos yeux ravis, ce qui fait dire à Corot :

« Pour bien entrer dans mes tableaux, il faut avoir la patience de laisser au brouillard le temps de se lever. »

Mais, suivant le truisme des *Mémoires* de M. Guizot : « On tombe toujours du côté où l'on penche », Corot, penchant aujourd'hui plus que jamais du côté le plus indéterminé de la nature,

---

(1) Voir t. II, p. 79.

est tombé dans un vague assez voisin de l'extinction. Au lieu
de saisir les choses, il se contente de les effleurer, et semble trop
voiler par raffinement d'harmonie ce qu'il n'approfondit pas
assez le sentiment et le travail.

***

Ces lignes (voir t. II, p. 80) *peuvent être rapprochées de ce passage,
extrait de* La Légende des Ateliers *de Jules Laurens* (J. Brun et
Cie, Carpentras, 1901) :

Tout à coup, pendant une de ces séances en tête à tête, je
l'entends dire, (Corot) en *mezza voce*, et semblant ne parler que
pour lui-même : « Mais je compose comme un écolier ! Je dessine
comme Gribouille et je peins comme un singe, c'est entendu. Eh
bien (*tutta voce* et se levant de son tabouret dans un entrechat),
je suis pourtant dans les numéros 1. Il tient son appuie-main
en manière de balancier, développe l'entrechat presque en danse
et répétant ! « Mais oui bien, c'est comme ça, il n'y a pas à dire
mon bel ami : tu es, petit papa Corot, dans les numéros 1 ! »

***

Dans son Salon de 1873, *Th. Silvestre racontait enfin, à propos
de Corot, les souvenirs qu'il avait gardés d'une visite qu'ils firent
ensemble à l'Exposition de 67 :*

A l'Exposition universelle de 1867, Corot était encore un des
premiers artistes vivants. Un jour, nous ne l'oublierons jamais,
nous visitâmes avec ce charmant homme la section de peinture
par partie de plaisir et quelques sections mécaniques par hasard...
« Si vous voulez, nous avait dit Corot, demain matin à 10 h. ½
nous partirons en carrosse. » Nous allâmes en carrosse numéroté
prendre à son atelier le maître cordial et jovial. Il causait avec
son rentoileur d'une étude grillée par le voisinage de son poêle.
Une vieille femme de ménage lui apportait sa soupe comme à un
ouvrier de chantier. « C'est bon, lui dit-il ; mais il est dix heures
un quart, dix minutes plus tard qu'à l'ordinaire. Dix minutes !
c'est affreux. Comment cette soupe va-t-elle aujourd'hui se
comporter en moi ? » Nous nous délectâmes à revoir les études
les plus fameuses de Corot... » Voilà pour vous, dit-il, de vieilles
connaissances. Une bonne dame, qui m'en avait emprunté quatre
ou cinq depuis un temps immémorial vient de me les rendre.
Je n'en suis pas fâché. C'est cette armoire qui est contente de

les avoir reprises ! Je ne puis vous dire tous les compliments que se font les battants de cette pauvre armoire et les pauvres petites études ! »

Nous voilà bientôt dans le carrosse, et, chemin faisant, en conversation animée. « Ah ! fit Corot avec une curieuse moue, voilà l'hôtel, le fameux hôtel de XXX. C'est plus riche que beau ; je ne dis pas que les voleurs y viennent, mais ils doivent avoir bien envie d'y venir. Ce n'est pas nous qui logerions là ; nous visons ailleurs. Ah ! ce nouveau Paris m'ennuie. Tout ce luxe régulier va tout tuer : primo, les peintres. Et l'aiment-ils assez, les peintres, ce vilain luxe-là ! Le bon Dieu leur avait donné des facultés ; ils les déprofitent pour paraître, pour aller dans le monde avec ostentation, pour donner eux-mêmes des soirées, des concerts où l'on prend la taille des femmes, quand elles ont une taille à prendre ! Ah ! messieurs les artistes modernes, le bon Dieu n'est pas content de vous, pas content du tout, ah ! mais non !... Comment, il vous montre dans la nature les plus belles choses à voir et à rendre, et vous les altérez, vous les gâtez ! Eh bien, mes petits amis, Dieu, pour vous punir, fait de votre cœur un cœur de liège. Dieu vous livrait les plus beaux carambolages, vous les manquez ; il ne vous les livrera plus. »

« Allons, dit Corot au pont d'Iéna, payons nos dettes ; le code de commerce l'exige. Renvoyons le carrosse ; plus de collignon, plus de cocher brigand ; et vingt-six sous de pourboire qu'il leur faut ! Les pièces de dix sous ne valent plus rien... Marchons ! »

D'abord nous nous trouvâmes, je ne sais comment, au milieu des canons Whitford, assiégés par la curiosité des Anglais. « Ah ! Goddam », fit Corot, imitant l'accent des Anglais à faire pouffer de rire, « voici les inventeurs de ces jolies choses ! C'est-il gentil ! c'est-il gentil ! » Puis, tout à coup, horrifié par tous ces engins de guerre, par ces boulets ronds et ces boulets coniques, pitance future de ces énormes gueules rayées : « Est-il possible, dit-il, d'exposer ces affreuses machines en même temps et dans le même lieu que nos paysages et nos petits moutons ? Le monde est fou... et atroce. Et voyez, les inventeurs ont l'air enchantés ! Mon Dieu, que veulent-ils faire de ça ? » — « Trouer vos paysages et tuer vos petits moutons. » Devant l'Obélisque d'or de l'Australie : « Méprisons la fortune, dit Corot ; laissons les millions et ce lingot monstre pour les jouissances de l'art ! » A la vue d'une petite cathédrale de bobines de coton omnicolore de Manchester ! » Ah ! la belle fabrique à mettre au fond de mes paysages ! »

Nous entrions dans la section des tableaux français. « Oh ! oh !

murmura-t-il en faisant de l'œil sans s'arrêter à quelques tableaux d'histoire, voilà des peintres qui ont besoin de beaucoup
de couleur. C'est qu'ils veulent terrasser Paul Véronèse. Ça les
fatigue, à la fin, la réputation de Paul Véronèse. Il y a trop
longtemps qu'elle dure. Ils veulent absolument le terrasser. »

> « *Arrêtons-nous ici ; l'aspect de ces montagnes*
> *D'amour et de plaisir fait tressaillir mon cœur* ».

chantonna Corot à mon oreille. Nous étions arrivés, en effet,
à ses tableaux : *Saint Sébastien secouru par les saintes femmes ;*
Macbeth et les Sorcières ; Le Matin (souvenir de Ville-d'Avray) ;
La Toilette ; Pierrefonds et *Le Soir (Souvenir d'Italie)*, où le
village de Genzano se mire dans le lac de Nemi : « Moi, je n'ai
pas autant de couleurs que ça. Il est vrai que je ne fais pas des
tableaux d'histoire ; il me faudrait d'abord en avoir la bosse.
Je ne fais que de petites choses. Pardon ! j'ai fait le *Baptême du*
Christ, de Saint-Nicolas-du-Chardonnet. »

Le *Saint Sébastien* pris, repris depuis 1855, nous parut d'un
style grandi et d'une expression plus profonde. Le ciel s'était
ouvert, les arbres avaient changé de forme et de place. L'escarpe-
ment du paysage retardait la montée des cavaliers romains
et laissait plus de temps à ces bonnes dames pour étancher
les blessures du martyr. Devant son *Macbeth*, Corot se répandit
en remarques sensées, familières, plaisantes et tristes, sur
Shakspeare, avec une pantomime pleine de bonhomie, de
malice et de précaution. Macbeth, Banquo et leurs officiers
viennent, par un bois rocheux et raviné, à la bruyère où les
sorcières crient : « Vive Macbeth ! un jour tu seras roi ! La tempête
déchaînée par les trois sœurs perverses (weyward sisters) est
encore sensible à un reste de nuages fulgurants, à l'entre-froisse-
ment prolongé des chênes. Maîtresses des vents à tous les points
du compas des marins et munies du pouce d'un pilote péri,
les sorcières ont fait, fait, fait une tempête comme Corot ne la
pouvait peindre, quoiqu'il ait de belles trouées dans ses arbres et
de belles incandescences dans son ciel. « Laissons, dit-il, ces
vieilles filles qui viennent tracasser le général Macbeth et qui
l'ont perdu ! Dans le rayonnement et l'évaporation de mon
Matin j'ai peint, ajouta-t-il, non pas le soleil, mais ses effets.
J'aime mieux mes gouttes de rosée que l'obélisque-lingot d'or de
l'Australie. Et mon *Soir*, je l'aime-t-il ! je l'aime-t-il ! Est-il d'une
fermeté, celui-ci ! Et celui-là ! *(la Toilette)*. Voyez un peu comme
ils s'en donnent, de la campagne, ces pauvres enfants ! »

Au moment de nous quitter, Corot reprit : « Il faut aller aux champs et non pas aux tableaux. La Muse est dans les bois ! elle veut le silence ; elle n'habite plus le quartier Poissonnière. Laissons à présent les concerts du Conservatoire pour le chant des oiseaux ! Voilà plus de six mois que je cherche péniblement des branches dans mon atelier. J'ai besoin des branches naturelles. Je veux savoir comment les feuilles des saules se tiennent dans l'air. Je vais partir pour la campagne. Quand, au mois de juillet, je vais fourrer le nez dans un bouquet de noisetiers, je n'ai pas plus de quinze ans. C'est bon, ça ; ça sent l'amour !... L'amour ? Tais-toi, vieux podagre ! Fais préparer ton convoi !... Allons, cher enfant, bonsoir ! au plaisir de vous revoir. »

VI

GUSTAVE COURBET

*Il semble intéressant, à propos de l'opinion de Courbet sur Dela-
croix, de chercher à connaître celle de Delacroix sur Courbet. En
dehors des pages que Baudelaire a consacrées à ce sujet* (voir Baudelaire : Variétés Critiques, Crès et Cie, éd.), *on trouve dans le*
Journal *de Delacroix* (T. II, p. 159 et III, p. 64), *deux passages
caractéristiques :*

J'avais été, avant la séance, voir les peintures de Courbet.
J'ai été étonné de la vigueur et de la saillie de son principal
tableau (1); mais quel tableau ! quel sujet ! La vulgarité des
formes ne ferait rien; c'est la vulgarité et l'inutilité de la pensée
qui sont abominables; et même, au milieu de tout cela, si cette
idée, telle quelle, était claire ! Que veulent ces deux figures ?
Une grosse bourgeoise, vue par le dos et toute nue, sauf un lam-
beau de torchon négligemment peint qui couvre le bas des fesses,
sort d'une petite nappe d'eau qui ne semble pas assez profonde
seulement pour un bain de pieds. Elle fait un geste qui n'exprime
rien, et une autre femme, que l'on suppose sa servante, est
assise par terre, occupée à se déchausser. On voit là des bas qu'on
vient de tirer; l'un d'eux, je crois, ne l'est qu'à moitié. Il y a
entre ces deux figures un échange de pensées qu'on ne peut comprendre. Le paysage est d'une vigueur extraordinaire, mais il
n'a fait autre chose que mettre en grand une étude que l'on voit
là près de sa toile; il en résulte que les figures y ont été mises
ensuite et sans lien avec ce qui les entoure. Ceci se rattache à la
question de l'accord des accessoires avec l'objet principal, qui

---

(1) *Les Demoiselles du village.*

manque à la plupart des grands peintres. Ce n'est pas la plus grande faute de Courbet. Il y a aussi une *Fileuse* endormie, qui présente les mêmes qualités de vigueur, en même temps que d'imitation... Le rouet, la quenouille, admirables ; la robe, le fauteuil, lourds et sans grâce. Les *Deux lutteurs* montrent le défaut d'action et confirment l'impuissance dans l'invention. Le fond tue les figures, et il faudrait en ôter plus de trois pieds tout autour.

O Rossini ! ô Mozart ! O les génies inspirés dans tous les arts, qui tirent des choses seulement ce qu'il faut en montrer à l'esprit ! Que diriez-vous devant ces tableaux ? Oh ! *Sémiramis!*... Oh ! entrée des prêtres, pour couronner Ninias !... (15 avril 1853).

Second passage (3 août 1855) :

En sortant, je vais voir l'exposition de Courbet, qu'il a réduite à dix sous. J'y reste seul pendant près d'une heure et j'y découvre un chef-d'œuvre dans son tableau refusé ; je ne pouvais m'arracher de cette vue. Il y a des progrès énormes, et cependant cela m'a fait admirer l'*Enterrement.* Dans celui-ci (1), les personnages sont les uns sur les autres, la composition n'est pas bien entendue ; il y a de l'air et des parties d'une exécution considérable : les hanches, la cuisse du modèle nu et sa gorge ; la femme du devant qui a un châle ; la seule faute est que le tableau qu'il peint fait amphibologie : il a l'air d'un vrai ciel au milieu du tableau. On a refusé là un des ouvrages les plus singuliers de ce temps ; mais ce n'est pas un gaillard à se décourager pour si peu...

***

P. 138. — *Nous reproduisons ici un amusant récit de ce séjour de Courbet en Allemagne, récit dû à* Rioux de Mailloux : Souvenirs des Autres (Crès et Cie, 1917) :

Courbet a fait en Allemagne, avant la guerre, à Munich, un voyage triomphal dont les artistes de là-bas ont pieusement gardé le souvenir.

A son retour, le maître répétait :

— Ils ont tous été très gentils... très gentils. Aussi, je leur ai appris à peindre.

Et en effet, il leur avait « enseigné le truc en une leçon ».

---

(1) *On doit lire :* « dans celui-là », *c'est-à-dire* l'Atelier (N. de l'E.).

Chenavard avait proposé à Courbet de faire avec lui le voyage de Munich, et la proposition avait été acceptée avec empressement.

« C'en était une chance ! On pourrait causer en en fumant des bonnes ! On ne serait pas seul chez ces Ostrogoths d'outre-Rhin ! De cette façon ce devait être bien plus amusant ! »

Courbet s'était frotté vigoureusement les mains.

— Juste ce qu'il me fallait ! Pas du même métier ! Moi, je suis peintre, vous, vous êtes philosophe. Nous ne nous attraperons pas à propos d'art ! Hein ! est-ce que ça ne se rencontre pas bien ?

Et Chenavard avait accepté de n'être plus peintre, avec le bon et large sourire que l'on connaît.

Courbet, lui, avait nagé dans le ravissement, ne se tenant pas d'aise de la finesse de son observation :

— Non ! mais comme cela tombe bien ?

Voici maintenant l'instant, le moment de sa leçon de peinture, magistralement donnée aux respectueux Germains.

L'événement avait lieu dans une brasserie. On venait de faire une visite aux monuments de Munich, et l'on se reposait en se rafraîchissant... à flots. Courbet trônait, ayant une véritable cour d'artistes du pays formant un cercle extasié autour de lui. Il avait daigné leur dire :

— Vous êtes très gentils, très aimables, aussi je veux vous apprendre à vous servir des couleurs... Car vous ne savez pas ce que c'est que de toucher une palette... Vous maniez ça comme s'il s'agissait d'une jeune fille ! Pour peindre, il ne faut pas craindre de s'attaquer à la pâte, de faire de la bonne... (Courbet avait la plaisanterie grasse, et le mot de Cambronne lui venait facilement sur les lèvres). Tenez ! qu'on m'apporte une boîte de couleurs !

On s'était empressé d'aller lui chercher ce qu'il demandait, ainsi qu'une palette, un chevalet et une toile.

Alors, le maître avait dépouillé son habit et son gilet, retroussé les manches de sa chemise, et, à califourchon sur une chaise, s'était mis à mêler énergiquement les tons avec son couteau à palette, continuant à enseigner.

— Est-ce que ce n'est pas de la bonne... ? Oui ? Hé bien ! c'est avec ça qu'on doit peindre. Regardez !

On eut entendu voler une mouche. Le cercle des artistes allemands contemplait avec des yeux énormes, écoutait recueilli, suivait la solide cuisine du couteau à palette transformé en merveilleuse truelle à gâcher et plâtrer de vigoureux tons

sur la toile, des tons d'une richesse en même temps que d'une justesse étonnantes.

Les bons gros yeux bleus s'écarquillaient, s'arrondissaient ingénus, avides d'admiration. De temps à autre, à la suite d'une plaisanterie de *l'élève de la nature*, un gros rire courait, enfantait une houle d'épaules et de larges ventres secoués. Puis, le silence religieux, l'attention tenace recommençaient.

Et si la forme parlée de l'enseignement de Courbet pouvait laisser à désirer, la leçon pratique qui l'accompagnait, et qui ne demandait qu'un œil et une habileté manuelle de vrai peintre offrait le plus grand intérêt.

Ce diable d'homme était véritablement prodigieux dans son prestigieux. On n'avait devant soi qu'une admirable, une incomparable machine à exécuter des tableaux; mais quelle machine ! quelle organisation. « Un œil et une main », a-t-on pu dire; mais quel œil ! et avec quelle main à son service !

Courbet fut peut-être un des plus forts *artisans* de la peinture qu'offrît jamais cet art. A ce titre, l'admiration enthousiaste des peintres de Munich était justifiée.

La leçon terminée, on était sorti en bande de la brasserie. Les disciples de l'instant précédent désiraient prendre une revanche nationale, étonner à leur tour, fasciner le grand homme par la vue d'une œuvre d'art locale dont ils étaient fiers.

En se levant, ils avaient chuchoté, comploté. Il s'agissait de mener Courbet devant la monumentale statue de la Bavaria, de le faire entrer dedans et de lui en faire visiter les différentes parties.

— Allons ! avait consenti le maître bon enfant. Je ne demande pas mieux, moi, puisque je suis venu pour voir ce qu'il y a de digne d'être regardé.

On s'était donc rendu, en corps, à la Bavaria.

Une fois en présence de la colossale allégorie, on s'était arrêté pour mettre Courbet face à face avec elle.

On l'attendait là. Il allait sans doute se sentir écrasé par le monument.

Mais les peintres de Munich en avaient été pour leurs frais. Le maître avait résumé son impression en des termes d'un véridique trop froid pour annoncer le moindre effarement.

— C'est très haut ! très haut ! s'était-il contenté de constater.

L'exaltation du patriotisme avait fait entendre à un des auditeurs : « C'est très beau ! » Mais Courbet, franc comme l'or, s'était hâté de rectifier :

— Très haut !... j'ai dit : très haut !

Alors, on l'avait fait pénétrer dans la statue, avec l'espérance qu'à force de grimper et de se mouvoir de droite et de gauche à l'intérieur, il se rendrait mieux compte de l'importance de l'œuvre.

En gravissant l'escalier il soufflait, soufflait, s'arrêtait de temps en temps pour répéter, revenant à son idée :

— Très haut !... très haut en effet !

Enfin, l'on était parvenu dans la tête de la Bavaria. La carcasse de cette tête enfermait une sorte de pièce où tout le monde avait pu tenir. Ses yeux servaient de fenêtre.

Courbet s'était approché de celui de droite et s'était mis à regarder le paysage.

Cette fois les exclamations admiratives avaient plu :

— Superbe !... étonnant !... Ça, c'est épatant !... Voilà quelque chose premier numéro ! Cela, ça y est !... Voilà les choses dont vous devriez tirer parti !... Inutile de vous casser la tête pour trouver des motifs ! C'est extraordinaire qu'on puisse avoir chaque jour la nature ainsi devant soi, sans songer à la rendre ! Ça ne vous dit donc rien, tout ça !... Pas besoin de choisir du regard à gauche, ou au fond, ou par là. Vous n'avez pas besoin de vous donner de torticolis. La nature s'y entend mieux que vous, allez ! En tout, et partout, on n'a qu'à s'asseoir au premier endroit venu... et à copier, copier de son mieux. Tout le reste n'est que fadaises, pures fadaises !... Vous avez eu une fameuse idée de placer votre grande machine en face d'un tel horizon. On pourrait peindre d'ici.

Ça avait été la seule allusion faite à la Bavaria. Elle était là à propos, pas autre chose. Les peintres de Munich n'avaient pas osé le pousser davantage sur ce point.

*
* *

Il nous reste des relations du Mécène de Montpellier et de Courbet, en dehors du portrait d'Alfred Bruyas (voir Appendice VII, p. 247), *des documents capitaux qui figurent comme lui au Musée de Montpellier, et éclairent d'un jour particulier le caractère du peintre d'Ornans. Ces documents, dont le premier surtout, et le plus célèbre, offre un intérêt unique, ont été commentés ainsi par Théophile Silvestre.*

1º *La Rencontre,* Montpellier 1854 (p. 184 du *Catalogue*) :

> *Passant, arreste-toi : c'est Courbet que voicy,*
> *Courbet dont le front pur attend le diadesme,*
> *Et ne t'estonne pas s'il te regarde ainsy :*
> *Courbet te regardant se regarde lui-mesme.*
>
> GUSTAVE MATHIEU.

Par un midi torride, éclatant et poudreux de juin 1854, M. Bruyas, revenant de la villa Mey, et Courbet, arrivant d'Ornans, se rencontrent, l'un attendant l'autre : — Salut ! — M. Bruyas, précédé de son chien *Breton* et suivi de son domestique Calas ; Courbet, sac au dos, guêtré, en manches de chemise, bourdon en main, plus fier que la fierté

> *Et portant dans les cieux*
> *Son front audacieux.*

M. Bruyas est cordial et simple, le bon Calas respectueux, *Breton* étonné, et Courbet est... Courbet.

Ce tableau, difficile à peindre, surtout en été, dans un pays tout nouveau pour l'artiste, est excellent par le faire, sinon par le goût.

Que voulait M. Bruyas ? Un paysage de son pays et un souvenir sans affectation de son intimité avec le peintre ; heureux de l'avoir dans sa propre maison, et résigné d'avance à sa bizarrerie pour ne gêner en rien sa liberté.

Courbet, soi-disant incapable de bien faire tout paysage qui ne lui serait pas familier, a pourtant peint, très bien peint celui de la *Rencontre*, plein des surprises et des difficultés d'un pays inconnu, pour lui surtout, accoutumé à la fraîcheur de la Franche-Comté et aux ciels variés et vaporeux du Nord.

Bien que le climat de Montpellier soit le plus beau du monde, l'hiver, ce ciel si bleu partout l'été, et d'un horizon si bas, particulièrement dans les plaines voisines de la mer, fit à Courbet un effet étourdissant. Ce sol, ici d'un ton cendré ; là, d'un ton crayeux ; partout pulvérulent ; cette végétation, si verte au temps froid ; mais, au temps chaud, roussie par les vents, poudrée par le roulage et détachée en clair par l'implacable intescence de l'azur, lui semblait un renversement d'harmonie. Sans le plus juste sentiment naturel des *valeurs*, en lui confirmé par quelques leçons de Corot, Courbet eût reculé devant l'imminence d'un ciel sec et de figures découpées. Quoi de plus difficile à rendre que ce terrain, presque aussi clair que le ciel, que cette route où le soleil poudroie et où l'ombre s'imprime ?

Dans ce tableau, d'ailleurs, fait observer M. Edmond About, « il n'y a d'ombre que pour M. Courbet : lui seul peut arrêter les rayons du soleil ».

2° *Portrait de Courbet*, Montpellier 1854 (p. 181 du *Catalogue*).

Cette tête d'étude de Courbet par Courbet, pour un tableau

de Courbet, est un des meilleurs morceaux de lui; et, sans contredit, encore plus fort que l'*Homme à la pipe*, autre bon Courbet.

Ce beau profil fut peint à Montpellier, chez M. Bruyas, au moment le plus heureux de la carrière du peintre, encore contenu, mais déjà prêt à se jeter à corps perdu dans toutes les absurdités. Cette tête, prête à tourner, allait bientôt servir au premier et si bizarre tableau de la décadence de l'auteur, tableau insensément baptisé : « ALLÉGORIE RÉELLE; *intérieur de mon atelier, déterminant une phase de sept années de ma vie artistique* (sic).

Que ce profil est bien ! Que c'est bien là Courbet, le Courbet d'alors, le vrai, le seul, l'unique, encore naïf, tout joyeux de tout, surtout d'être Courbet, parfois spirituel sans la moindre culture d'esprit, presque charmant, même en son égotisme et ses rodomontades. Ah ! qu'il était beau et bon garçon en ses lourdeurs naturelles et ses malices ensabotées; encore tempérant, non de langue mais de gosier, et relativement correct quoique déjà très estaminetier, très noctambule, trop bruyant et rieur, rieur à se tordre, riant de rien, riant de tout, même à la procession, riant aux éclats, parfois entendus de la grille au Château d'Eau du Peyrou, et d'un bord à l'autre de l'Esplanade.

C'était une physionomie des plus attirantes, malgré ce front bas, ce crâne conique, comme moulé dans la calotte d'Ingres ou dans le pétase d'Ulysse. Oui, ce Courbet d'alors, si finement et si fermement modelé, est peint comme un Vélazquez, mais avec cette violente coquetterie du *moi* dont certains détails stupéfient.

Le Maître d'Ornans n'a-t-il pas, par exemple, replié son col de chemise sous le collet rayé de sa casaque brune pour ne rien perdre de l'effet délicat de son cou? Là, par certaines touches, il rappelle Titien posant des tons de fleur au cou de François Ier, dans son fameux portrait du Louvre.

Peut-être Courbet s'est-il ainsi décolleté en attendant la *Belle Inconnue*, brûlant pour lui, folle de ses ouvrages, par lui si longtemps cherchée dans tout Paris, mais n'ayant jamais existé que dans son imagination, et par la *charge* d'un de ses amis, qui mourait de rire.

Quelles bonnes raisons Courbet n'avait-il pas, d'ailleurs, de s'aimer infiniment plus que de se connaître? Sa renommée, d'abord, ensuite son idée, enfin son miroir : un teint blanc, satiné et légèrement bistré, encore inaltéré et de la plus rare finesse; de fort aimables traits, entre autres un joli nez, des yeux de velours, l'oreille petite, ou plutôt cette petitesse d'oreilles que

Machiavel, observateur cette fois trompé, notait comme un indice de la plus haute intelligence ; une barbe en éventail, lui donnant un air fort éventé, surtout dans son tableau *La Rencontre* ; enfin une chevelure soyeuse, noire comme l'aile du corbeau, mais frisant ici le ton d'encre, et coupée à la moine.

Enfin ce beau, ce mémorable profil, c'est Courbet, l'ineffable Courbet ; c'est bien son portrait, qui mieux est, son identité. Sauf quelques réserves de métier, surtout d'intelligence et de goût, voilà le superlatif de ce talent présomptueux, si justement vanté en maintes choses, malgré ses côtés affligeants.

3° *L'Homme à la pipe*, portrait de Courbet par lui-même, Paris 1846, Salon de 1851 (p. 168 du *Catalogue Bruyas*) :

A. A. Bruyas,

« Je suis enchanté que vous ayez mon portrait (l'*Homme à la pipe*). Il a enfin échappé aux barbares. C'est miraculeux ; car, dans un temps bien difficile, j'ai eu le courage de le refuser à N. pour la somme de deux mille francs ; plus tard, au général russe G... Par l'exigence des marchands, que de peine on a, dans la vie, pour rester dans sa foi !... »
Mai 1854.

G. COURBET.

Dès l'apparition de l'*Homme à la pipe*, les amateurs reconnurent en Courbet un praticien fécond et solide. On ne peut en effet dénier à ses portraits et à ses tableaux des qualités extrêmement remarquables. Les portraits ne brillent ni par la finesse de l'observation, ni par le sentiment, ni même par la ressemblance, mais il faut admirer dans tous une solidité de plans, une ampleur de modelé, une consistance de pâte, qui ne se trouvent guère plus que dans les vieux maîtres espagnols et hollandais.

L'*Homme à la pipe*, cette figure langoureuse, béate et finassière, qui rêve et semble s'endormir dans les nuages de sa pipe si bien culottée, c'est Courbet, c'est lui, peint par lui-même avec tant de volupté. L'âme de Narcisse s'est arrêtée en lui dans sa dernière migration à travers les âges.

D'autres œuvres de Courbet figurent encore à la Galerie Bruyas (pp. 187, 188, 189, 191 du Catalogue). *Voici ce que dit Th. Silvestre, qui d'autre part écrit...* « Toujours de la bonne peinture, peu d'esprit et pas de psychologie, » *de quelques-unes d'entre elles :*

Tête d'étude avec main (1854) :
Ici, exception fort heureuse et fort rare, Courbet approche

le plus des qualités qu'il a le moins ; c'est-à-dire de l'intelligence d'un type expressif et du pouvoir de le rendre sans trop alourdir à la fois ses traits et sa pensée.

Cette tête fine, méditatrice et souffrante du personnage, appuyée sur sa main, dans un double accablement physique et moral, a quelque chose de si pénétrant que Courbet, le peintre le plus difficile à émouvoir s'il ne s'agit pas de lui seul, en fut peut-être un moment ému.

Éxécution splendide et vibrante. Mais superbe. Accessoires charmants, notamment le fauteuil, à taie de guipure. Toilette de chambre d'un effet tout poétique.

Portrait de femme, étude inachevée, 1854.

Cette étude, aussi fine, aussi délicate et plus large qu'un Chardin, est le portrait, fort ressemblant mais idéalisé, d'une personne qui ne s'attendait guère à l'immense bruit qu'elle a fait dans le monde, sans le savoir. C'est Mlle ou Mme X..., le modèle de l'une des deux *Baigneuses*, celle qui sort de l'eau.

Cette bonne créature d'environ trente-six ans posait souvent toute la journée, *in naturalibus*, sur la table de l'atelier de Courbet, rue Hautefeuille, au commencement de l'hiver 1853. Il n'y faisait pas bon.

X..., de taille moyenne, au petit pied, à la main souple, brune-blanche satinée et rosée, aux cheveux noirs et reluisants, aux chairs pleines et fermes sans la moindre obésité, mais légèrement empourprées à l'oreille et à la joue, — n'avait en elle d'excessif que la seule partie dont Courbet se fit une gloire si tumultueuse en forçant la nature.

Dans cette étude-portrait, Courbet, idéalisant son modèle en sens contraire de la *Baigneuse*, a fait Mlle ou Mme X..., plus blanche, plus pâle, peut-être plus distinguée qu'elle ne l'était, mais c'est bien elle. On la reconnaît parfaitement à tous ses traits, dont le plus exigu est le nez, et à son air tranquille, débonnaire et rangé. Bonne petite bourgeoise. *Honny soit qui mal y pense!* Par elle, Courbet nous montre l'endroit de son propre talent, après nous en avoir, par elle aussi, montré l'envers dans la *Baigneuse* et, si l'on veut, le travers ; travers terrible, qui lui fait chercher la délicatesse du type même qu'il vient de pousser au monstre, par pure fantaisie grotesque et dégradante.

« Il est vrai, dit Prudhon, que, dans la *Baigneuse*, la beauté idéale est sous-entendue ; ce n'était pas ce que l'artiste voulait mettre en lumière, ce qu'il a voulu montrer, c'est l'âme bour geoise. Pour mieux faire ressortir son idée, il a composé une figure idéale, au moins en ce sens ; et cet idéal est fulgurant, il étonne, il consterne »

Portrait d'homme :

Malgré l'inertie d'attitude, la vulgarité, l'insignifiance ou la bizarrerie choquante des personnages de Courbet, est-il vraiment possible de contester sa puissance d'exécutant ? Non. Si, malgré les niaiseries, les outrances et les carences de Courbet, le spectateur veut connaître toute sa force de praticien, il n'a qu'à comparer ce portrait-ci aux deux Mierevelt voisins. Non seulement Courbet tient bon à côté du maître hollandais, mais encore, soyons juste, ne le surpasse-t-il pas par ce faire si sûr, si ample, si nourri ?

Cette tête conique, barbue et placide, peinte par le maître d'Ornans, dit infiniment moins que chacun de ces deux Mierevelt, deux physionomies. Mais quelle exécution, ce Courbet ! Quelle « patte » ! pour quelle *pâte!*) dit Proudhon, ne voyant en Courbet qu'un talent animal. Quoique lourd et enfumé, au lieu d'être *effumé* (sfumato), selon la belle expression des Italiens, ce portrait est enlevé « comme poids à bras franc », expression d'Hercule de foire dont Courbet s'honore. Voyez ce front, ces yeux, cette barbe ! Tout cela ne dit guère, mais c'est fait !... Mierevelt en pâlit.

Solitude de la Loire (Doubs) 1866 :

A M. A. Bruyas,

« ...Superbe paysage de solitude profonde, que j'ai fait au fond des vallons de mon pays. C'est le plus beau que j'aie peut-être peint de ma vie. Je suis en train de le finir. Il faut qu'il soit au niveau des peintures que vous possédez de moi. Ainsi, vous m'aurez tout entier dans ce que j'ai fait de mieux. »

Paris, janvier 1866.

G. COURBET.

Certes, Courbet ne se jette pas la moindre des pierres qu'il peint dans ses paysages ; il est pourtant certain que celui-ci ne manque ni de vérité ni de beauté. Ce qui lui manque c'est l'émotion, qui vivifie la nature même ; c'est l'âme, qui élève et approfondit tout, les foules humaines comme la solitude. Ce paysage de Courbet, par lui préféré à tous ses autres paysages, n'est que le pendant sinon l'équivalent de celui qu'il avait à l'Exposition universelle de 1867. En notre présence même, Corot en fut très frappé. Grande exception encore dans l'œuvre de Courbet ! Ses paysages sont ordinairement très vrais, mais ils ne rendent pas le côté vaste et mystérieux de la nature ; et souvent, ils sont noirs comme une Arcadie de charbonniers.

VII

LES QUATRE PORTRAITS DE BRUYAS
(Delacroix, Courbet, Couture.)

Le Mécène montpelliérain (voir Introduction), *qui avait la plus belle main et le plus noble visage, s'en était certainement rendu compte. La Galerie qu'il a léguée au Musée de sa ville natale possède au moins dix-sept portraits de lui, sans compter celui de sa main. Ricard, Cabanel, Tassaert, Glaize, Verdier, Eugène Guillaume entre autres ont collaboré à la constitution de cette Iconothèque (si je puis dire), dont les pièces capitales, dues aux pinceaux de Delacroix et de Courbet, ont été commentées par Théophile Silvestre avec sa verve coutumière. Ceux qu'avait peints Thomas Couture ont été également l'objet d'une analyse d'autant moins bienveillante que le même Couture, bien des années auparavant (voir* Thomas Couture, t. II, p. 119), *avait eu l'imprudence de lui communiquer ses vues sur l'art du portrait. Voici ces Commentaires.*

Portrait d'A. B. par Delacroix (p. 334 du Catalogue) :

« Il faut une foule de sacrifices pour faire valoir la peinture, et je crois en faire beaucoup ; mais je ne puis souffrir que l'artiste se montre. Il y a pourtant de fort belles choses qui sont conçues dans le sens outré de l'effet : tels sont les ouvrages de Rembrandt, et, chez nous, de Decamps. Cette exagération leur est naturelle et ne change pas chez eux.

Je fais cette réflexion en regardant le portrait de M. Bruyas. Rembrandt n'aurait montré que la tête. Les mains auraient été à peine indiquées, ainsi que les habits ; sans dire que je préfère la méthode qui laisse voir les objets selon leur importance, puisque j'admire excessivement Rembrandt, je sens que je serais

gauche en essayant ses effets. Je suis en cela du parti des Italiens :
Paul Véronèse est le *nec plus ultra* du rendu dans toutes ses
parties (1). »

Devant ce portrait, le seul que Delacroix ait peint à son
apogée, le meilleur de son œuvre et le dernier de sa vie, il nous
est doux de rappeler à l'homme mûr, dont il représente la jeunesse, ce que nous lui disions, l'an passé, dans l'Étude qui pré-
cède *la Mélodie* de M. Duprez, l'incomparable maître du chant
lyrique et dramatique :

« Il y a dix-huit ans, mon cher Bruyas, que nous nous ren-
contrâmes pour la première fois et que nous fîmes amitié dans
l'atelier d'Eugène Delacroix, d'immortel souvenir. L'illustre
peintre, qui retrouvait en vous son *Hamlet* si nerveux et si pensif,
faisait alors votre portrait pour cette Galerie naissante qui, par
votre don magnifique, complète maintenant si bien le Musée
de Montpellier, et que votre ville natale a voulu nommer de votre
nom pour perpétuer votre mémoire et sa reconnaissance. »

. . . .

Ce portrait d'un naturel intense, d'un idéal illuminatif et
magiquement peint, mais d'une forme assez imparfaite ; ce
portrait est-ce bien M. Bruyas ? C'est au moins la meilleure
moitié de lui-même ; c'est son âme. Elle transluit dans tous les
traits de son visage, spiritualise toute sa personne et atteint,
par immanations, tout ce qui l'environne jusqu'au moindre
accessoire ; vêtements, fauteuil, bijoux, mouchoir ; mouchoir
dont le génie du peintre a fait un trait poignant, dans la main
de ce jeune malade.

En abondant dans le sens de la nature jusqu'à forcer les proportions pour faire la part du physique du modèle ; en outrant
certains traits caractéristiques jusqu'à rompre l'équilibre des
traits, c'est surtout la part morale que l'illustre maître voulait
faire, et qu'il a faite admirablement. Ame forte et corps faible,
comme la personnel qu'il peint en se peignant lui-même, Delacroix exalte l'âme aux dépens du corps.

« Il y a des gens, disait-il, chez qui l'influence intérieure est
presque nulle : chez moi, elle est plus forte que l'autre ; sans elle
je succomberais ; mais elle me consumera. Je veux dire l'imagination... Ce qu'il y a de plus réel en moi, ce sont les illusions
que je crée avec ma peinture... » Ici l'allusion est frappante.
C'est que Delacroix n'était ni un de ces académiciens qui ont

____

(1) Extrait, par Th. Silvestre, d'un *Agenda* de Delacroix. Voir le *Journa*
(Plon et Nourrit, éd.), t. II, p. 169.

en poche « un idéal tout fait », ni un « de ces réalistes qui font des portraits de modèles ». Delacroix fut un évocateur d'esprits dans ses tableaux, et un accoucheur de caractères dans ses portraits.

Voyez, dans celui-ci, comme il rachète tous ses vices plastiques par la plus rare intelligence et par le don divin de l'expression ! Ni avant, ni après lui, personne n'a senti, compris et rendu à ce point, tant s'en faut, l'essence « subtile et déliée » du type, presque aussi souvent méconnu que peint, et pourtant peint par les maîtres les plus fameux.

La plupart d'entre eux n'ont pas su même le voir. Delacroix seul a su le peindre, mais plus en créateur qu'en portraitiste.

Voici d'abord en quelles circonstances :

C'était sur la fin de l'hiver de 1853. Delacroix avait cinquante-cinq ans, encore tout son génie, presque toutes ses forces, et l'imagination aussi vive et aussi fraîche que jamais. On venait d'ouvrir, à l'hôtel des ventes de la rue des Jeûneurs, l'exposition particulière des tableaux modernes de Mme la duchesse d'Orléans, tableaux d'élite de l'école vivante, quelques-uns connus comme des étendards, tous concentrés dans une même salle, partant d'une variété et d'un antagonisme doublement saisissants.

Delacroix, brûlant de voir les siens, au plus fort de l'effet, voulut nous mener là. Nous tombons dans une tourbe d'amateurs, en train de mesurer son génie « avec leurs lunettes » : étouffé sans être vu, conspué sans être compris, et traité de fou devant son *Hamlet :* « Voilà, nous dit-il, plus de trente ans que je suis livré aux bêtes (1). »

Tout à coup, tournant les talons, il reconnut devant la *Stratonice* d'Ingres M. Alfred Bruyas, le fervent amateur de ses *Femmes d'Alger* (2) ; et qui, singulière coïncidence ! le frappait depuis quatre ans en toute rencontre, et cette fois surtout, comme l'incarnation même de cet *Hamlet*, bafoué à deux pas. Delacroix l'avertit d'un petit coup sur l'épaule, et lui dit : « Venez me voir demain ; je veux faire votre portrait. »

M. Bruyas, alors dans ses trente-deux ans, était un de ces types extrêmement fins, délicats et sensibles, qui vous attirent tout de suite par une sorte de charme magnétique et que l'on n'oublie plus. Il respirait la bonté, la douceur et la mélancolie.

---

(1) Voir t. I, p. 36.

(2) Une variante réduite du tableau du Louvre figure au Musée de Montpellier (Galerie Bruyas) (N. de l'E.).

Les traits de son visage, longs, incisifs, aigus, contrastaient par la correction la plus ferme avec la grâce, l'abandon et la langueur de ses mouvements. Pas de haute taille, mais très svelte et très souple, tout aristocratique de formes, de physionomie et de manières, il était blond d'une ardente flavité, drûment barbu et chevelu ; et sa belle tête, à la fois acérée, subtile et pleine d'onction, lui donnait comme qui dirait l'air d'un christ romantique. Son teint blanc, traversé de veines azurées, tout à fait mat, par moments morose, s'illuminait d'une flamme intérieure, à tout élan de cœur et d'imagination. Naïf et raffiné, candide et pénétrant, d'un *connais-toi toi-même* extrêmement précoce et tourmenté depuis l'enfance ; enthousiaste et réfléchi, il vivait double en s'observant autant qu'il observait les autres. Scrutateur incessant de sa propre pensée, il cachait sa volonté dans sa bonhomie et ses peines dans sa patience : « calme philosophe qui, disait Delacroix, prépare l'homme à la douleur, la lui fait supporter et l'élève au-dessus des bagatelles de la vie. » Dans la translucidité de son visage on croyait voir son *moi* ; mais ce *moi*, réservé, sagace et rétractile, rentrait facilement au tréfond de lui-même, laissant avec plaisir toute curiosité forclose. Le moindre souffle, agissant comme à vif sur ses nerfs, faisait frémir cette nature éolienne ; et la moindre contrariété le minait, pourtant sans rien changer à sa mansuétude.

Cette complexion délicate, maladive, que tout surexcite et que rien n'abat, M. Bruyas la tenait de sa mère dont il reste tout le portrait, mais intensif et suraigu. Cet état de souffrance et de fatigue était fort aggravé chez lui par bien des choses à la fois : la fièvre de la vie parisienne, l'étude exaltée de l'Art, les soucis, les tourments de cette Galerie à créer ; la fréquentation excessive des peintres dont le gros et tumultueux tempérament excédait le sien, si sobre et si réglé ; enfin la passion du théâtre et l'ivresse de la musique ; plaisirs que Delacroix partageait avec transport, lui qui disait : « Pour être touché au théâtre, il faut avoir de l'imagination ; » et « la musique me pousse aux grandes choses ».

Tel nous avons connu M. Bruyas quand, brisé de corps et d'esprit, mais comme électrisé par l'invitation de Delacroix, il vint s'asseoir devant son illustre peintre dans ce fauteuil qui va si bien à son accablement.

Delacroix, tourmenté par « le sentiment funestement poétique de la faiblesse humaine, source des plus fortes émotions, » trouvait dans son modèle le type même de cette faiblesse physique et de cette énergie de sentiment, et voyait en lui bien des choses de sa propre nature et de ses héros favoris. Ne l'avait-il pas, d'ailleurs, préfiguré maintes fois dans son œuvre, par exemple parmi les jeunes Vénitiens les plus grêles du *Marino Faliero*, dans la *Mort de Sardanapale*, dans la série des *Faust?*

Ici, vous le voyez, c'est encore Hamlet, mais dans les plus fines et les plus délicates nuances de son humeur mélancolique et de ses aspirations refoulées. Ce fond de souffrance et de tristesse, Delacroix ne pouvait manquer de l'exagérer, tant il le sentait en lui-même, et d'ailleurs il trouva M. Bruyas bien plus malade qu'il ne l'était : « Quelle complication de nerfs, de bronchite et de fièvre ! nous disait-il. J'ai moi-même de tout cela. Mais qu'il est atteint ! A sa petite toux sèche et violente, je crains de lui voir rendre l'âme dans son mouchoir. »

Ce mouchoir permanent fit sur l'imagination de Delacroix l'effet d'un nœud tragique, comme le mouchoir perdu de Desdémone sur la jalousie d'Othello. Ainsi que Shakespeare, Delacroix avait cette poésie des détails « dont l'effet, disait-il, est immense, quand la tentative est heureuse ». Le moindre accessoire pathétique le poignait ; et c'est ainsi qu'une baïonnette tordue et couverte de petits glaçons ensanglantés, peinte par Gros, ne lui sortit jamais de l'esprit : c'était pour lui tout le carnage d'*Eylau* (1).

En prenant l'épuisement momentané de M. Bruyas pour un cas mortel, Delacroix oubliait-il l'expérience qu'il avait par lui-même du ressort des natures nerveuses, qu'un souffle courbe et relève comme des flammes ? Croyait-il à son pressentiment ou n'avait-il que le besoin dramatique d'y croire ?

C'est que « les souffrances des autres entrent toujours pour quelque chose dans les plaisirs du poète et du peintre. Ils jouent avec la vie (2) ».

Delacroix l'avouait : « J'ai, disait-il, un fond tout noir à contenter. » De son côté, M. Bruyas pouvait en dire autant. Jamais peintre et modèle ne se comprirent mieux. Mais ce besoin d'idéaliser, cette passion de se peindre dans les autres, cette habitude de s'halluciner sur la réalité faisaient précisément de Delacroix, non pas un portraitiste, mais presque son contraire : un peintre créateur.

Au reste ; Delacroix n'ayant peint que des parents et des amis, c'est-à-dire ses affinités de cœur et d'esprit, les a tous animés de sa vie, de son inspiration : « Tout travail, disait-il, où l'inspiration n'a pas de part, m'est impossible. » C'est ce qui fait de ses

---

(1) Voir DELACROIX : *Œuvres littéraires* (Crès et Cie, éd.), t. II, p. 163.
(2) Marquis de Custine.

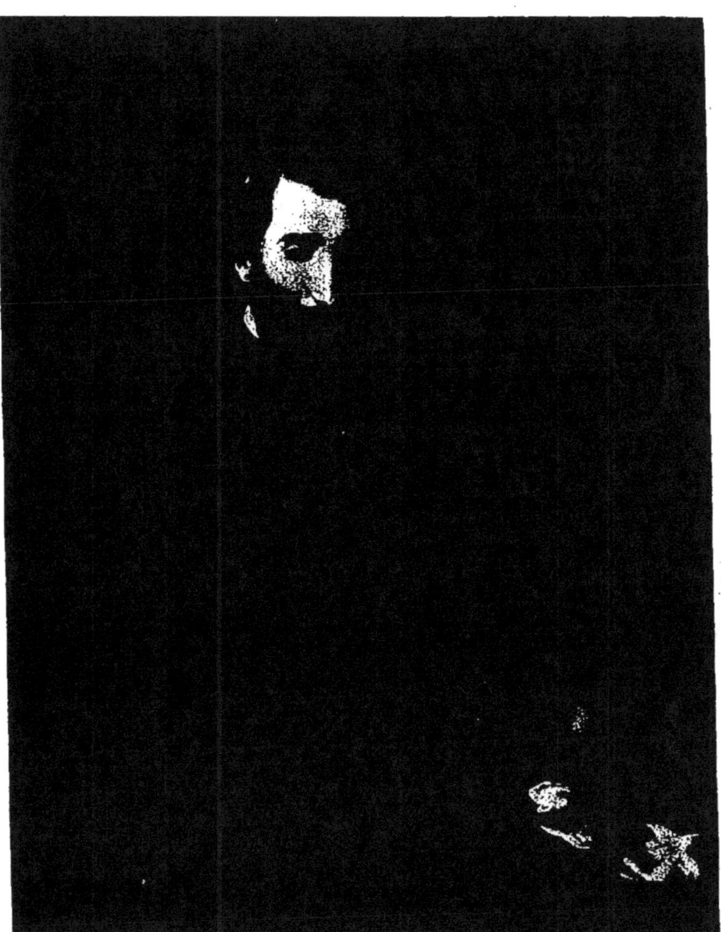

Cl. Buloz.

E. DELACROIX (Portrait de M. Bruyas).

portraits de véritables poèmes intimes. Dans le genre tout spécial du Portrait, à la fois si attirant et si restrictif pour Delacroix,
par quelle contrainte d'esprit et de main ne se sentait-il pas tenu,
lui l'homme de la passion et de l'imagination par excellence !
Tout tableau lui étant plus facile à créer que toute identité personnelle à saisir ; n'usant guère du modèle vivant que pour le
plier à ses inventions et à ses rêves ; enfin surchargé de travaux
qui ne lui laissaient ni le temps ni la patience que le Portrait
exige, il y avait renoncé depuis quinze ans, quand l'heureuse
rencontre de M. Bruyas à l'hôtel des Jeûneurs l'y ramena pour
la meilleure et la dernière fois.

Delacroix, le moins objectif, le moins calme, mais en même
temps le plus convaincu et le moins aveuglé des hommes, savait
au plus juste à quel point la nature, tout en lui prodiguant les
dons de l'inventeur, lui avait refusé la sérénité mentale et la
précision manuelle, nécessaires au portraitiste :

« Si je ne suis pas agité, disait-il, comme le serpent dans la
main de la Pythonisse, je suis froid ; il faut le reconnaître et s'y
soumettre. Tout ce que j'ai fait de bien a été ainsi. »

Mais, pour se calmer, dans le Portrait, il disait : « Les artistes
anciens avaient craint d'animer leurs portraits des mouvements
rapides des passions, et rien de plus sage que cette retenue. Ils
peignent des figures sérieuses dans des attitudes tranquilles.
Pas plus de ces airs inspirés insupportables que de ces sourires
qui vous poursuivent, dans des portraits ridicules dont les vénérables originaux sont couchés dans leurs tombeaux depuis des
siècles, et *fort sérieux*, je pense, comme dit Mercutio (1). »

A peine Delacroix avait-il apaisé par ces réflexions ses instincts
agités pour se mettre au portrait de M. Bruyas, qu'il se retour-
mentait comme voici :

« Je souffre pour le modèle... Je manque de sang-froid...
je n'observe pas assez avant d'exprimer... l'impatience du résultat m'emporte... je n'ai pas assez de tenue dans le travail... je
cède trop à mes habitudes de style... je suis accroché, à chaque
pas... Mes incorrections me crèvent les yeux... Je vois bien le
sujet dans mon esprit, mais j'en perds ceci, j'en perds cela... Dans
un tableau, je puis au besoin changer de donnée ou profiter
de hasards heureux ; mais, dans un portrait, je suis tenu à la
vérité : au moins faut-il qu'on le reconnaisse... Outre les impressions les plus délicates où la tête se perd, j'ai senti vingt
choses que je ne reconnais plus sitôt qu'elles sont exprimées..

(1) Voir DELACROIX : *loc. cit.*, t. II, p. 157 : Thomas Lawrence.

Quel supplice de sentir et d'imaginer beaucoup tandis que la mémoire laisse évaporer, au fur et à mesure ! »

De plus, le souvenir des maîtres l'obsède, à pied d'œuvre ; mais son originalité s'est vite assimilé ces réminiscences ; sa critique met son imagination à la raison et son bon, son ferme jugement veut être obéi. Qu'exigeait-il ici, ce jugement ? Un portrait tranquille, sérieux, distingué, simple et vrai comme l'original. Et Delacroix, prenant un parti décisif, se dit : « Allons, soyons vrai, soyons simple ! Il faut faire abnégation de toute vanité pour être simple, si toutefois on est de force à l'être ; et l'homme d'esprit est toujours vrai parce qu'il voit la sottise de ne pas l'être (1). »

Ainsi, rien d'affecté dans ce portrait : M. Bruyas ne pose pas ; il se repose, il vit, il souffre, il pense ; il s'abandonne à ses pensées. A-t-il quelque chose d'un *penserioso* sentimental ? Rien. Il médite comme il respire. On dirait d'un malade qui garde la chambre et ne reçoit pas, ou plutôt d'Hamlet, s'oubliant dans sa Galerie. Ce solitaire, mis avec luxe, frileux et enveloppé, est tout en lui-même. On ne se doute même pas qu'il soit devant Delacroix, — enthousiasmé par sa conversation et ses ouvrages, — dans ce mémorable atelier de la rue Notre-Dame-de-Lorette, tant le peintre et le modèle mirent l'un et l'autre d'aisance et d'intimité dans leurs tête-à-tête.

Si Delacroix n'avait ni la vocation spéciale ni la pratique sûre du portrait, au moins en avait-il l'idée juste : « Le peintre de portraits n'a qu'à copier, dites-vous ? Le modèle est devant lui, qu'il le saisisse. Mais avec les traits qui forment la physionomie, vous voulez une âme (2)... » Et quand Delacroix, si souvent en contradiction avec lui-même, nous dit ailleurs. « Je me peins dans tous mes ouvrages ; c'est vivre dans l'esprit des autres qui enivre, et je voudrais identifier mon âme avec celle d'un autre, » il viole en cela la loi première du portrait, y fait vivre deux âmes conjointes, au lieu d'une ; et, tout en exaltant l'original par une telle sympathie, n'empiète-t-il pas trop sur son indépendance si distincte ?

« Il ne faut pas, avait-il commencé par nous dire, que le peintre se montre. » Il s'est montré.

M. Bruyas ayant subi par là les préconceptions et les partis pris de Delacroix, nous semble à la fois plus lui et moins lui que lui-même. C'est que la nature du peintre fermente ici dans celle

______

(1) Extrait par Th. Silvestre d'un Agenda de Delacroix.
(2) DELACROIX : Thomas Lawrence, *loc. cit.*

du modèle comme le levain dans la pâte. Mais Delacroix a trop accusé la faiblesse physique et pas assez la force morale ; il n'a creusé qu'au plus tendre du type, au lieu d'en accuser, en proportion naturelle, le côté résistant. Affaiblir à la fois le corps faible et l'âme forte du sujet, c'est l'énerver deux fois, et par contradiction. Delacroix n'alla pas jusque-là, mais peu s'en fallut : les bras de M. Bruyas semblent lui tomber, tant l'artiste est pénétré et veut nous pénétrer de son abattement ; le corps est plus affaibli que nature ; et le personnage semble glisser sur le bord du fauteuil, au lieu d'en bien tenir le fond ; inanition idéalisée de forces, mais d'un effet très expressif, et voulu à tout prix. L'air de tête du modèle, évitant tout appui, nous dit bien qu'il domine et dominera cette prostration ; mais ce qui contrarie cet accent si vrai d'énergie, c'est une certaine distraction de la physionomie, pourtant très méditative, contradiction encore plus sensible ! et une incertitude de volonté, qui est tout à l'inverse du caractère de l'homme. Tassaert trouvait ce portrait « délicieusement rêveur ». Pour nous, c'est précisément là le grand défaut d'un si bel ouvrage. L'original n'est pas un rêveur ; c'est un réfléchi, un persévérant, un volontaire ; oui, un volontaire ; et, vu l'œuvre de toute sa vie, le mot lui fait honneur. *Sois ferme dans le bien!* est le constant soliloque de ce solitaire.

Delacroix, idéalisant aussi le front, à l'encontre du naturel, le bombe et le mutine d'une façon charmante, mais à son seul caprice ; aussi ne rend-il en cela que l'obstination, au lieu d'exprimer en vérité l'ordre, l'élévation du sentiment et la continuité des idées. Les yeux manquent aussi de certitude. Au naturel, pourtant, il n'en est pas de plus attentifs et de plus sûrs, même quand ils semblent voilés et somnolents. Entre-fermés, ils concentrent la vigilance ; fermés, ils laissent agir le sens intime, le *mens divinor ;* et, se rouvrant subitement, ces yeux vous tiennent la pointe au corps et à l'esprit.

Il serait vulgaire d'insister ici sur le dessin de ce portrait. C'est le dessin de Delacroix, c'est-à-dire l'arabesque rapide d'un génie aussi naïf que raffiné, mais toujours fiévreux et toujours haletant, pour qui la forme la plus arrêtée, dans le visage le plus calme est encore ondoyante comme la vague, lumineuse comme la flamme, subite comme la vision. Malgré les faiblesses instinctives et les outrances systématiques de ce dessin, si particulièrement scabreux pour le portrait, jamais Delacroix n'a été d'une plus heureuse harmonie de lignes que cette fois. A la vérité, ces lignes-là s'écartent beaucoup de celles qui composent la tête si précise du modèle — tête à tenter un graveur sur pierres fines — mais elles exprinent à merveille, dans l'ensemble de sa personne, les inflexions du mouvement et les pulsations de la vie. Au moins rendent-elles avec une grâce et une subtilité infinies l'impression que Delacroix reçut de son type, le cachet poétique qu'il lui trouva et l'idée qu'il en eut en le peignant avec prédilection comme un fils puîné de sa famille spirituelle. Ces contours sont si bien fondus qu'on ne les voit pas ; mais celui du nez est fait avec une exagération violente, et pour nous prouver qu'il n'y en a pas d'autre de sensible dans le tableau. La main au mouchoir, d'un si bel effet dramatique, est aussi d'une criante disproportion, voulue aussi, et quand même :

« Ah ! nous dit un jour Delacroix, vous la trouvez trop forte et gonflée, cette main ? Eh bien ! on la verra mieux ! Sûr de mon effet, je n'y retoucherai pas ; je m'épuiserais à la gâter. »

La couleur, merveilleusement appropriée au caractère du dessin, s'exprime avec magie ; et la justesse des tons y rend, non pas insensibles, bien s'en faut, mais presque aimables certains vices de forme. La lumière y est tout âme dans le visage et tout charme dans les détails. La barbe, la chevelure, les habits sont d'une vérité prestigieuse. Tout, selon l'importance et la mesure, est d'un faire exquis. Les bijoux (émeraude, améthyste, pierre gravée, chaîne d'or et breloques) semblent ce vivant pailleté des joyaux de Vélazquez pour la toilette des Infantes. Ces joyaux, qui seraient durs chez Rembrandt et matés chez Véronèse, gardent ici, baignés dans l'huile, toute l'intensité de leur éclat.

Delacroix nous a dit son parti pris de « rendu dans toutes les parties » de ce portrait. Aussi la personne de M. Bruyas émerge-t-elle avec la plus pure et la plus suave clarté de ce fond doux et mélancolique dont le ton seul est comme le fond de son caractère élevé. Ce fond, qui a pour dominante la couleur favorite du grand peintre de la Douleur, la *terre d'ombre*, donne au tableau ce surcroît de tristesse qui nous saisit à la vue du pendentif de la Bibliothèque du Palais-Bourbon *(Super flumina Babylonis)* et nous fait pleurer avec les captifs : « qu'ils sont malheureux ! » nous dit cette couleur, qui va des yeux à l'âme.

L'harmonie générale nous rappelle aussi la musique délicieuse de Chopin, que Delacroix divinisait. Et Chopin lui-même, en contemplation devant la peinture de Delacroix, disait, pour exprimer son admiration sans réserve : « Rien ne me choque. »

Delacroix, cherchant « le beau dans la réunion de toutes les convenances », sinon de toutes les perfections plastiques, fix pour jamais sur cette toile M. Bruyas ultra-vivant, subtilisé, translucide et soudain comme une apparition. On dirait d'une âme corporelle à sa dernière épreuve et aspirant plus haut. Les lignes et les couleurs de ce portrait, à la fois naïf, raffiné et mystique, expriment, comme des substances pensantes et plaintives, non seulement « l'âge, la complexion, l'humeur, toute l'habitude du modèle », mais encore toutes les affections et toutes les pensées conjointes du modèle et du peintre.

« Tout portrait par Delacroix, dit Baudelaire, est une rareté. Celui de M. Bruyas est la rareté de la rareté même. En y poussant jusqu'à une sorte d'illuminisme l'ascendant de l'intelligence sur la matière, l'illustre maître n'incline ni à l'air sentimental, ni à l'inconsistance et nébuleuse exécution des prétendus idéalistes à la Scheffer, dit « le peintre des âmes », sans doute à cause de l'inanité des corps. Delacroix n'étant pas homme à peindre mièvre et pauvre, sous prétexte de spiritualisme, a laissé au contraire à son type toute la simplicité de son caractère et toute la saillie de sa constitution. « C'est, disait-il lui-même de sa peinture, cet empâté ferme et pourtant fondu que j'ai si longtemps cherché, c'est cette bonne, grasse et épaisse couleur de Vélazquez. » C'est aussi cette transparence de tons et cette vivacité de touche sans lesquelles la vie et l'expression se figent. Une couleur encore plus dense et un modelé encore plus serré eussent dénaturé le tempérament, la physionomie et la pensée de l'original, Delacroix, d'ailleurs, ne voulant être en rien ni pesant, ni tendu, ni borné, péchait en sens contraire. Il nous rappelle supérieurement ici par ses tendances visionnaires Théotocopuli *(el Greco)*, le peintre si souvent admirable des ascètes, des contemplatifs et des voyants.

Ce portrait, sans crier au chef-d'œuvre, sans fermer ni les yeux ni l'esprit à ses faiblesses, à ses défauts, et, si l'on veut, à ses vices plastiques, est destiné à vivre. Quand un maître rend excellemment son homme, ne fût-ce que par quelques côtés, et avec cette magie d'exécution, il le fait revivre après sa mort, Au lieu de prendre en nous le périssable, les grands peintres en saisissent le permanent ; car ils veulent eux-mêmes durer. C'est ce qui faisait dire à Johnson des portraits de Reynolds ce qu'on peut dire de ceux de Delacroix : « Ils unissent les amis, rapprochent les absents, et immortalisent les morts. »

Cependant, le meilleur des artistes ne voit pas tout en nous : il n'en saisit que ce qu'il préfère, ce qui s'accorde le mieux avec sa propre personnalité. Sût-il lire notre cœur comme un livre ouvert, il en découvrirait moins encore qu'il n'en laisserait à penser. C'est ce que le chevalier de Méré appelle « donner de l'exercice à l'imagination ». Qui peut en effet se flatter de tout voir dans la physionomie de l'homme ? « Il y a toujours le masque », disait Delacroix ; et le masque pour le bon motif, dirons-nous ; car il serait vraiment trop banal d'ouvrir son âme au premier venu. Les êtres les plus chers pour nous sont-ils même toujours bien dignes de nous connaître ? Othello reconnut-il à ses traits l'innocence de Desdémone ? Et qui voyait la profonde raison dans la feinte folie de Brutus ?

Aussi les plus beaux portraits sont-ils encore moins portraits que tableaux : le plus subtil des maîtres généralise en croyant spiritualiser ; et, si avancé soit-il dans la vie et dans l'art, ce qu'il serre de plus près est encore fort loin de ses atteintes ; ce qu'il croit avoir le mieux exprimé reste encore plein de points d'interrogation. Plus le peintre creuse, plus le modèle se subtilise : la Vérité semble lui dire :

> *Tu me suis, et je te fuis ;*
> *Tu me fuis, et je te suis* (1).

La figure humaine, c'est Protée ; c'est une énigme : « un amant ne connaît jamais bien le visage de sa maîtresse ; il n'en dessinerait pas même le sourcil (2) ; » et personne ne pénétrera « ce secret de la nature, qui a pu varier de tant de façons une chose aussi simple qu'un visage (3). »

Le génie du peintre s'hébète en ne voyant que notre surface sensible, et s'hallucine en plongeant dans notre fond intelligible ; il ne nous atteint pas ou il nous outre passe ; mais nous saisir précisément, jamais ! Nous agissons encore plus sur lui qu'il n'agit sur nous : Delacroix vit M. Bruyas plus en esprit qu'en réalité ; et c'est même à force d'expression qu'il pécha tant contre la forme ; excès admirable, après tout, et l'extrême contraire du matérialisme de Courbet. C'est que « l'esprit humain est comme un paysan ivre à cheval, toujours prêt à tomber tantôt d'un côté, tantôt de l'autre (4) ».

Delacroix a si bien rendu, malgré tout, l'essentiel du constitutif du type, que la grande part de vérité naturelle en est encore irrécusable comme le premier jour. M. Bruyas a aussi tellement

---

(1) Alfred de Musset.
(2) Hazlitt.
(3) Fontenelle.
(4) Luther.

persisté dans ses idées, ses affections et ses habitudes, que la vie l'a changé d'autant moins qu'il a lui-même d'autant plus réglé sa vie. Sa constante tension au même but lui a rendu le temps et les maux plus légers, et son noble projet, enfin réalisé après vingt-deux ans d'application, de sacrifice et de patience, l'a préservé de toute corruption. Au lieu de varier à tout moment, à tout propos, à tout homme, sa volonté s'est concentrée et, au lieu de s'éparpiller, elle a fait bloc. Volonté immuable ! Le monde entier n'empêcherait pas cet homme singulier, mais singulier pour être sage, d'aller jusqu'au bout d'une idée qu'il croit juste. Il a la foi et la raison; il l'a prouvé : cette belle Galerie, par lui créée pour le bien et le plaisir de tous, et donnée de son vivant à son pays avec la largesse d'un prince et le dévouement d'un citoyen, n'existerait pas qu'il eût écouté tout autre que lui-même.

Si, en le peignant, Delacroix vit trop sa délicatesse physique et pas assez sa force morale, au moins lui trouva-t-il le feu sacré de l'Art, feu qui brûle toujours en lui. M. Bruyas est plus que jamais cet admirateur du génie que Delacroix a voulu peindre, lui faisait ainsi partager son immortalité.

***

Portrait d'A. B. par Courbet, Paris 1853 (p. 176 du Catalogue).

A M. A. Bruyas :

« Oui, je vous ai compris, et vous en avez une preuve vivante. C'est votre portrait. »
Mai 1854.

G. COURBET.

Ce n'est ni par l'intelligence, ni par l'observation, ni par le sentiment, ni même par la vérité physique que brille ce portrait. C'est par l'exécution pure. Courbet, en le peignant, était à l'apogée de ses qualités pratiques, encore jeune et déjà mûr. Il le fit avec toute l'affection personnelle dont il était capable pour le modèle, surtout avec l'amour le plus glorieux de soi-même, se croyant arrivé à la solution de toutes les difficultés de l'art et de la vie par son plein génie, sa suprême raison et son parfait métier. Pour prouver aussi son parfait accord avec l'ami et le Mécène qui posait devant lui, Courbet appela ce portrait son *Tableau-solution*.

M. Bruyas, gardant son quant à soi, sans restriction de sympathie et de dévouement pour Courbet, le soutint toujours sans lui objecter jamais rien, comme s'il eût craint, par la moindre observation faite à l'homme, de jeter quelque froid dans l'humeur et dans les ouvrages de l'artiste.

Heureux d'avoir trouvé un tel soutien au plus fort de la lutte, Courbet l'associait du cœur et de la main à sa *solution* réaliste, tant en s'associant lui-même par ses peintures à ce qu'il appelait aussi la *solution* de M. Bruyas, c'est-à-dire au développement de sa galerie, créée sans esprit d'exclusion, et où figurent à présent idéalistes et réalistes, les talents les plus divers et même les plus opposés. Aussi, dans ce portrait à mi-corps, M. Bruyas, la main gauche insistante sur un cartable où le mot *solution* est écrit, semble-t-il par ce geste sceller un pacte.

Mais cette attitude et cette physionomie, loin de rappeler la fine et ferme distinction naturelle du modèle, sentent trop l'individualisme envahissant et quelque peu brutal et fanfaron du « Maître-peintre » : c'est au point que M. Bruyas est là comme mi-parti de Courbet, qui, d'ailleurs, a fait subir à l'acuité du modèle le grossissement réaliste, au double préjudice du réel et de l'expression.

M. Bruyas, d'une complexion nerveuse et délicate, blond clair et transparent, à la chevelure et à la barbe ardentes, ne ressemble guère, physiquement, à son portrait ; et, au moral, son portrait ne lui ressemble pas. C'est, il faut le redire, un composé arbitraire de sa propre nature, à faible dose, et de la nature du peintre à dose exorbitante. Ce blond clair a tourné au brun-rouge. Qui pis est, Courbet, insinuant sa finauderie paysanne dans la finesse d'un homme du monde, donne aux yeux pénétrants et sincères du modèle un clignotement vulgaire et matois.

En somme, type mal compris, modelé massif, geste alourdi, attitude figée.

« Si j'étais ministre ou empereur, dit P.-J. Proudhon, je me garderais de me faire peindre par Courbet (1). »

Malgré tout, quels beaux détails secondaires dans cette peinture ultra-robuste ! Comme la lumière y caresse tout sans rien confondre, les chairs, les cheveux, la barbe, les habits, les bijoux, la cravate ; et comme elle fouille le fond du tableau et s'y endort !

Qu'importent après tout à M. Bruyas quelques portraits man-

---

(1) P.-J. Proudhon, moins jaloux de sa dignité d'écrivain célèbre et de père de famille, s'est pourtant laissé peindre et fort mal peindre avec sa femme et ses enfants, par son compatriote Courbet. (N. de Th. S.)

qués de plus ou de moins, puisque, au pis aller, il lui reste de fort beaux morceaux de pure exécution, et qu'il n'entend glorifier que la Peinture, au lieu d'être glorifié par les peintres ?

En posant successivement soit pour un seul portrait, soit pour plusieurs portraits, devant les divers maîtres de son temps, M. Bruyas se connaissait assez lui-même pour ne pas plus s'inquiéter d'être compris que de se faire connaître. C'est lui qui voulait connaître et comprendre à fond l'intelligence particulière et la pratique spéciale de chacun des peintres célèbres qui l'ont représenté. Il ne s'est condamné à poser tant de fois devant eux qu'afin d'arriver à bien juger, par cette série d'observations et d'expériences personnelles, l'art et les artistes contemporains. Il se fit pour ainsi dire la cible vivante de leur esprit, de leur regard et de leur pinceau. Son idée, vraie sans prétention, originale sans excentricité, et réalisée à force de constance et de sacrifices, l'a fait d'abord l'unique sujet, puis le meilleur juge de ce piquant et rare concours par lui seul provoqué.

On ne saurait donc trop prémunir ici le spectateur contre la maxime de La Bruyère « l'amour propre aime les portraits », maxime applicable au vulgaire, inapplicable au fondateur de cette Galerie. Homme libre, homme de goût, et d'un dévouement chevaleresque pour tous les vrais talents, M. Bruyas n'a rien dans la physionomie, dans la conduite ni seulement dans la pensée de ce *manifestant systématique et provocateur*, vu à tort en lui par Courbet, ou de l'amateur présomptueux que l'on voudrait bien supposer. Infiniment moins porté à s'exhiber qu'à s'abstraire, tout respire en lui le goût de la retraite et du recueillement, sans lesquels point d'art, le dégoût des vanités mondaines, l'amour du vrai, la volonté du bien, l'enthousiasme du beau... Sorte d'Hamlet pensif, souffrant, mais énergique et tenace, tel que Delacroix l'a traduit en son propre idéal, et montrant son esprit même en cachant sa vie.

*
* *

Portrait de M. A. B. par Thomas Couture, profil, Paris, 1850, (p. 205 du Catalogue).

Ce portrait, au lieu de rappeler avec intensité les traits, le tempérament, la physionomie, le caractère du modèle, en est l'altération systématique, au physique et au moral. L'artiste a dessiné et peint pour lui-même, pour lui seul, pas le moins du monde pour la vérité.

Ce tableau, fort remarquable d'ailleurs, est l'application ou-trée d'un parti pris esthétique de M. Thomas Couture; parti pris très faux, consistant à chercher contre nature, pour un portrait intime comme pour un tableau d'histoire, ce qu'il appelle le caractère et le style, par routine d'école. Comme si l'individualité, la plus distincte et la plus tranchée sortait du plus banal des moules !

Peint sans observation, sans intuition, sans impression, sans fidélité, au rebours même du naturel, comment ce portrait serait-il ressemblant ? Tout au plus est-il à l'original ce que les variations du virtuose le plus pédant sont au motif du composi-teur le plus simple. M. Thomas Couture traduit ici bonhomie par hauteur, onction par dureté, finesse par lourdeur, esprit par matière. Quel idéal l'obligeait donc à allonger, à dessécher, à endurcir les traits du visage, à raidir la pose, à brutaliser les contours, à amplifier les noyaux du modelé, sans arriver à plus de consistance ?

Puisque l'âme du portrait est manquée, il faut bien aller jusqu'aux détails physiques : la saillie de la pommette est pauvre, de la pommette à l'implantation de la moustache, pas de modelé : c'est un ravin. Le nez tourne au bec; la narine se découpe, vio-lente. Les dessous cartilagineux ne sont pas sensibles. Pourquoi cet œil gauche si faussement préconçu à la fois hagard et atone ? Pourquoi cette chevelure et cette barbe de fantaisie, dont le ton naturel ardent vibre dans le noir ? Et ce fond gris-vert-noir, saturé du ragoût pittoresque de la fin ? Vraiment, si les peintres étaient des cuisiniers, ou en mourrait.

Étude d'atelier, par Th. Couture, Paris, 1850 (p. 207 du Catalogue).

Encore un portrait manqué de M. Bruyas par M. Thomas Cou-ture. *Non bis in idem*, dit la Justice. Mais, plus M. Couture va, moins il tient compte du modèle, sans montrer pour cela plus d'imagination. Ce *trois-quarts* ressemble aussi peu au profil que le profil à l'original; mais le trois-quarts infiniment plus blond, plus clair, plus doux, plus délicat, s'éloigne moins que le profil du type naturel. En somme, peu de conscience, peu d'observa-tion et pas la moindre divination de la personne qui pose. Pour-tant, dit Swedenborg « l'homme extérieur est moulé sur l'homme intérieur ». Delacroix, conspué par Couture, a bien prouvé la chose, dans cette Galerie.

Peu d'expression, au contraire, dans ce trois-quarts de M. Cou-ture, peu de relief, et beaucoup de vide. L'exécution a du brio, moins de fraîcheur que le profil, et trop de convention, comme le profil même. Ces touches larges, plus décidées que décisives et d'un effet assez superficiel, ne rappellent pas la griffe irrésistible des maîtres, plus jaloux du vrai que de l'effet. Ceux-là ne cherchent pas dans le visage humain ces rugosités, tantôt feutrées, tantôt lapidaires de M. Couture. Ce qu'il leur faut, c'est le modelé de la vie même, l'homme de chair et d'os, et son âme à la fois.

Le *far presto* étant un des signes particuliers de M. Thomas Couture, il n'y a pas à insister avec lui sur ces quatre points cardinaux de l'art : sentir, penser, creuser et rendre. Aussi, sous ses apparences les plus puissantes et les plus crânes, est-il aussi pauvre d'esprit et de sentiment que de métier. Au reste, ce portrait est un spécimen bien marqué du faire de Couture, sans gêne avec la nature, et par elle privé de la bosse du respect.

****

Voici maintenant les idées que Couture avait exposées à Th. Silvestre sur l'art du portrait :

« Le portraitiste complet, comme on le désire généralement, nous disait en 1853 M. Thomas Couture, ne peut être qu'un peintre médiocre. On veut que le portraitiste reproduise l'original dans sa forme exacte et dans son expression morale naturelle, en un mot qu'il soit fidèle et consciencieux. Les grands peintres ne sont pas ainsi faits : ils peuvent copier la forme du modèle, mais en le dotant toujours de leur propre esprit. Par son amour de la jeunesse et de la noblesse, Raphaël fait toujours ses portraits nobles et jeunes ; Van Dyck, toujours élégants ; Titien, toujours rudes et mauvais coucheurs. Les portraits de Rembrandt ont tous quelque chose du misanthrope. Dans tous ces portraits vit l'âme des peintres.

« Philippe de Champagne est le type du portraitiste exact et médiocre. Voilà le simple *copieur* (sic). Donnez-lui à faire le portrait d'une brute, il vous peint une brute, ni plus ni moins ; donnez-lui un homme intelligent, il vous fait, juste, l'homme intelligent donné. Philippe de Champagne est un daguerréotype vivant. Il a une excellente vue (il voit ce que tout le monde peut voir) et une main habile. Voilà tout.

« Quant à moi, j'ajoute ma personnalité à tout portrait que j'ai à peindre. (*Triste additus naturæ!*)

« Tous mes portraits portent le cachet de ma personnalité

militante, agressive : mettez devant moi un homme doux, je le
rendrai plus dur, plus énergique. (Tant pis !)

« C'est que, avant d'être un peintre de portraits, je suis un
peintre d'histoire. J'obéis à moi-même plutôt qu'à mon modèle.
J'ai trop d'indépendance pour être un portraitiste.

« Je puis fort bien peindre un homme le premier jour que je le
vois ; oui, tout aussi bien que si je le fréquentais depuis dix ans ;
et je trouve David absurde d'avoir dit qu'il lui faudrait vivre six
mois auprès de Napoléon pour bien faire son portrait. Dans ces
habitudes d'attention minutieuse des portraitistes qui se piquent
de profondeur, je ne vois que servilité de copistes. Dans mes
portraits, je ne suis fidèle qu'à mon tempérament. Ils en donnent
tous la juste mesure. Un beau portrait est une création. Pour
moi, d'ailleurs, conclut Couture, le portrait n'est qu'un genre
inférieur. »

> *Il me parlait ainsi, je ne lui disais rien...*
> *Ainsi se termina ce pénible entretien.*

J'étais scandalisé ; je me résignai en notant. Tout historien,
pensais-je, est un martyr, c'est-à-dire un témoin.

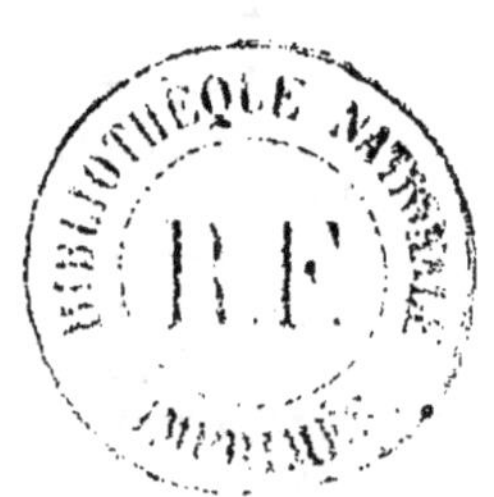

TABLE DES MATIÈRES

Les Imprimeries LAINÉ et TANTET, Chartres, 7.1926

LES CAHIERS D'AUJOURD'HUI

Publiés par GEORGE BESSON

ALBERT ANDRÉ. — **Renoir.** 1 vol. in-4º, illustré de 80 reproductions.

LÉON WERTH. — **Bonnard.** 1 vol. in-4º, illustré de 90 reproductions.

ÉLIE FAURE, JULES ROMAINS, CHARLES VILDRAC, LÉON WERTH. — **Henri Matisse.** 1 vol. in-4º, illustré de 95 reproductions.

LUCIE COUSTURIER. — **P. Signac.** 1 vol. in-4º, illustré de 80 reproductions.

ÉLIE FAURE. — **A. Derain.** 1 vol. in-4º, illustré de 80 reproductions.

ÉLIE FAURE. — **Paul Cézanne.** 1 vol. in-4º, illustré de 60 reproductions.

GUSTAVE GEFFROY. — **Sisley.** 1 vol. in-4º, illustré de 24 reproductions.

MAURICE DENIS. — **Maillol.** 1 vol. in-4º, illustré de 70 reproductions.

CLAUDE ROGER-MARX. — **Dunoyer de Segonzac.** 1 vol. in-4º, illustré de 52 reproductions.

MERMILLON. — **Carrand et Vernay.** 1 vol. in-4º, illustré de 67 reproductions.

Chartres. — Les Imp. LAINÉ et TANTET.